财经类专业"十四五"规划新形态教材

财务机器人应用与开发

谭宏　陈少强／主编

李梦芸　程曦　万亚婷／副主编

立信会计出版社
LIXIN ACCOUNTING PUBLISHING HOUSE

图书在版编目(CIP)数据

财务机器人应用与开发 / 谭宏，陈少强主编. —上海：立信会计出版社，2024.1(2024.8 重印)

ISBN 978-7-5429-7429-7

Ⅰ. ①财… Ⅱ. ①谭… ②陈… Ⅲ. ①财务管理－专用机器人－教材 Ⅳ. ①F275②TP242.3

中国国家版本馆 CIP 数据核字(2023)第 167886 号

策划编辑	王斯龙　郑文婧
责任编辑	王斯龙
助理编辑	郑文婧
美术编辑	吴博闻

财务机器人应用与开发

CAIWU JIQIREN YINGYONG YU KAIFA

出版发行	立信会计出版社		
地　　址	上海市中山西路 2230 号	邮政编码	200235
电　　话	(021)64411389	传　　真	(021)64411325
网　　址	www.lixinaph.com	电子邮箱	lixinaph2019@126.com
网上书店	http://lixin.jd.com	http://lxkjcbs.tmall.com	
经　　销	各地新华书店		

印　　刷	常熟市人民印刷有限公司	
开　　本	787 毫米×1092 毫米	1/16
印　　张	17.5	
字　　数	398 千字	
版　　次	2024 年 1 月第 1 版	
印　　次	2024 年 8 月第 2 次	
书　　号	ISBN 978-7-5429-7429-7/F	
定　　价	49.50 元	

如有印订差错，请与本社联系调换

前　言

根据《教育部办公厅关于印发高等职业教育专科英语、信息技术课程标准(2021年版)的通知》，"机器人流程自动化"(RPA)课程已经成为高等职业教育专科学生选修的信息技术课程。同时，RPA已经连续三年入选影响中国会计人员的十大信息技术。其中，2022年位居第三，2023年位居第四，这说明RPA在财务工作中的应用越来越具有重要价值和积极影响。财务机器人是RPA在财务领域中的应用，不仅能够解决财务工作中的各种痛点，提高工作效率，提升工作质量，而且能够解放更多的财务人员，使他们从事更有价值、更有创造性的财务工作。

本书顺应数智化财务转型对RPA人才的迫切需要，以华为WeAutomate Studio软件为操作平台，以企业常规性、重复性业务为主线，将知识讲解、技能训练、案例教学、项目实践相结合，同时借助图片、视频等教学资源丰富教学内容，系统介绍财务机器人的基础知识、技术框架和功能、工具应用和项目实施等内容。本书可以作为财经类专业的授课教材，也可以作为社会人士的自学参考书。

本书共分为五章，具体如下：

第一章"财务机器人概述"，通过引入实际案例，配合图片、视频等教学资源，使学生对RPA和智能技术在财务转型中对工作带来的变革有直观认识，加深学生对RPA的基本概念、发展历程、应用场景的理解和对财务机器人的认知。

第二章"财务机器人的应用基础"，采用知识讲解和案例教学相结合的形式，配合图片、视频等教学资源，让学生对财务机器人的安装配置、实施部门和实施方法有初步的认知。

第三章"财务机器人的开发技术"，采用任务驱动教学法，使学生掌握财务机器人的基础应用操作，以及在财务中实现Excel、Word和网页的自动化操作。

第四章"财务机器人在数据采集中的应用与开发"，以单个任务为主线，使学生动手实践财务机器人在股票信息获取和行业报告下载等财务数据采集业务中的应用与开发。

第五章"财务机器人在项目实施中的应用与开发"，通过费用报销数据校验、火车票智能识别和发票真伪查验的综合项目案例引导学生动手实践，使学生能使用华为WeAutomate Studio创建财务机器人并实施自动化任务。

本书特色如下：

（1）校企双元合作。本书由教材编写组与翰智集团广东翰智数字科技有限公司共同编写，体现了业财融合与专业融合特色。通过校企双元合作，本书将真实企业的背景资料融入教学，注重以案例教学和任务驱动式教学来提高学生学习兴趣，使学生在理论知识、实践技能和职业素质等方面都得到锻炼和提高。

（2）理实一体教学。本书按照"实践为主，理论够用"的原则组织内容，以实现理实一体教学。其中，第一章和第二章主要采用案例教学配合理论知识讲解，第三章及以后章节主要采用任务驱动式教学方法，以激发学生自主学习。同时，为了适应学生个性化发展和多样化学习需求，本书在第四章和第五章，基于真实企业的业务资料导入财务机器人业务需求，构建职业化、场景化的工作任务，驱动学生完成业务需求分析、流程设计和财务机器人开发。值得注意的是，从第四章到第五章学习难度有明显的提升。这反映了企业从尝试性地导入 RPA 技术发展为正式部署的现实过程，财务机器人从单个任务自动化发展为端到端业务流程自动化的演变。

（3）融入思政元素。本书将课程思政元素融入教材内容，充分发挥教材承载思政教育的功能。本书每一章都以一个思政案例引入，通过讲述 RPA 领域的中国品牌和中国故事，将课程思政内容与专业课程教学内容相映射，一方面激发学生的爱国热情，增强民族自豪感；另一方面有助于学生结合 RPA 应用场景深入学习，提升职业素养。

（4）教学资源丰富。本书提供了丰富的教学资源，包括教学课件、习题答案、华为WeAutomate Studio 软件安装程序、案例视频、案例源程序、案例数据等，有效保障了理实一体化教学，同时也满足了学生自主学习的需求。

本书由谭宏、陈少强担任主编，李梦芸、程曦、万亚婷担任副主编。在教材的编写过程中，编者得到了广东翰智数字科技有限公司何汉清、黎嘉伟等企业专家的大力支持，并得到立信会计出版社同仁的专业指导，在此表示衷心的感谢。

为方便教学，本书中引用的所有个人信息均为虚拟信息。

限于编者水平，本书中可能存在疏漏之处，敬请广大读者批评指正。

编　者

2024 年 1 月

目　录

第一章　财务机器人概述 ·························· 1

第一节　RPA 概述 ····························· 2

第二节　智能技术 ····························· 9

第三节　RPA 机器人的应用场景 ·············· 14

第四节　RPA 机器人在财务中的应用 ·········· 20

测试题 ···································· 26

第二章　财务机器人的应用基础 ················ 28

第一节　WeAutomate RPA 的安装配置 ········ 29

第二节　RPA 卓越中心 ······················ 38

第三节　RPA 实施方法 ······················ 44

测试题 ···································· 52

第三章　财务机器人的开发技术 ················ 54

第一节　基础应用操作 ······················ 55

第二节　网页自动化操作 ···················· 73

第三节　Excel 自动化操作 ·················· 90

第四节　Word 自动化操作 ·················· 100

第五节　控制流 ···························· 115

第六节　UI 录制 ·························· 131

测试题 ··································· 145

第四章　财务机器人在数据采集中的应用与开发 ·· 147

第一节　案例背景 ························· 148

第二节　股票信息获取机器人 ·············· 149

第三节　行业报告下载机器人 ·············· 162

测试题 ··································· 176

第五章　财务机器人在项目实施中的应用与开发 ……………………………… 178

　第一节　案例背景 ……………………………………………………………… 180

　第二节　财务机器人项目实施概况 …………………………………………… 182

　第三节　费用报销数据校验机器人 …………………………………………… 191

　第四节　火车票智能识别机器人 ……………………………………………… 215

　第五节　发票真伪查验机器人 ………………………………………………… 233

　测试题 ………………………………………………………………………… 270

财务机器人概述

案例引入

华为[①] WeAutomate 产品的前世今生

华为 WeAu-
tomate 产品
介绍

　　早在 2015 年,华为就在全球 20 多个区域和运维共享交付中心引入了 RPA 技术,应用在性能告警、数据统计等场景,以提升客户服务质量和工作效率,并通过集约化方式向全球 100 多个国家和地区代表处提供服务。例如,在无线网络优化领域,用户可以通过作业、搬运和指令三类数字机器人,实现从现网(生成环境)KPI 监控、分类处理到问题排查作业活动全流程自动化处理,降低人工操作次数和时间,实现网络问题实时监控和自动优化,有效缩短了网络问题的响应时间,提升客户服务满意度。

　　由于电信行业软件应用场景与通用的商业软件不同,很多 RPA 厂家无法满足华为对运营商网络软件的各类要求。例如,运营商网络软件的对话框名称可能包含小区信息、时间等动态信息,而当时 RPA 厂家都不支持动态窗口信息抓取,导致很多场景无法通过 RPA 提升服务质量。因此,华为从 2017 年开始自研 RPA,选择相对于 Java 和 C♯更为简单易用的 Python 作为开发语言,使用 Springboot 框架来开发流程设计、运行、管理的端到端全自动化平台。华为 RPA 的成长历程大概可分为四个阶段,如图 1-1 所示。

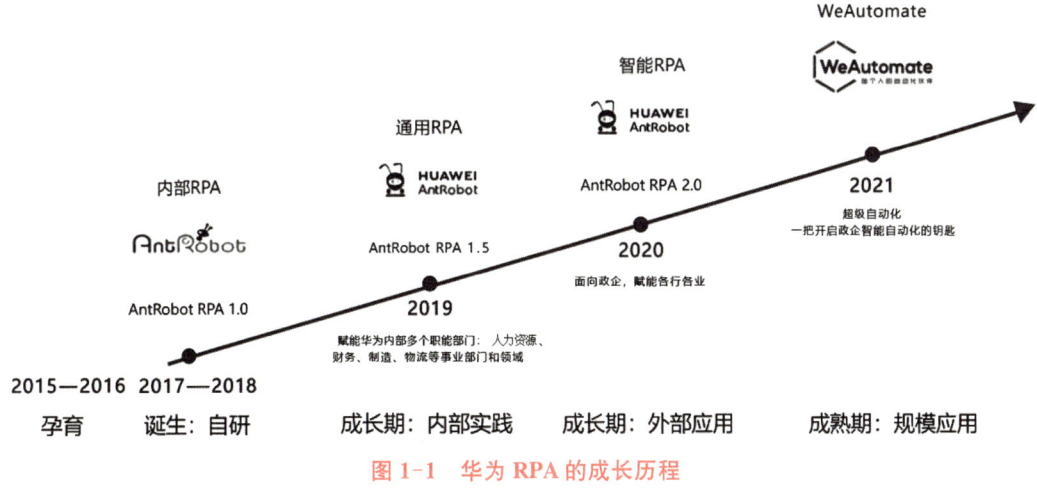

图 1-1　华为 RPA 的成长历程

---

　　①　全称华为技术有限公司。

2017—2018 年,华为从零自研 RPA 执行器,通过屏幕坐标的自动化和 XML 实现 RPA 流程处理,并构建管理中心和设计器雏形。此阶段,华为自研 RPA 已在全球 100 多个国家和地区代表处支持客户服务场景中使用,通过各类电信软件和多场景的大量使用,逐渐提升自研 RPA 软件的质量。

2019 年,华为自研 RPA 设计器完成 RPA 流程的编排,并支持流程录制。同时,华为投资低代码开发平台(ADC),提供模型编排、服务编排、流程编排、页面编排、集成编排等端到端编排能力,并与 RPA 集成,加快业务开发效率。在此阶段,华为内部多个职能部门,如财务、人力资源、制造、物流等,通过引入 RPA,实现诸多公司内部流程末端的自动化处理,提升处理效率。

2020 年,经过华为内部不同职能部门的使用磨合,华为 RPA 设计器、执行器和管理中心在稳定性和安全性上已具备商用能力,开始面向政企,赋能各行各业。在与客户和伙伴的交流和实践中,华为发现,除了流程自动化的挑战,客户还面临着信息化程度不高、智能化水平不足的问题,单纯的 RPA 产品无论是从能力还是架构上都无法有效打通企业数字化转型的"最后一公里"。于是华为引入已运用在运营商领域的成熟的 AI 和大数据技术,增加大数据流处理和批处理编排能力,并将 AI 技术集成到 RPA 设计器中,如 OCR、NLP 等 AI 算法模型,做到开箱即用。

2021 年至今,华为 RPA 产品升级为 WeAutomate 超级自动化平台,聚焦政务、财务领域,通过"自动化＋"的方式,将 RPA 与低代码、AI、大数据开发平台整合,构筑更强的智能自动化能力和场景解决方案。同时面向办公人员,华为提供以业务中心视角开发的设计器 StudioE,进一步降低使用门槛,通过更简单、更直观的业务编排方式,帮助更多的用户快速操作应用。

资料来源:华为 WeAutomate 产品的前世今生[EB/OL].(2022-11-08)[2022-11-08]. https://mp. weixin. qq. com/s/mLtU7DLg8Fd9qhGvv5Qevg.

★案例思考

1. 党的二十大报告指出"坚持面向世界科技前沿、面向经济主战场、面向国家重大需求、面向人民生命健康"四个要求。中国软件产业的核心技术长期以来受制于人,随着我国数字经济的不断发展,中国企业不断提升自主创新能力,是推进软件国产化进程的必由之路。请根据华为 RPA 的成长历程思考企业应如何弘扬自立自强的民族精神?

2. RPA 技术会对我们的工作产生哪些影响?

第一节　RPA 概述

学习目标

☆ **知识目标**

1. 了解 RPA 的定义

2. 熟悉 RPA 的特点

3. 了解 RPA 的发展阶段

☆ **技能目标**

1. 掌握 RPA 的特点

2. 掌握 RPA 的功能

☆ **素养目标**

1. 树立自立自强的民族精神

2. 体会 RPA 机器人对工作和生活产生的重大影响,树立学习目标

 **案例启示**

华为的数字
员工

华为的数字员工

随着全球数字化转型的深入,各个企业都在寻求向智能自动化转型,RPA 正在成为这些企业实现高效业务处理的重要引擎,RPA 又被称为"数字员工"。华为 WeAutomate RPA 是华为研发的机器人流程自动化工具,是一种软件技术,可以使软件机器人像人一样,在不同系统之间进行数据的录入、提取和验证等操作。

目前,华为通过 RPA 部署的内部数字员工广泛服务于财务、审计、生产、制造、人力资源、物流、研发等多个领域。其中,财务智能自动化应用的数字员工,每年可处理 200 万个单据,整体业务效率提升近 6.5 倍,节约成本近千万元。

华为发展 RPA 还将机器人流程自动化(RPA)与人工智能技术(AI)结合,打造财务助手、营销助手、政务治理助手等场景化方案,帮助企业构筑 AI 数字员工,加速智能自动化转型。其中,销售领域中的助手型数字员工和物流领域中的专家型数字员工如图 1-2 和图 1-3 所示。

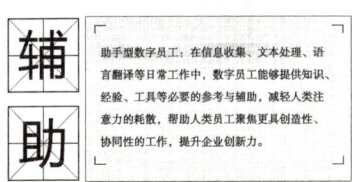

图 1-2　助手型数字员工

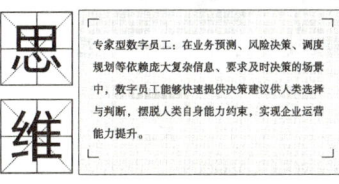

图 1-3　专家型数字员工

华为有一众数字员工做你贴心的工作伙伴,大到项目管理、业务流程,小到预订会议室、填出差申请、报销、找人,都能通过它们第一时间得到详细专业的指导。

为了随时响应客户的备件需求并把控库存成本,备件管理中心需要对全球客户的业务规模、备件采买周期、损耗率等数据进行千万级的计算,完全超出了人力的计算范畴。数字员工被投入作业后,凭借其强大的算力和科学的计算模型,可以在短时间内输出精细、动态的备件计划,实现客户满意和成本最低的最优解。通过 AI 加持,华为备件管理中心降低了 30% 左右的存货成本,平均每年节约资金已达亿级。

目前,华为在企业内部部署的数字机器人执行成功率已经达到 98% 以上,能够代替8 000 以上全职人力工时,初步实现"高质高效、使能华为"的目标。

资料来源:在华为和 1 万 + 数字员工做同事是一种什么体验? [EB/OL]. (2021-09-24)[2021-09-24]. https://mp.weixin.qq.com/s/NLyIwMfDFLo6jMxUzmSF6g.

★案例思考

通过案例分析,我们需要思考以下问题:

1. RPA 到底是什么样的机器人技术? 它和工厂里的机器人一样吗?

2. RPA 可以实现哪些流程的自动化? 它和现在已经广泛采用的办公自动化(office automation, OA)有什么区别?

3. RPA 可以实现什么程度的流程自动化? 它能够替代人类做哪些事情? 它不能替代人类做哪些事情?

一、RPA 的定义

说到机器人,你会想到什么? 传统的实体机器人如图 1-4 和图 1-5 所示。

图 1-4　工业机器人　　　　图 1-5　送餐机器人

RPA 是 robotic process automation 的缩写,译为机器人流程自动化,是用软件机器人实现业务处理的自动化,以"模拟人"的方式进行业务操作,它可以帮助企业处理很多重复的、规则固定的、繁琐的流程作业。其定义如图1-6所示。

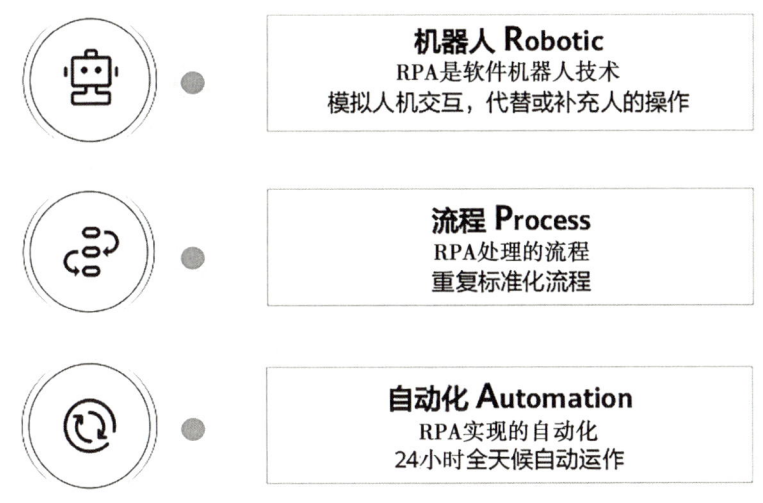

机器人 Robotic
RPA是软件机器人技术
模拟人机交互，代替或补充人的操作

流程 Process
RPA处理的流程
重复标准化流程

自动化 Automation
RPA实现的自动化
24小时全天候自动运作

图1-6　RPA 的定义

不同于传统代替人类手工劳动的实体机器人，RPA 主要用于信息系统中的自动化操作，具备自动执行预定流程和跨系统协同的能力。而与 ERP、OA 等特定应用场景软件相比，RPA 普适性更强，可以跨部门、跨行业进行部署，实现业务流程自动化。

（一）RPA 是软件机器人技术

RPA 是一种软件机器人技术，不具有物理形态，可以无缝地实现跨系统连接和集成。在真实的工作业务中，企业员工通常要操作不同类型的系统和应用程序，包括桌面办公软件（如 Office 和 WPS 等）和各类业务系统（如 ERP 和 CRM 等），同时可能还要访问企业外部的网站和系统来完成业务处理。当企业员工需要经常切换不同的系统进行自动化计算、数据储存和业务处理时，传统信息技术很难实现无缝的、跨系统的集成，而 RPA 通过模拟人的行为能够完成这样的集成。

此外，RPA 是一种非侵入式的软件，可以配置在现有的系统和应用程序之外，不需要连接各个系统之间的 API 接口，即可实现跨系统的数据信息的自动采集和流动。

RPA 是多种技术的组合应用，它不仅能够模拟人的键盘和鼠标操作，还可以完成屏幕抓取、拖拽、工作流、流程控制等易用性特征操作。总之，RPA 是一种自动化技术的合集，通过模拟人的操作实现计算机的跨系统的集成。

（二）RPA 处理的流程

我们所生活的世界可以被划分成物理世界和数字世界。物理世界是我们可以触及的世界，而人与数字世界进行接触和交互则需要依赖不同的用户界面，RPA 就是通过运用软件机器人来替代人类去操作和处理不同业务流程的用户界面。因此，要厘清 RPA 能够处理什么样的流程，就必须要分析业务流程中有哪些环节必须通过物理世界操作，哪些环节可以通过用户界面操作。

如果利用 RPA 去模拟人类的操作行为，这些流程必须具有明确的业务规则，如企业中有明确业务规则、业务流程量大的财务、人力资源、物流等。而 RPA 能够替代的人类工作量越大,它在降本增效中的价值就会更高。因此,RPA 一般适用于具有明确业务规则、重复执行且业务量较大的业务流程。

(三) RPA 实现的自动化

RPA 在业务流程中的使用意味着 RPA 可以替代一部分的人工处理活动,由此就会形成一个由人、RPA 机器人和应用系统三者构成的共生环境。其中,应用系统负责数据的计算、存储和传输;人主要负责在物理世界中的业务处理、业务规则制定和异常情况处理;RPA 机器人则主要负责数据的采集、录入、查询、校验和比对等有规则的、能够被自动化的业务流程处理。

此时的流程自动化并不是 100% 的业务流程都实现自动化,而是人、RPA 机器人、应用系统三者之间的协作。这意味着 RPA 不仅是一种技术上的创新,还是人、RPA 机器人和应用系统三者的共生环境中出现的协作模式和人机交互模式的创新,以实现三者高效的分工与协调。

二、RPA 的特点

(1) 模拟人类操作行为。RPA 机器人能够模拟手工操作,如复制、粘贴、鼠标点击、键盘输入等。当整个模拟过程展现到人机界面时,RPA 机器人和人类的操作是一样的,RPA 机器人的处理速度更快、效率更高。

(2) 基于既定的业务规则来执行。RPA 机器人主要代替人工进行重复机械操作,它会按照预先设定好的具体业务规则顺序执行。但是,RPA 机器人无法对未知的业务规则进行操作。

(3) 确定的执行过程和执行结果。RPA 机器人根据提前编写好的脚本进行重复、机械式的运行,因此每次得到的运行结果也是稳定的。

(4) 提供全程的操作记录。RPA 机器人可以完整记录运行过程,并保存相应的日志,以便将来的查询和使用。

(5) 为企业带来流程优化和再造。RPA 机器人不仅可以通过替代人工操作简化任务进而优化流程,还可以重塑业务流程,突破系统障碍,实现数据互联互通。

(6) 支持本地和云端各种部署方式。RPA 机器人可以部署到桌面计算机中,可以部署到服务器端的虚拟桌面环境中,也可以通过私有云和公有云部署。

(7) 满足 24 小时不间断执行。人的工作时间一般是一周工作 5 天,一天工作 8 小时,而 RPA 机器人是一种程序,可以做到 24 小时全天候、全时段自动运行。

(8) 提供非入侵式的系统表层集成方式。RPA 机器人以外挂形式部署,其调用方式不需要改动任何系统后端的程序,不需要调整系统的数据库结构,也不需要在底层传输数据。

三、RPA 的功能

RPA 可以记录用户在计算机上的操作行为,包括登录应用程序、操作文件夹和文件、从网页获取数据、读写数据库、调用其他系统 API、从文档、电子邮件和表单中提取内容、打开电子邮件和附件等操作,并将这些操作行为抽象成计算机能够理解和处理的对象,最后根据指定规则在计算机上自动完成这些工作。RPA 机器人的功能如图 1-7 所示。

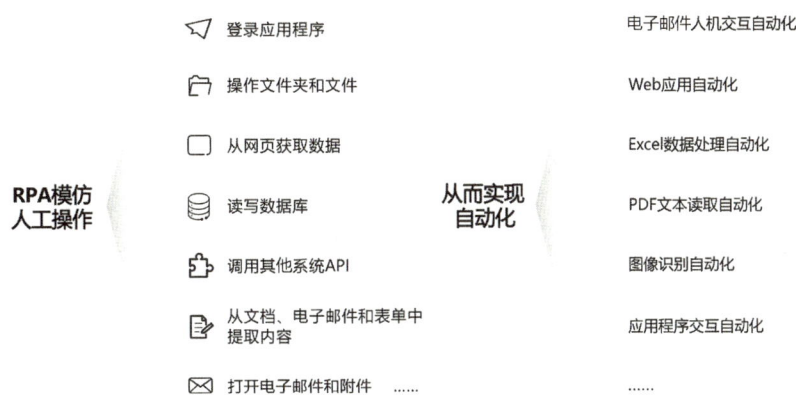

图 1-7 RPA 机器人的功能

常见自动化功能实现包括：

（1）键盘输入、鼠标点击等操作的自动化。

（2）识别并读取用户界面（UI）的文字内容。

（3）识别 UI 的图形、颜色属性等。

（4）应用程序的自动开启与关闭等。

（5）业务流程的无缝衔接。

（6）不同应用程序和业务系统间的数据共享。

（7）定时执行。

（8）支持错误和分支处理。

（9）支持远程操作。

（10）支持历史数据分析。

四、RPA 的发展阶段

RPA 的发展大致经历了四个阶段，如图 1-8 所示。

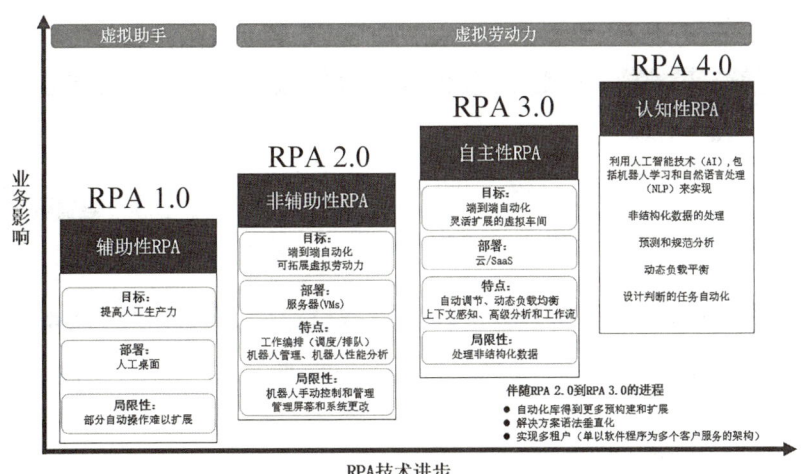

图 1-8 RPA 的发展阶段

（一）辅助性 RPA

在 RPA 1.0 阶段，作为"虚拟助手"出现的 RPA（Assisted RPA），几乎涵盖了目前主流机器人流程自动化的主要功能，部署在员工 PC 机上，以提高工作效率。该阶段 RPA 的局限性是难以实现端到端的自动化，成规模应用还很难实现。

（二）非辅助性 RPA

在 RPA 2.0 阶段，RPA（Unassisted RPA）被称为"虚拟劳动力"，主要目标即实现端到端的自动化，以及虚拟员工分级，主要部署在服务器（VMs 虚拟机）上，能够编排工作内容，集中化管理机器人、分析机器人表现等。该阶段 RPA 的局限性是 RPA 软件机器人的工作仍然需要人工的控制和管理。

（三）自主性 RPA

在 RPA 3.0 阶段，自主性 RPA（Autonomous RPA）的主要目标是实现端到端的自动化和成规模、多功能的虚拟劳动力，通常部署在云服务器和 SaaS 上，特点是实现自动调节、动态负载平衡、上下文感知、高级分析和工作流。该阶段 RPA 的局限性是处理非结构化数据仍较为困难。

（四）认知性 RPA

在 RPA 4.0 阶段，认知性 RPA（Cognitive RPA）开始运用人工智能（机器学习、自然语言处理等）技术，以实现非结构化数据的处理、预测和规范分析、设计判断的任务自动化等功能。

经由部署在人工桌面的辅助性 RPA 发展为部署在服务器的非辅助性 RPA，再到部署在云服务器和 SaaS 的自主性 RPA，RPA 目前已经步入第四个阶段——认知性 RPA。虽然目前市场上大多数 RPA 产品都介于 2.0 阶段和 3.0 阶段之间，但是仍有不少研发能力较强的企业已经步入 4.0 阶段，通过人工智能助力 RPA 向智能流程自动化发展。

 **本节练习**

请参考《中国 RPA 市场发展洞察（2022）》提供的行业图谱，调研中国市场上的主流 RPA 厂商概况，中国 RPA 市场的行业图谱如图 1-9 所示。

《中国 RPA 市场发展洞察（2022）》

资料来源：RPA 中国《中国 RPA 市场发展洞察（2022）》。

图 1-9　中国 RPA 市场的行业图谱

第二节　智能技术

学习目标

☆ **知识目标**

1. 了解人工智能的定义
2. 了解大数据的定义
3. 了解云计算的定义

☆ **技能目标**

1. 掌握人工智能的应用
2. 掌握智能技术和 RPA 的结合应用

☆ **素养目标**

1. 通过人工智能的初探,激发学生学习兴趣,培养科技意识
2. 树立以智能技术和 RPA 技术促进企业数智化转型的意识

案例启示

RPA 技术助推电商业务提速增效

"双十一"大促期间,如何让每一位进店消费者都能转化为客户？如何让老客户激活复购？如何保证店铺各项重要指标不下滑？这些已成为电商品牌方必须思考的问题。

对于电商行业而言,店铺 DSR 指标①已成为"双十一"电商考核的重要依据。促前,DSR 指标不达标影响"双十一"运营活动报名;促中,DSR 指标不达标则会影响进店用户对店铺的信任度;促后,因发货速度、客户服务等因素导致用户 DSR 指标评分低,同样影响日常活动的转化效果。那么,如何快速精准助力商家维护 DSR 指标呢？

RPA 可以代替商家处理日常业务中繁琐、重复的批量化操作,实现批量上新、快速处理订单等操作。RPA 不仅帮助电商企业快速精准维护好 DSR 指标,更能提升消费者运营效率与客户转化率,为商家持续带来确定性回报与增长,进而为品牌方的数字化、智能转型提供强有力支持。

1. 精准把控店铺 DSR 指标

电商企业可以应用 RPA 技术快速提升客户回访与数据监控,实时把控店铺好评率,增加店铺 DSR 评分,助力企业数字化转型,如图 1-10 所示。

---

① DSR 指标是电商行业的一个专属词汇,DSR 是卖家服务评级系统(detail seller rating)的简称。DSR 指标有三个评分项,分别是商品描述、服务和发货速度。

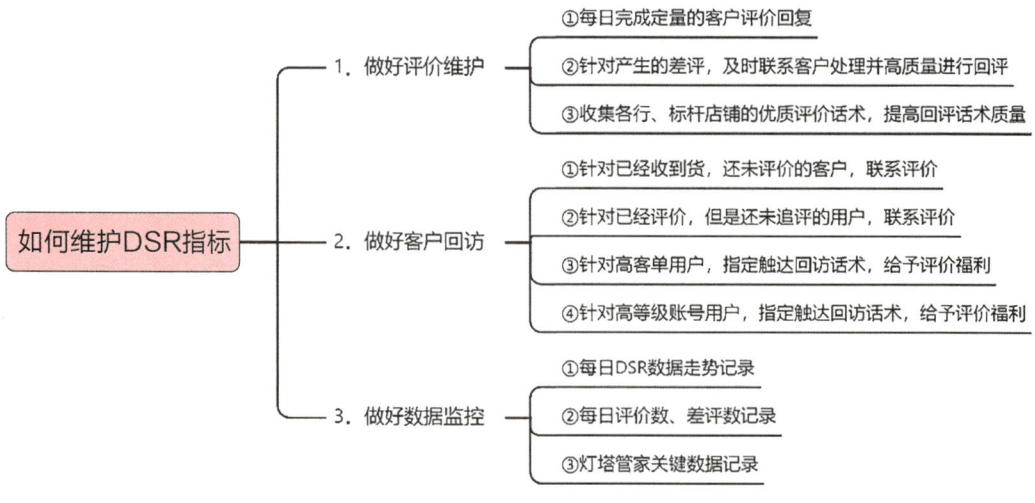

图1-10 DSR指标维护系统图

2．降本增效

RPA在满足自动化的基础上可以降低人力成本，减少人为失误，同时在业务层面可以24小时不间断工作，将员工从低效工作中解放出来，实现更体系化的业务增长模式，如图1-11所示。

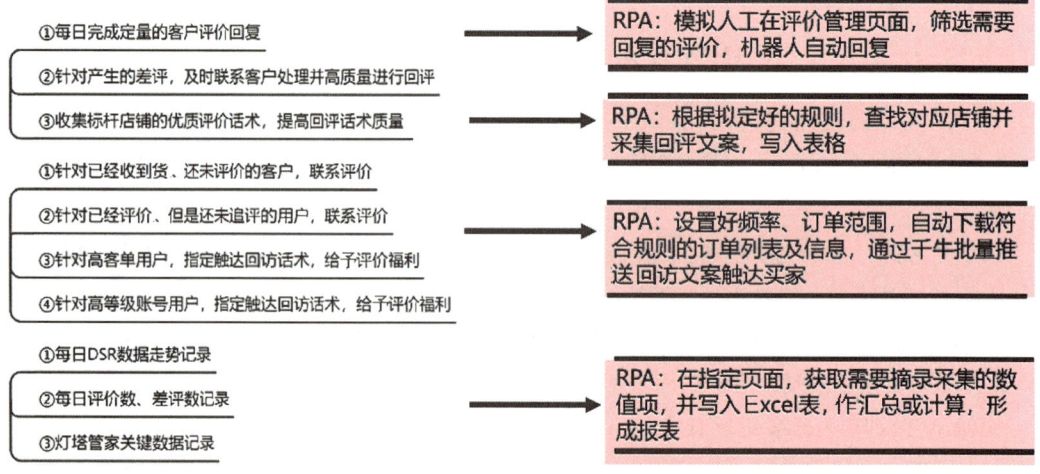

图1-11 RPA降本增效示意图

3．通过RPA＋OCR＋NLP的技术融合，赋能数字员工感知能力

智能技术通过意图识别、实体抽离、文本摘要、相似度分析、智能对话等做好客服的智能接待、语音识别、语音合成、声纹识别、票据识别等及时响应业务需求，大幅提升业务流程效率，赋能数字员工感知能力，如图1-12所示。

RPA可以打通内外系统、自动执行、24小时不间断工作，效率高、零失误、零误差、安全合规。同时，RPA以标准化、模块化应用，协助电商运营人员在渠道推广、店铺运营、直

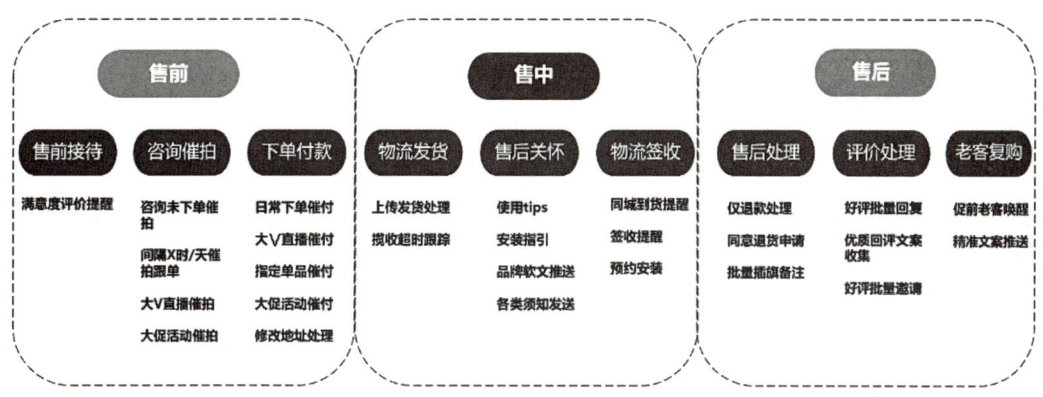

图 1-12　数字员工智能客服工作流程图

播内容优化等方面实现自动化高效运营,为运营团队精准解决效率瓶颈问题,极大释放业务增长空间,降本增效。

★案例思考

通过案例分析,我们需要思考以下问题:

1. RPA 如何助推电商业务提速增效?

2. 智能技术和 RPA 是如何在电商企业中结合应用的?

一、人工智能

随着科技和社会的发展,企业对传统模式的运营提出降本、增效、提质等更高需求,促使智能技术快速改变整个社会及商业环境,推动着企业业务流程的重塑、物质世界和虚拟世界的加快融合。在这样的时代大背景下,每个企业都需要不断审视自己的业务流程与财务流程,快速迭代、不断重塑,适应动态的市场环境,不断增强自身经营的竞争力。

人工智能(artificial intelligence,AI)是用计算机模拟人的意识、人类思维的信息过程,并衍生出新的能以人类智能相似的方式作出反应的智能机器。该领域的研究包括智能机器人、语言识别、图像识别、自然语言处理和专家系统等。具体而言,人工智能包括以下三类技术:

(1) 基于计算机视觉技术,自动识别业务流程中的各类图像、视频等元素,如光学字符识别(optical character recognition,OCR)是指将计算机中以图像形式存储的字符信息,读取为计算机可直接操作的文本数据的能力。RPA 系统集成的 OCR 服务,不仅提供普通文本图片的检测能力,还包含了卡证、表格等多种类型的文字信息提取能力。

(2) 基于智能语音语义技术,对业务流程中的各类音频、文本等数据进行识别和处理。例如,通过语音识别和合成技术,可以构建对话机器人辅助业务流程处理。

(3) 通过自然语言处理(natural language processing,NLP)技术,完成文档内容识别、机器人日志解析、机器人运行报告生成等操作,常用于智能问答系统、文本分析、内容推荐、翻译等场景。

二、大数据

关于大数据,麦肯锡全球研究所给出的定义是:一种规模大到在获取、存储、管理、分析方面大大超出了传统数据库软件工具能力范围的数据集合,具有容量大、多样性、速度快和价值密度低的特征。

(1)容量大是指大数据巨大的数据量与数据的完整性。大数据的出现,使得信息得以以最原始的状态保存下来。

(2)多样性是指大数据能够帮助用户在海量、种类繁多的数据间发现其内在关联,把看似无用的信息转变为有效的信息,从而作出正确的判断。

(3)速度快是指大数据能够更快地满足用户的实时性需求。目前,智能技术对于数据智能化和实时性的要求越来越高,大数据能够以近乎实时的方式呈现给用户所需的信息。

(4)价值密度低是指大数据的价值密度低。用户利用云计算、智能化平台等技术,提取出有价值的信息,将信息转化为知识,发现规律,最终用知识促成正确的决策和行动。

三、云计算

云计算(cloud computing)可以在很短的时间内完成巨量的数据处理,从而达到强大的网络服务。云计算是一种按使用量付费的模式,这种模式提供可用的、便捷的、按需的网络访问,用户可以借助云计算进入可配置的计算资源共享池(包括网络、服务器、存储、应用软件、服务)。

云计算的三种主要类型包括基础设施即服务、平台即服务和软件即服务。

(一)基础设施即服务

基础设施即服务(IaaS),包含云计算的基本构建块,通常提供联网、计算机(虚拟或专用硬件)以及数据存储空间的访问功能。基础设施即服务提供最高等级的灵活性和对 IT 资源的管理控制,其机制与现今众多 IT 部门和开发人员所熟悉的现有 IT 资源最为接近。

(二)平台即服务

平台即服务(PaaS)消除了组织对底层基础设施(一般是硬件和操作系统)的管理需要,将一个完整的计算机平台,包括应用设计、应用开发、应用测试和应用托管,都作为一种服务提供给客户。在这种服务模式中,客户不需要购买硬件和软件,只需要利用 PaaS 平台,就能够创建、测试和部署应用和服务,与基于数据中心的平台进行软件开发相比,PaaS 费用要低得多。

(三)软件即服务

软件即服务(SaaS)提供了一种完善的产品,其运行和管理皆由服务提供商负责。人们通常所说的软件即服务指的是终端用户应用程序,而 SaaS 是用户按服务水平协议(SLA)直接通过网络向专门的提供商获取自己所需要的、带有相应软件功能的服务。本质上而言,软件即服务就是软件服务提供商为满足用户某种特定需求而提供其消费的软件的计算能力。

云计算是互联网化的基础设施,是企业 IT 架构的基建。云计算为企业带来的不仅是企业成本方面的高度可控制性和可管理性,更大程度上能够为企业带来更多可调配的资源,同时提升企业内部在管理、沟通、运维、部署等诸多方面的办事效率。因此,云计算是业务财务中台运行、大数据技术应用的基础保障。

四、智能技术与 RPA 流程自动化的结合

RPA 机器人流程自动化能够捕获数据、运行应用程序、触发响应、基于预定义规则作出决定并与其他系统通信,负责打通流程、连接业务及执行工作;人工智能技术拓宽了 RPA 机器人流程自动化的感知、认知能力,云计算、大数据等技术则为 RPA 机器人流程自动化技术体系奠定基础。

(一)拓宽信息处理的边界

近年来,人工智能已在计算机视觉、智能语音、自然语言处理、知识图谱等多个技术领域取得进展,人工智能感知和认知技术研究的持续加深,能够全面提升 RPA 流程自动化的感知能力,拓宽其处理信息的边界。

(二)深度发掘数据价值,保障数据高效流通

利用大数据技术对海量数据信息进行采集、清洗、分类、挖掘,从而为业务应用提供优质的底层数据资源。利用大数据技术的分析和预测功能,RPA 流程自动化能够精准找出业务流程中的薄弱环节,通过优化和改进业务流程,提升数据的质量,深度发掘数据价值,支撑数据在不同系统之间的高效流通。

(三)灵活开发部署方式,提升应用效率

云计算技术以其资源池化、弹性架构、广泛的接入方式等优势,可为用户提供实时化、移动化、在线化服务,改变了用户开发、部署、使用的方式,提升服务效率,用户在任何时间、任何地点均可稳定调用 RPA 流程自动化相关能力,有效遏制数据丢失、信息泄露、病毒攻击等安全问题。

 **本节练习**

发票真伪识别

发票真伪识别自动化

作为企业最高频的财务流程之一,发票真伪识别需耗费大量人力、时间成本进行票据整理、信息提取等。在传统业务模式下,需要财务人员手工扫描发票,并将发票信息录入系统,平均每张票据核对需要 5 分钟左右,每天需要完成上千次校验,大大影响业务效率与时效性。

基于以上痛点,华为 RPA 开发的发票真伪识别机器人上线后,便可实现发票自动识别、自动录入,全流程只需要 25 秒就能完成。工作人员只需要启动 OCR 技术,剩余步骤便可交给 RPA 机器人执行,具体步骤如下:

第一步:打开办公系统。

第二步:打开报销系统。

第三步:选择报销单。

第四步:下载发票附件。

第五步:识别发票,并打开 Excel 表格。

第六步:自动填写 OCR 识别与二维码识别的比较结果。

华为 RPA 开发的发票真伪识别机器人上线后,不仅使得财务工作效率提高 12 倍以上,及时响应业务需求,降低人为错误率,还将财务人员从繁琐重复的工作中释放出来去从事更有价值的工作。在财务领域中,RPA 机器人还能发挥更多的应用价值,如银企对账、发票开具、应收付款等多场景中均可实现智能自动化,助力企业数字化转型,提升经济效益。

资料来源:RPA 数字员工实现发票真伪识别自动化,助力企业财务数字化转型[EB/OL].(2021-07-01)[2021-07-01].https://mp.weixin.qq.com/s/lAz7ZBFx58hmWt6TQ6zxwA.

★思考

请结合以上资料思考以下问题:

1. 如何运用智能技术和 RPA 技术促进财务数字化转型?

2. 在财务数字化转型的过程中,需要具备什么能力的财务人才?

第三节　RPA 机器人的应用场景

 **学习目标**

☆ **知识目标**

1. 了解 RPA 机器人在不同职能领域的应用

2. 了解 RPA 机器人在不同行业领域的应用

3. 理解 RPA 机器人应用的本质

☆ **技能目标**

1. 熟悉 RPA 机器人的应用场景

2. 能够识别企业业务流程中的痛点

☆ **素养目标**

1. 树立创新思维和全局观念

2. 培养敏锐的业务洞察力

 **案例启示**

RPA 机器人助力广汽本田实现业务增长

近年来,随着 RPA 在中国迅速发展,越来越多的行业通过标准化和自动化提高业务流程效率,改善客户服务体验,保持卓越的行业竞争力,这在汽车行业尤为明显。其中,广汽本田已经借助RPA机器人促进了业务增长。

一、广汽本田在业务流程中的痛点

广汽本田原来存在众多繁杂的手工业务,在一定程度上增加了公司的运营成本,主要体现在如下三个方面:

(1)对外系统获取数据或提交数据时,需按照对方格式完成对应的数据处理,耗费工时,且精准度不足。

(2)在固定资产盘点类、销售和生产数据统计类业务中,固定流程与报表处理业务繁多,需要手工操作,工作耗时长、效率低。

(3)内部存在较多的重复性固定流程,但因上下游沟通繁琐,极易造成流程不畅,进而在沟通上消耗大量时间成本。

二、分期规划部署,高效促进业务全面升级

为提升业务工作水平、降低公司运营成本,广汽本田以RPA技术为核心,全面启动了企业的自动化转型战略。

广汽本田机器人流程自动化项目分为三期建设,涵盖了市场品质、财务会计、涂料、生产管理、销售管理、零件品质科等多个方面。该项目不仅实现了业务数字化,还打通了产品端到端的价值流,将各部门信息系统有机连接在一起,促进企业更好地利用数据来精简内部业务运营,改进现有工作流程,提高整体效率,降低企业成本,如图1-13所示。

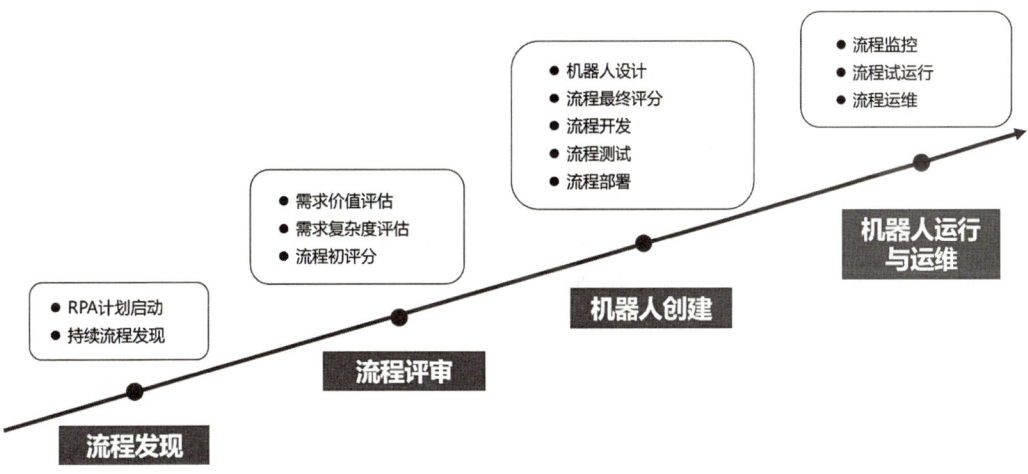

图1-13　广汽本田机器人流程自动化项目

三、RPA机器人赋能广汽本田管理

(1)优化工作方式:将重复性的工作交给RPA机器人,员工从事分析、管理工作,提升工作价值。

(2)优化工作流程:通过RPA机器人实现工作流程的再造,提升工作流程标准化、数据准确率、及时性和可追溯性。

（3）提升工作效率：通过工作流程自动化改造，有效提升工作效率。

（4）提升数据质量：RPA 机器人有力保证了数据的完整性、准确性。

（5）提升数据时效性：结合 OCR、NLP、机器学习（machine learning，ML）等 AI 技术，帮助企业优化财务人员结构、提升数据的时效性、减少沟通成本，实现财务自动化。

（6）提升员工满意度：将员工从重复性工作中解放出来，使其投入更有价值、更具创造性的工作中，提升员工满意度及留存率。

四、深化智能应用，加速广汽本田数字化转型

借助 RPA 技术，广汽本田迎来了数字化转型新契机。未来，广汽本田将会成立卓越中心（center of excellence，CoE），推进企业内部 RPA 事项，孵化各部门种子选手，开发 100 多个流程，实现超过 85% 的流程由员工自主开发。

2023 年，广汽本田还将提升自动化开发者人数，后期自动化开发者人数在企业员工中占比将达到 5%，为企业内部节省 35 000 小时的有效工时，提升准确率至 99%，提高业务灵活性及弹性，改善流程合规与业务效率，加速企业数字化转型步伐。

资料来源：翰智 RPA 助力广汽本田实现业务增长，引领产业数智化！［EB/OL］.（2023-03-23）［2023-03-23］.https://zhuanlan.zhihu.com/p/616325077.

★案例思考

通过案例分析，我们需要思考以下问题：

1. 广汽本田在业务流程中有哪些痛点？
2. RPA 机器人在广汽本田数字化转型过程中实现了哪些预期效果？
3. 在其他行业中，RPA 机器人还有哪些应用场景？

一、RPA 机器人在各领域的应用

RPA 本质上是一种处理重复性工作、模拟手工操作的程序，有其自身适用的场景特征。结合 RPA 机器人的适用场景特征，可以发现 RPA 机器人不仅能在财务、人力资源、客户支持、供应链、市场营销、商务等领域助力企业各职能部门数字化升级，如图 1-14 所示；还能助力各行业实现智能自动化，如金融、零售、房地产、医疗、物流、保险、政府、制造等行业。

财务
发票验证、应收与应付账款处理、报表编制与稽核、固定资产报告、月末报告、会计科目管理

人力资源
记录员工信息、核查员工工时、绩效考核、员工培训、邮件自动化通知

客户支持
虚拟代理、聊天机器人、呼叫中心、代理协助

供应链
订单流处理、供应商管理、库存管理以及异常影响响应

市场营销
社交媒体挖掘与监控、调查社会消费习惯、合作邀约、预测高价值需求线索、更新CRM

商务
获取招投标信息、比对销售合同、供应商咨询检查

图 1-14　RPA 机器人在企业职能领域的应用

（一）RPA 机器人在企业职能领域的应用

RPA 机器人
在企业职能
领域的应用

（1）在财务领域，RPA 机器人可以完成包括发票验证、应收与应付账款处理、报表编制与稽核、固定资产报告、月末报告、会计科目管理等诸多方面的工作。

（2）在人力资源领域，RPA 机器人可以完成记录员工信息、核查员工工时、绩效考核、员工培训、邮件自动化通知等工作。

（3）在客户支持领域，可以利用 RPA 机器人完成虚拟代理、聊天机器人、呼叫中心、代理协助等工作。

（4）在供应链领域，RPA 机器人在订单流处理、供应商管理、库存管理以及异常影响响应等方面发挥一定的作用。

（5）在市场营销领域，RPA 机器人可用于社交媒体挖掘与监控、调查社会消费习惯、合作邀约、预测高价值需求线索、更新 CRM 等工作。

（6）在商务领域，利用 RPA 机器人可以完成快速获取招投标信息、比对销售合同、供应商咨询检查等工作。

（二）RPA 机器人在行业领域的应用

（1）金融行业是国内 RPA 渗透率最高的领域，其中，普及率前三的行业分别是银行、证券、保险。金融行业许多系统部署时间较长，存在诸如流程复杂、系统之间无法打通、数据割裂的痛点，需要大量人工操作，新增需求开发周期长，难以适应当前市场环境的变化，而人为操作业务流程又会存在大量风险，如盗取数据、篡改数据、输入错误数据等。RPA 可以帮助金融从业人员快速地改善业务流程，大幅缩短开发周期同时简化流程、降低风险。RPA 作为数字员工可以基于一定规则自动执行大量重复、枯燥的业务，保证处理的准确度。得益于人工智能的快速发展，通过 RPA + AI 模式，RPA 机器人还可以应对那些繁琐、复杂的非结构化数据，完成复杂应用场景的流程替代。

（2）在生活服务业中，RPA 机器人正逐渐渗透到各个环节，有效提升工作效率、数据准确率与及时性。例如，某大型餐饮企业在引入 RPA 机器人之前，招聘了 6 名业务人员进行对账，每月累计处理 500 小时以上；引入 RPA 机器人之后，企业精细化管理水平大幅度提升：RPA 机器人登录业务系统下载营业日报表，登录各个收银平台下载前一天流水数据，将营业日报表和第三方对账单导入 VBA[①]，通过支付方式、时间、金额三个条件进行对账，定位到有差异的订单并生成 XML 文件，并自动将 XML 文件上传至 NC 系统，最后在后台将差异订单自动发送邮件给对应门店。

（3）在物流行业中，RPA 机器人已被广泛应用于仓储、运输、配送等环节，将来还会逐步形成覆盖整个物流行业的超级自动化智能系统。RPA 机器人不仅能大幅提升物流行业的工作效率并降低人为错误，还能助力物流企业智能自动化转型。例如，产品信息复核数字机器人可自动登录系统并对海量的产品信息进行查询、判定及核对，实现全流程自动化。

（4）在政务工作中，RPA 机器人可以提升政务服务水平。近年来，随着政务部门信息化的建设，政府业务系统的建设逐步完善，政务的运行正在由原来的手工作业向智慧作业

---

① 　VBA 是 Microsoft Visual Basic 的应用程序版本，集成在 Office 组件之中。

转变,但是这也带来了诸多亟待解决的问题,如不同业务系统之间难以打通、各个机构和部门的业务网站大多处于分散状态。通过 RPA 和 OCR、NLP 等技术的结合,一方面能针对异常事件进行快速有效的处理,节约大量人力成本;另一方面也能快速应对业务场景变动或者客户系统升级所带来的新增需求,实现跨系统、跨部门的集成与自动化。

（5）在电商行业中,存在大量的流程自动化机会。例如,电商企业普遍存在批量触达难、用户黏性弱、营销成本高、考核压力大、同业竞争强等痛点。传统模式下,手工操作导致数据沉淀困难,运营缺少数据,无法精准运营,转化率低。RPA 机器人可以在业务全场景中模拟员工工作,完成业务流程自动化,自动登录企业信息系统查询用户信息、登录企业微信添加客户为好友、微信发送营销活动。约 80% 应用了 RPA 的电商与线上零售运营者反馈,业务流程自动化极大地节省了运营工作的综合成本,解放了原来流程化、规则化的业务劳动力,让他们把更多的时间应用于策略优化和资源把控,进而提升成交率、降低退货率。

（6）在制造业的生产流程中,有许多需要快速完成的重复性工作场景可以应用 RPA。目前,RPA 已经应用于物料清单自动生成与跟踪、采购订单创建与管理、工厂记录管理及报告等制造业典型场景,减少了业务操作流程中人为操作失误所带来的非计划停机损失。除此之外,RPA 还可应用于制造企业的财会环节、运营环节、客服环节及合规环节。RPA 作为制造业数字化转型关键推动因素,可以有效简化和优化复杂的后台运营流程,帮助企业降本增效。

二、RPA 机器人应用的本质

虽然 RPA 机器人有不同的应用场景,但其技术应用的本质是相同的,主要分为以下两种。

（一）对人类操作的模拟

对人类操作的模拟,即基于手工的操作任务处理,是指 RPA 可以在电脑上记录员工的操作,然后将这些操作转换成计算机可以理解的对象,并设定计算机在一定的规则下执行这些操作,如登录企业内部应用、操作基本的文件、处理日常邮件、操作鼠标、操作键盘、填制表格、读取数据等。此类手工操作按照业务类型分,主要有以下两种。

1. 简单固定流程业务

简单固定流程业务是指人事、财务等后台业务及销售管理、经费处理等简单输入业务。例如,IT 部门需要在凌晨对计算机进行维护、重启,RPA 可以模拟人类重启计算机的动作来代替人工完成。由于 RPA 按照固定的脚本执行命令,无法通过自我认知学习去执行复杂、变化性强的业务。

2. 非结构化的数据收集和分析业务

非结构化的数据收集和分析业务包括安全日志分析、销售分析和广告数据分析等业务。一般业务流程中最基础的数据处理是结构化数据处理,但随着办公需求的扩大,RPA 也要处理诸多非结构化数据,如文本、邮件、网页、声音、影像等。

（二）对人类判断的模拟

对人类判断的模拟,即基于规则的判断任务处理,主要是指判断、计算、OCR 识别及处理、爬虫数据处理、分析预测等人类判断模拟。RPA机器人通过OCR识别将图片信息转化成文字信息,利用爬虫处理抓取万维网的脚本和程序,从而间接完成人类模拟动作。

 **本节练习**

RPA＋AI自动化应用场景

随着机器人流程自动化在各行各业的落地,RPA覆盖的场景也从基于规则的简单任务自动化,扩展到结合AI技术的复杂流程自动化。相较于传统的RPA,经AI加持的RPA在读取非结构化数据、助力决策、保障执行任务准确率、衔接人机交互任务上更具优势。

一、财务场景下的票据处理

门店销售商品时,客户需要在商场付款台进行支付,完成支付后把第二联交回门店。商场和门店会定期通过POS机的刷卡记录进行结算。在该流程中,门店要对系统里的销售记录和实际支付金额(即小票金额)进行对账,数据繁多,人工核对工作量大。

RPA＋AI可实现财务票据自动处理:RPA＋AI机器人通过智能识别电子版小票,抽取小票中的日期、销售金额等关键信息,并将识别好的信息与系统里的销售记录进行对账。即使一张小票内含有多件商品的销售记录(如6张小票对应10条销售记录),RPA＋AI机器人也能准确进行对账;此时,人工只需处理极少数没有对齐的账目即可,极大减少了人工对账的工作量。

二、法务场景下的合同信息抽取

合同文本是一种典型的非结构化数据,一般需要人工将结构化信息录入合同管理系统中;即使用传统的"OCR识别＋信息提取",平均识别准确率也只有约75%,而且需要编写大量规则来进行信息抽取;RPA＋AI能够智能抽取合同名称、甲方、乙方、标的、金额等关键信息,提高平均识别准确率。

三、银行场景下的开户表格处理

某银行每天要处理3000张用户手工填写的开户表格,需要员工手工输入3000次表格数据。随着RPA在银行业的普及,通过RPA机器人可自动处理500张表格,由于用户手动填写不够规范,还有2500张表格需要人工处理。融合AI技术后,RPA机器人可大幅度提高信息识别能力,3000张开户表格中,能够自动处理2800多张,不但精度高,而且更高效,余下需要人工处理的表格不足十分之一。

四、金融场景下的KYC流程

核实客户信息(know your customer,KYC)是金融行业重要的合规流程。银行、保险、证券等机构需要通过收集客户数据,核实客户身份背景,验证客户信息来全面了解自己的客户。这些客户信息大多来自不同文档、不同系统平台,人工手动处理数据、验证信息需要花费至少一周的时间。

RPA＋AI可自动识别、读取数据,跨系统收集客户信息,并通过预先设定的参数对客户信息进行验证、审核,过滤可疑的欺诈者。员工只需花费几分钟就能完成核实验证工作,不仅提高处理效率,还能节省大量时间。

五、政务场景下的综合窗口高频事项受理

RPA＋AI是助力一网通办快速连接的重要技术手段,即连通不同政务部门的系统平台,打通数据共享,让业务流程更便捷、更高效,赋能政府数字化转型。

以"污水排入排水管网许可证核发备案"服务事项为例,整个业务流程需要处理的信息量大且容错率低,传统模式下,工作人员每天需要重复操作60多遍,耗时费力。在RPA＋AI的帮助下,工作人员只需要输入申请单位的统一社会信用代码,RPA机器人将自动查找所需信息完成录入后进行打印,并在工作人员核定盖章后完成自动扫描和分类归档,整个流程2分钟即可完成,且速度恒定,出错率低。

六、电力场景下的智能用电流程

在各电网公司大力建设智能用电流程规划中,RPA＋AI适用于用电报装资料审核和录入、用电数据监控、电费催收、用电投诉自动处理、用电智能客服等流程环节,实现对整个用电过程的科学统计,使终端用户能够方便快捷地用电。

★思考

请结合以上资料思考以下问题:

1. 各行各业都存在RPA机器人的应用,但并不是所有场景都适用RPA机器人,这是为什么?

2. RPA＋AI自动化应用场景中有什么共同的业务特征?

第四节　RPA机器人在财务中的应用

学习目标

☆ **知识目标**

1. 了解目前RPA机器人在财务中应用的信息技术
2. 了解财务流程

☆ **技能目标**

1. 能够识别企业财务流程中的痛点
2. 熟悉RPA机器人在财务流程中的应用

☆ **素养目标**

1. 培养学生发现问题、解决问题的能力
2. 培养学生对信息技术在财务领域相关应用的兴趣

案例启示

报销审核机器人和发票开具机器人

RPA的出现能够将会计工作中大量费时、费力、规则固定的数据任务自动化。RPA

在会计中的应用场景,如图 1-15 所示。

费用报销	订单到收款	采购到付款	存货到成本
报销单据接收 自动化费用审核 自动付费 财务处理 报告出具	销售订单录入和变更 发票开具 返利管理 订单发货 客户对账与收款核销 客户主数据维护	请款单处理 应付发票处理 采购付款 供应商对账 供应商主数据维护 供应商管理	成本统计指标录入 成本与费用分摊 财务处理及报告

图 1-15 RPA 在会计中的应用场景

1. 报销审核机器人

员工报销作为企业最高频的财务流程之一,需要员工花费时间手工进行票据整理、信息提取、费用类别匹配和系统录入,通过报销审核机器人可以提升发票识别准确率至100%,效率提升 500%。报销审核 RPA 流程,如图 1-16 所示。

图 1-16 报销审核 RPA 流程

2. 发票开具机器人

发票是会计核算的原始凭证和申报纳税的依据。目前,手工开票效率低下,财务人员开具发票时需要从其他系统将开票信息手动复制到开票系统中并反复核对,发票开具后还要将发票号回填,多个系统之间操作过程繁琐、容易出错。公司运用 RPA 机器人实现自动化开票之后,工作效率和准确率大幅提升,如图 1-17 所示。

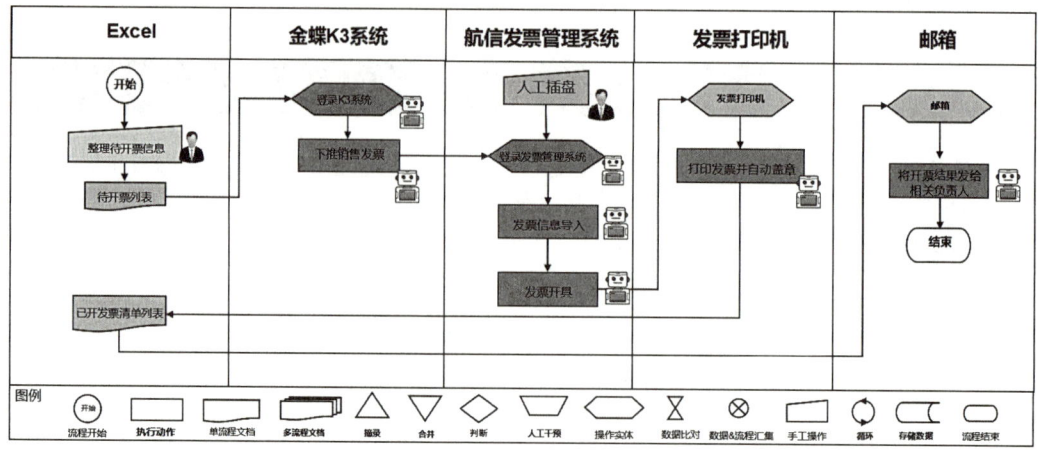

图 1-17　自动开票机器人

★案例思考

通过案例分析,我们需要思考以下问题:

1. RPA 技术正在财务工作中被广泛运用,还有哪些信息技术也在影响着财务工作?

2. 企业财务流程中有哪些痛点?

3. 如何利用 RPA 技术优化财务流程?

一、RPA 技术与财务相结合

根据《2023 影响中国会计行业的十大信息技术评选报告》,影响中国会计行业的十大信息技术包括数电发票(电子发票、区块链电子发票)、会计大数据分析与处理技术、财务云、流程自动化(RPA 和 IPA)、电子会计档案、中台技术(包括数据中台、业务中台、财务中台等)、新一代 ERP、数据治理技术、商业智能(BI)、数据挖掘。2022 年、2023 年影响中国会计行业的十大信息技术,如表 1-1 所示。

2023 影响中国会计行业的十大信息技术评选报告

表 1-1　2022 年、2023 年影响中国会计行业的十大信息技术

2023 年技术	2023 排名	综合 得票率	2022 年技术	2022 排名	综合 得票率
数电发票	1	49.80%	财务云	1	52.60%
会计大数据分析与处理技术	2	47.92%	会计大数据分析与处理技术	2	51.30%
财务云	3	47.13%	流程自动化(RPA 和 IPA)	3	48.10%
流程自动化(RPA 和 IPA)	4	41.92%	中台技术	4	47.10%
电子会计档案	5	39.97%	电子会计档案	5	47.00%
中台技术	6	36.07%	电子发票	6	45.40%
新一代 ERP	7	31.62%	在线审计与远程审计	7	39.00%

（续表）

2023 年技术	2023 排名	综合得票率	2022 年技术	2022 排名	综合得票率
数据治理技术	8	30.59%	新一代 ERP	8	35.20%
商业智能（BI）	9	28.70%	在线与远程办公	9	31.70%
数据挖掘	10	26.27%	商业智能（BI）	10	27.60%

资料来源：《2023 影响中国会计行业的十大信息技术评选报告》。

表 1-1 列示的十大信息技术代表着财务数字化的变化趋势与发展方向。机器人流程自动化（RPA）已经连续四年入选影响中国会计行业的十大信息技术，近三年一直名列前五，这说明 RPA 在财务工作中的应用具有重要价值和积极影响。RPA 不仅解决了财务工作中的各种痛点问题，提高工作效率、提升工作质量，而且解放了更多的财务人员，使他们从事更有价值、更有创造性的财务工作。

二、财务流程优化

企业经营的每一笔交易和经济事项产生的数据，都是通过一系列的业务流程及管理流程，最终汇集到财务部门进行记录和进一步处理分析的。RPA 技术的发展与应用，使得业务与财务流程一体化、自动化、智能化得以实现。值得注意的是，原有流程只有随之调整才能使自动化流程更加符合工作需要，从而提升业务与财务的工作效率，为企业创造更多的价值。

（一）流程定义

流程就是一组能够为客户创造价值的相互关联的活动进程。在 ISO 9000 对流程的定义中，流程就是一组将输入转化为输出的活动进程。流程的最终目的是创造价值，实现效率提升、成本降低、销售增加、利润增长、质量提高。

（二）财务流程

财务流程是指财务部门为实现财务会计目标而进行的一系列活动。它包含数据的采集、加工、存储和输出，是连接业务流程和管理流程的桥梁。因此，财务流程的设计思想、数据采集效率、加工的正确性和有效性，将直接影响管理活动的质量和效率。例如，会计核算工作流程是从原始凭证开始到会计报表结束的业务过程，会计核算工作流程如图 1-18 所示。

（三）流程优化

了解财务流程是为了更好地梳理和优化财务流程，为财务流程的自动化和智能化提供基础。流程优化的核心思想就是消除流程中的非增值活动，调整核心增值活动，最终确保为组织内部和外部的客户增加价值。本书以 ESIAB[①] 模型为例展示优化财务流程的思路和方法，如表 1-2 所示。

---

① ESIAB 是清除（eliminate）、简化（simply）、整合（integrate）、自动化（automate）和调整（balance）5 个英文单词的首字母缩写。

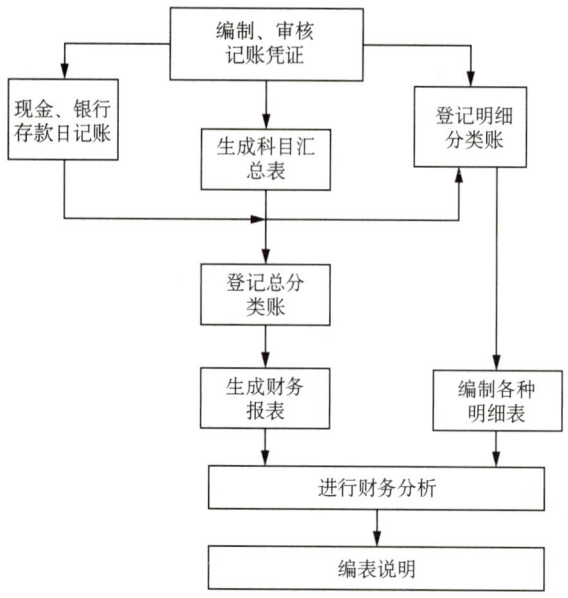

图 1-18 会计核算工作流程

表 1-2 ESIAB 模型

方式	具体内容
清除（eliminate）	有必要取消的工作，自然不必再花时间研究如何改进。某个处理、某道手续，首先要研究是否可以取消，这是改善工作程序、提高工作效率的最高原则
简化（simplify）	对程序的改进，除去可清除之处，余下的还可进行必要的简化，这种简化是对工作内容和处理环节本身的简化
整合（integrate）	将做事情的人从不同的组织集中到一个组织中，或者将前后衔接密切的步骤交由一个岗位去处理等
自动化（automate）	重复机械性作业、危险作业、枯燥作业可以利用自动化程序完成
调整（balance）	变串行为并行、改变顺序

三、RPA 机器人在财务流程中的应用

财务机器人是 RPA 机器人在财务流程中的应用，具体如图 1-19 所示。

费用报销	订单到收款	采购到付款	存货到成本
报销单据接收	销售订单录入和变更	请款单处理	成本统计指标录入
自动化费用审核	发票开具	应付发票处理	成本与费用分摊
自动付费	返利管理	采购付款	财务处理及报告
财务处理	订单发货	供应商对账	
报告出具	客户对账与收款核销	供应商主数据维护	
	客户主数据维护	供应商管理	

固定资产管理	总账到报表	资金管理	档案管理
资产卡片管理	关账	银企对账	票据接收和快递管理
资产变动管理	标准记账分录处理	资金管理	扫描
资产分析管理	关联交易处理	收付款处理	电子归档
智能预警	单题报表和合并报表出具	银行回单管理	电子档案查询

税务管理	内部审计	预算管理	绩效管理
进销项差额提醒	审计证据自动化	预算的编制和生成	产品绩效分析
发票验真	审计文档审阅	预算执行情况检测	客户收益分析
税务分录编制与录入	管控合规报告出具	预算报告创建	客户满意度分析
纳税申报准备	审计缺陷管理		资本收益分析
纳税申报	财务主数据管理		经营分析标准化报表出具
税务数据核对校验			

图 1-19　RPA 机器人在财务流程中的应用

本节练习

　　财务人员的日常税务工作包括办理日常税务、申报、年检等；管理增值税专用/普通发票，购买、领取、登记发票；增值税专用发票填写和校验；编制税务、统计对外报表；申请、报批公司有关税收优惠政策的手续；加强公司同税务、统计等部门的联络等。财务人员的日常税务工作痛点包括：

　　（1）税务政策的更新变化快，必须及时根据政策更新税务操作。

　　（2）增值税发票认证抵扣工作操作繁琐，耗时多。

　　（3）税金计提收集和整理数据任务繁重，出错率较高。

　　（4）纳税申报涉及税种、报表多，填报操作繁琐，易出错。

　　（5）后续报表、凭证归档管理工作操作重复耗时。

★**思考**

请针对以上财税业务流程中的痛点，思考财务机器人在日常税务工作中有哪些应用？

测 试 题

一、单选题

1. RPA 机器人是(　　)。

A. 送餐机器人
B. 工业机器人
C. 模拟人操作的软件工具
D. 代码工具

2. 根据 RPA 的特点,(　　)部门不适用 RPA。

A. 仓储
B. IT
C. 人力资源
D. 决策

3. 下列各项中,对 RPA 技术编写运行描述正确的是(　　)。

A. RPA 技术需要全代码编写
B. RPA 技术不需要代码编写
C. RPA 技术需要低代码编写
D. RPA 技术运行会入侵系统

4. RPA 是代替或辅助员工进行业务场景的流程自动化操作,RPA 的应用可以减少(　　)。

A. 执行时间
B. 手动工作时间
C. 脚本开发时间
D. 调试、部署时间

5. 2023 年影响中国会计行业的十大信息技术不包括(　　)。

A. 财务云
B. 会计大数据分析与处理技术
C. 流程自动化
D. 网络设计技术

6. 下列各项中,(　　)不是财税人员在税务工作中的痛点问题。

A. 税务政策变化快,需要不断学习新的政策
B. 报税涉及税种、报表多
C. 数据量大,税金计提整理计算
D. 根据企业经营情况,制定最优纳税方案

二、多选题

1. 下列各项中,对 RPA 机器人功能描述正确的有(　　)。

A. 可以与应用程序交互自动化
B. 可以读取 PDF 文本
C. 不可以键盘录入数据
D. 不支持远程操作

2. RPA 不适用于(　　)业务场景。

A. 流程自动化程度高
B. 标准化成本高
C. 不可逆流程
D. 与开发中的系统频繁交互

3. 下列各项中,属于中国市场内原生 RPA 厂商的有(　　)。

A. 华为 WeAutomate
B. 云扩科技

    C. 弘玑   D. 思爱普 SAP

  4. 对于 RPA 机器人的特点,描述错误的有(　　)。

  A. 有一定的业务规则来执行   B. 不能提供全程的操作记录

  C. 可以 24 小时不间断执行   D. 侵入系统采集数据

  5. RPA 发展有(　　)阶段。

  A. 辅助性 RPA   B. 非辅助性 RPA

  C. 自主性 RPA   D. 认知性 RPA

  6. 审计工作中面临的痛点问题主要有(　　)。

  A. 按照规定遵循相关业务管理办法,监管要求严格

  B. 审计过程中需跨系统操作,但数据不互通

  C. 手工审计居多

  D. 涉及数据量大,字段信息较多,占用大量的人力与时间

三、判断题

  1. RPA 是 robotic product automation 的缩写。   (　　)

  2. 非计算机专业人士在无编程基础的情况下无法使用 RPA 技术。   (　　)

  3. RPA 是部署在计算机内的一个软件机器人,擅长有规则的工作,解决重复性、机械化工作。   (　　)

  4. RPA 以侵入式的方式实现跨系统、多平台的无缝连接,轻松实现数据互通。 (　　)

  5. 财务基础工作基本具备了电子化和标准化的特点,但场景是碎片化的,且大量与外部数据的交互,恰恰可以让 RPA 充分发挥其灵活、快速、低成本的优势,在现有系统的基础上实现端到端的财务流程自动化。   (　　)

  6. RPA 可以代替人工手动操作,完成大量重复、枯燥、单一的税务基础工作,这能够提高税务处理效率,但是会导致税务风险增高。   (　　)

第二章

财务机器人的应用基础

  **案例引入**

RPA 机器人为基层政务工作赋能提效

基层政务工作是政府联系人民群众最直接的纽带,基层服务水平是社会治理能力的直观体现。基层政务工作中存在大量重复、繁琐的事务,这些工作占据着大量的人力时间与成本。因此,亟须通过 RPA + AI 等创新技术为基层赋能提效,将基层工作人员从重复、繁琐的事务中解放出来,投入更有价值的社会治理中去。

例如,某街道办利用 RPA + AI 实现网格填报多表合一,巡查一次填报。基层网格员每个季度需要对辖区内的流动人口和出租屋进行巡查,并将巡查数据逐项填报至市流动人口社会服务管理系统中。网格填报工作的平均填报时间为 10～15 个工作日,填表报数的工作量巨大且低效,极大浪费了基层人力。采用 RPA + AI 技术后,RPA 机器人自动从巡查库获取流动人口和出租屋信息,并按照管理中心的指令将信息自动填报至各个系统中。网格填报时间缩短为 3～5 天,效率提升 50% 以上。

又如,某街道办利用 RPA + AI 实现城区分拨系统自动化。该街道办共管理 10 个社区,每天收到大量居民对街道异常情况的反馈,如生活垃圾乱堆、消防通道堵塞、路面异常、树木倒塌等。传统政务工作模式下,需由工作人员登录城区分拨系统,采集录入事件,根据事件的类型、时间、地区等进行分析,再将事件分拨至对应执法部门处理。该街道办每天处理类似事件 300 单,整个事件分拨过程需要多人协作,耗费大量时间,且容易出现人为差错或事件漏派。基于以上痛点,华为 WeAutomate 打造了智慧分拨系统,可实现对社区事件的智能分析、智能自动分拨,具体处理流程如图 2-1 所示。

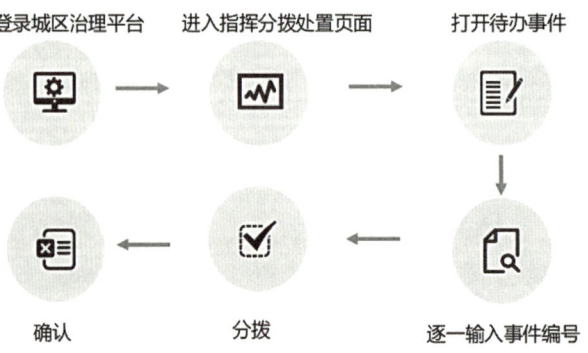

图 2-1　智慧分拨系统自动化处理流程

该街道办引入智慧分拨系统后,已有95%的事件处理实现自动分拨,事件处理的时效性大幅提升,并且自动分拨准确率达95%。该街道办的工作人员压力大大降低,从而能够更专注于政务和民生服务,有效提升了社会治理水平。

资料来源:华为 WeAutomate 打造智慧分拨系统,助力提升政务服务水平[EB/OL].(2021-12-31)[2021-12-31].https://mp.weixin.qq.com/s/rY5haA2w4fo8RZJVvifujg.

★案例思考

1. 党的二十大报告指出,完善社会治理体系,健全共建共治共享的社会治理制度,提升社会治理效能,畅通和规范群众诉求表达、利益协调、权益保障通道,建设人人有责、人人尽责、人人享有的社会治理共同体。融合了人工智能的数字机器人,可以为社会治理提供更丰富多样的手段、更便捷高效的措施,全面助力提升社会治理效能。请根据以上案例思考 RPA 机器人技术如何助力提升社会治理效能?

2. RPA 技术会对我们的生活产生哪些影响?

第一节　WeAutomate RPA 的安装配置

 **学习目标**

☆ **知识目标**

1. 了解 WeAutomate RPA 的整体介绍
2. 了解 WeAutomate RPA Studio 的下载与安装
3. 了解 WeAutomate RPA Studio 的许可激活

☆ **技能目标**

1. 掌握 WeAutomate RPA Studio 的安装
2. 掌握 WeAutomate RPA Studio 的许可激活

☆ **素养目标**

1. 通过软件安装,培养学生遵循规则的意识和科学严谨的工作态度
2. 通过许可激活,树立学生知识产权保护意识

一、WeAutomate RPA 的整体介绍

华为 WeAutomate RPA 平台的组件由 Studio(设计器)、Management Center(管理中心)和 Robot(执行器)组成。

三者之间的关系可以类比为电影编剧、导演和演员的关系。Studio 根据需求设计和实现 RPA 自动化流程(编剧设定场景和对白),Robot 负责执行 Studio 设计好的自动化流程(演员根据剧本完成表演),Management Center 负责调度和编排各个自动化流程(导演现场调度演员的表演)。三者的关系图如图 2-2 所示。

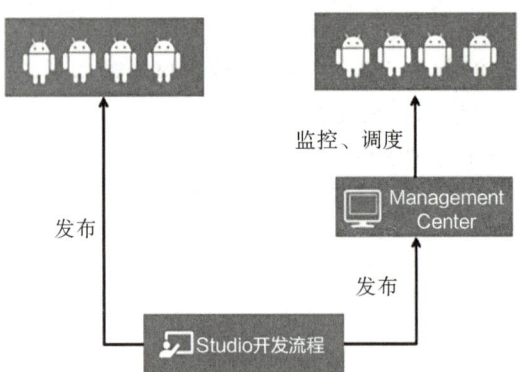

图 2-2　Robot、Management Center 和 Studio 关系图

（一）Studio

Studio 是基于 Python 语言的流程自动化设计器。在 Studio 中，可以使用内置录制器或拖放活动，以可视化的方式构建自动化流程。Studio 内置 Robot，可以方便地在 Studio 中通过图形化界面触发业务流程的执行。

流程一般在 Studio 中设计和开发。因此，本书中 WeAutomate RPA 的下载、安装和使用主要是针对 Studio 展开的，可称为 WeAutomate RPA Studio，也可称为 WeAutomate Studio。

（二）Management Center

Management Center 可以通过浏览器访问服务器应用程序来控制、管理和监控机器人，同时也是存储机器人使用的库、可重用组件、资产和流程的地方。

（三）Robot

Robot 是一个计算机助手，可随时待命执行编排好的流程。Robot 可以执行本地计算机的自动化流程包，也可以接收 Management Center 的命令执行相应的自动化流程包。

二、WeAutomate RPA Studio 的下载与安装

（一）WeAutomate RPA Studio 的下载

（1）打开华为 WeAutomate RPA 官网，点击右上角【登录】按钮，如图 2-3 所示。

WeAutomate_
Studio_
Education_
安装包下载
（仅供学习
使用）

图 2-3　华为 WeAutomate RPA 官网

（2）点击【产品下载】→【设计器】→【Windows】，选择【教育版】进行下载，如图 2-4
所示。

图 2-4　下载 WeAutomate RPA Studio 教育版（WeAutomate Studio Education）

（二）WeAutomate RPA Studio 的安装

（1）解压后的下载文件是一个"exe"格式的安装文件，双击安装，"Installer Language"
默认选择【中文（简体）】，点击【OK】按钮，如图 2-5 所示。

图 2-5　WeAutomate Studio Education 安装步骤一

（2）在【欢迎使用 WeAutomate Studio 教育版安装向导】窗口点击【下一步】按钮，如
图 2-6 所示。

（3）【自定义资产包证书公用名（CN）】窗口保持默认设置，点击【下一步】按钮，如
图 2-7 所示。

（4）勾选【我同意"隐私数据使用协议"中的条款】单选框，点击【下一步】按钮，如
图 2-8 所示。

图 2-6　WeAutomate Studio Education 安装步骤二

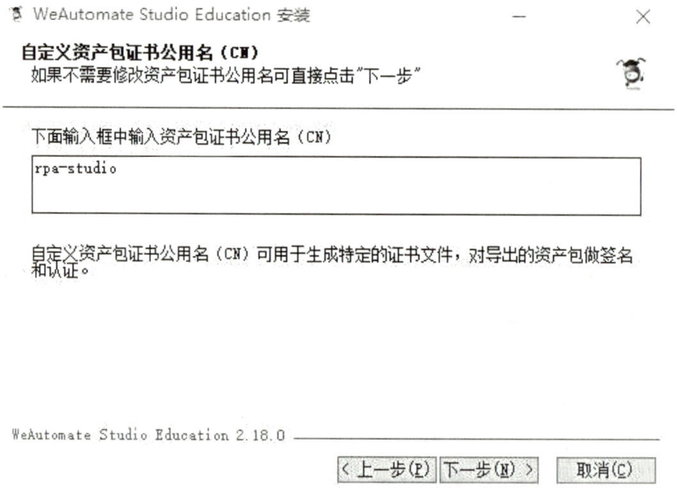

图 2-7　WeAutomate Studio Education 安装步骤三

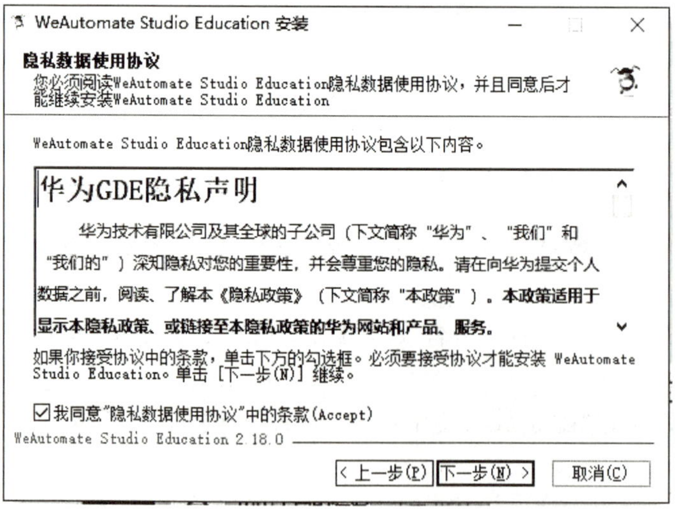

图 2-8　WeAutomate Studio Education 安装步骤四

（5）设置目标文件夹，点击【安装】按钮，如图 2-9 所示。建议将 WeAutomate Studio Education 安装在"C:\Program Files"下，为保证 WeAutomate Studio Education 的正常安装与使用，请在安装路径所在磁盘预留大于 2G 的剩余空间。

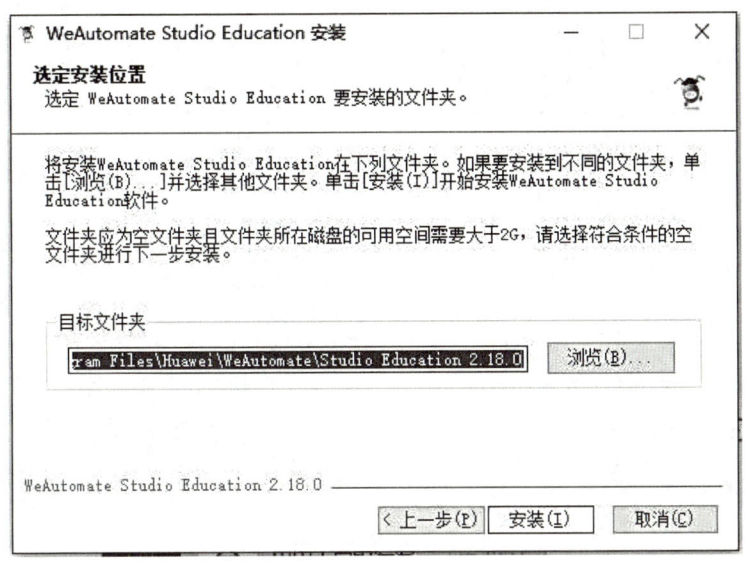

图 2-9　WeAutomate Studio Education 安装步骤五

（6）勾选【运行 WeAutomate Studio Education】单选框，点击【完成】按钮，如图 2-10 所示。

图 2-10　WeAutomate Studio Education 安装步骤六

（三）WeAutomate Studio Education 的配置

（1）双击打开 WeAutomate Studio Education，等待程序加载，如图 2-11 所示。

图 2-11 WeAutomate Studio Education 配置步骤一

（2）加载完毕后，打开【选择配置文件】窗口，默认选择为【Studio】选项，如图 2-12 所示。本书讲解主要以 Studio 模式为主。

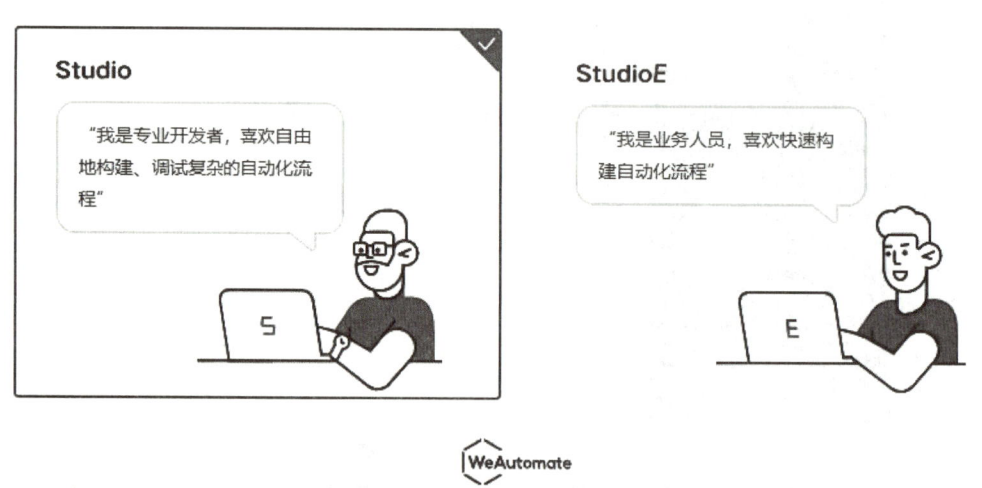

图 2-12 WeAutomate Studio Education 配置步骤二

三、WeAutomate Studio 的许可激活

（1）双击打开 WeAutomate Studio Education。

（2）在菜单栏中，点击【设置】→【许可】，进入【申请许可】页面，复制 ESN 码，如图 2-13 所示。

图 2-13　WeAutomate Studio 许可激活步骤一

（3）打开华为 RPA 官网，申请许可。

（4）注册华为云账号后登录账号，跳转到【华为 RPA-WeAutomate 工具】页面，点击【试用激活】按钮，如图 2-14 所示。

图 2-14　WeAutomate Studio 许可激活步骤二

（5）在弹出的【试用激活】对话框中，输入上一步复制的 ESN 码，点击【确定】按钮，即可下载许可文件至本地，如图 2-15 所示。

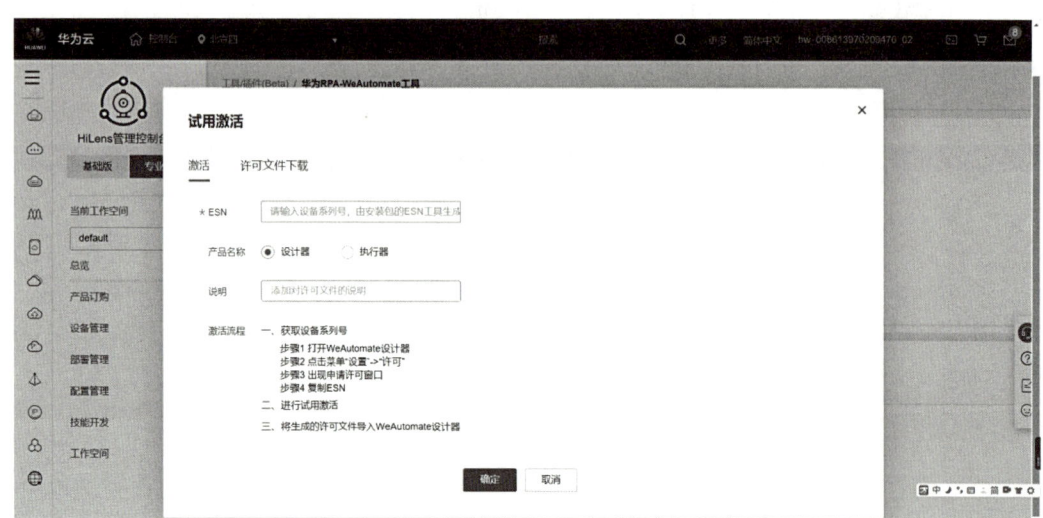

图 2-15　WeAutomate Studio 许可激活步骤三

（6）回到【申请许可】页面，点击【导入】按钮，在弹出的【打开】对话框中，选择上一步下载的许可文件，点击【打开】按钮，如图 2-16 所示。

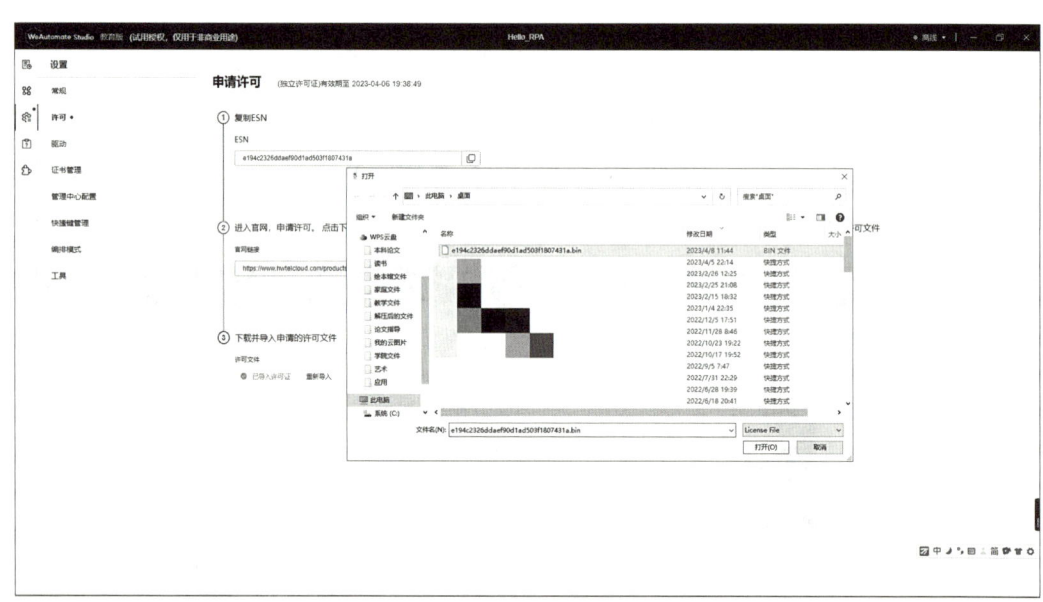

图 2-16　WeAutomate Studio 许可激活步骤四

（7）当"下载并导入申请的许可文件"下方显示有"已导入许可证"的提示后，即完成了 WeAutomate Studio 的许可激活，如图 2-17 所示。独立许可证从激活开始有效，有效期为 3 个月，到期后需要再次下载许可文件并激活方可使用。

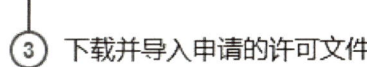

（3）下载并导入申请的许可文件

许可文件

已导入许可证　重新导入

图 2-17　WeAutomate Studio 许可激活步骤五

四、WeAutomate Studio 的界面介绍

导入许可证后，WeAutomate Studio 便可正常使用了。WeAutomate Studio 界面分为六个区域，如图 2-18 所示。

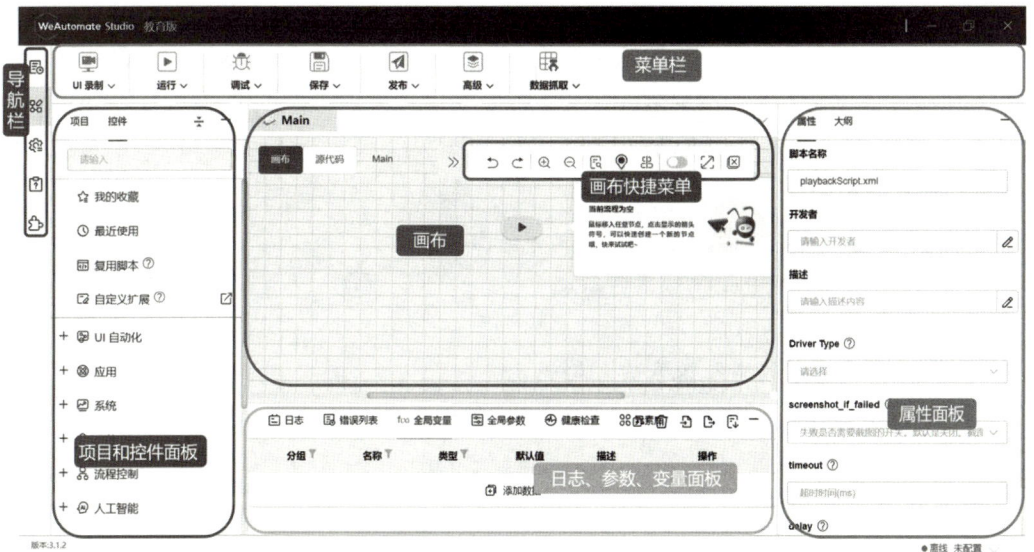

图 2-18　WeAutomate Studio 界面

（一）导航栏

导航栏包括【开始】【设计】【设置】【帮助】【扩展管理】五个栏目。

（二）项目和控件面板

项目和控件面板区域的左侧为项目区，指向正在打开编辑的项目和项目保存路径。项目和控件面板区域的右侧为控件区，显示 WeAutomate Studio 支持的所有控件。

（三）菜单栏

菜单栏包括 UI 录制、运行、保存及发布等常用功能。

（四）画布区

画布区为程序文件编辑区域。

（五）属性面板

属性面板区域显示当前已选中控件的参数设置界面和使用帮助界面。单击不同的控件可以显示当前控件的属性,并可以编辑当前脚本的输入、输出参数。

(六)日志、参数、变量面板

日志、参数、变量面板区域是程序编译或运行时日志信息查看及变量和参数的编辑区域,支持日志调试、变量、参数设置及脚本健康检查等操作。

第二节　RPA 卓越中心

学习目标

☆ **知识目标**

1. 了解 RPA 卓越中心的定义
2. RPA 卓越中心治理结构与职责范围
3. RPA 卓越中心核心角色与职责
4. RPA 卓越中心的推广流程

☆ **技能目标**

1. 掌握 RPA 卓越中心治理结构与职责范围
2. 掌握 RPA 卓越中心核心角色与职责

☆ **素养目标**

1. 树立服务意识与着眼未来的大局观
2. 培养精益求精、追求卓越的工匠精神

案例启示

RPA 卓越中心运用实例

A 集团是一家综合性企业集团,其管理工作面临业务支持有限、经营成本高、集中管控难等一系列挑战。2020 年,A 集团开始 RPA 试点,围绕集团运营需求痛点开展一期项目,一期项目开发了 2 个 RPA 机器人,涉及 3 个关联部门,进行了 9 个流程优化,月节约120 小时。2021 年,A 集团导入集中式 CoE,将 RPA 有效地嵌入组织,并且有效地融入各业务工作流程中。仅至 2021 年 4 月,A 集团就开发了 8 个 RPA 机器人,进行了 21 个流程优化,月节约 1324 小时,帮助 A 集团下属 161 个子公司提升管理效率。A 集团的 RPA 卓越中心如图 2-19 所示。

图 2-19 A 集团 RPA 卓越中心

★案例思考

通过对 A 集团 RPA 卓越中心的案例分析,我们需要思考以下问题:

1. 什么是 RPA 卓越中心? 它有几种模式?

2. RPA 卓越中心的建设有什么价值?

一、RPA 卓越中心概述

RPA 卓越中心(center of excellence,CoE)是企业部署 RPA 时创建的部门,用于支持 RPA 的实现和正在进行的部署。RPA 卓越中心本质上是将 RPA 深入、有效地嵌入组织,并在未来部署中重新分配累积的知识和资源的方式。

RPA CoE 是推动 RPA 在企业和组织里面广泛应用的关键力量,他们的使命是将 RPA 有效地融入各业务工作流程中。RPA CoE 作为企业内部的 RPA 专家,为希望了解、启用、监管和扩展 RPA 应用的用户提供一站式服务。

二、RPA 卓越中心的治理结构

在企业着手建立 RPA CoE 之前,应明确企业中谁来主导运营 CoE,是业务部门还是 IT 部门;还应明确 CoE 在企业中的治理模式,包括分散模式、集中模式、混合模式三种,如图 2-20 所示。

(一) 分散模式

分散模式由分支机构主导 RPA 建设,以实现分支机构的业务收益最大化为目标。该种模式下,业务部门是 RPA 建设的主要责任方,IT 部门的主要作用是支持分支机构做好

分散模式   集中模式   混合模式

图 2-20　CoE 在企业中的治理模式

RPA 服务。

　　这种模式的优势是灵活性较好，业务收益见效快，业务端拥有较高自主权；劣势是无法在企业中跨部门扩展，标准难以统一，存在重复投入基础设施资源造成总体支出成本增加的情况。

（二）集中模式

　　集中模式构建一个核心团队来主导 RPA 建设，负责机器人中心的战略、供应商的选择和 RPA 的运维，并由核心团队负责推动、识别、评估和优先考虑需求机会，控制开发并管理部署，并以实现企业自动化的业务收益最大化为目标。该种模式下，CoE 成为 RPA 建设的主要责任方，业务部门需要配合整个企业的自动化转型工作。

　　这种模式的优势是可扩展性好、减少重复、整体成本低、标准化和规范化程度高；劣势是整个企业的 RPA 推动效率较低，业务端缺乏自主权，执行主体短期难以获得业务收益，总部与分支机构之间、IT 部门与业务部门之间的沟通效率较低。

（三）混合模式

　　混合模式由总部、分支机构、IT 部门、业务部门的专家共同组成运营团队。在混合模式组织中，由分支机构提出自动化需求，在 CoE 的开发规划和框架指导下，对自动化需求进行筛选和分析，纳入实施计划中。然后，由 CoE 负责统筹，并提供专业的操作和技术支持，各业务部门负责鉴别自动化流程的优先级，以及评估和扩展适合特定业务的自动化流程。

　　这种模式的优势是平衡本地自主权，既发挥了集中模式和分散模式的优势，又兼顾了实施和沟通效率、总体成本、业务收益、标准化、规范化和重复性等方面的因素。但是这种模式对企业的协同和管理能力提出了更高的要求，需要领导层和执行层共同支持。

三、RPA 卓越中心的职责范围

（一）自动化需求管理

　　CoE 负责对接各个相关的业务单元，收集和整理从各个业务单元所反馈的候选流程，并对各渠道的自动化需求进行审核和控制,通过估算交付时间和流程复杂性来分析该流程是否适合自动化,最终形成一个最佳的自动化流程清单,且使用不同的颜色来标识其优先级。在RPA项目启动前,开发人员就应定义好自动化流程的成功标志,并统一各相关方的意见。

(二)风险和安全控制管理

CoE负责预先制定机器人运营风险控制指南、RPA的安全操作手册,并建立安全风险监控和预警机制;管理和分配RPA平台上的相关用户和用户权限;为保证业务连续性,制定RPA机器人应急处理方案。在架构层面,CoE负责搭建具有高可用性的RPA机器人技术框架。

(三)机器人运维服务

CoE负责机器人日常运行的监控和报告,修复机器人运行中发现的风险和问题,并向业务部门提供服务支持;为"上岗"的新机器人分配工作任务,安排作业时间;负责机器人的变更管理,配合新的自动化流程的部署上线;设计专门的机制来保证业务连续性,提前准备负载均衡、程序回滚和程序前滚的方法;检查机器人是否正常运行。

(四)自动化推广宣传

CoE负责在整个企业中介绍、宣传和推广RPA,在各个业务单元中分享RPA的成功案例;介绍自动化流程的优化改进方法;辅导基层员工学习RPA的使用方法;对其他相关的技术进行前瞻性研究,如OCR、NLP等人工智能技术,加速其与RPA结合。

(五)机器人实施指导

CoE负责企业级RPA平台的搭建及整体架构设计,编写RPA代码规范和设计指导原则,辅导各个RPA开发小组实践,并提供实践指导;负责开发企业级可复用的RPA组件;保证不同工作组之间的一致性和知识传递的连贯性,提供标准的运营流程方式和指导意见;定期收集整理实施过程中的问题和风险,并给予响应和解决;负责给RPA技术人员培训,对技术人员的工作成果进行审核;在RPA机器人投产前,拟定检查清单并对各项内容逐一检查,主要包含流程信息、安全控制情况、异常控制方式、业务连续性、基础设施、控制台的操作、运营审计和报告、测试和回滚机制、代码标准、架构10个方面。

(六)IT基础设施和环境准备

CoE负责RPA相关硬件资源的准备和配置,并合理分配这些资源,避免浪费;负责软件环境,如操作系统、应用软件、桌面工具的安装和配置,用户桌面的集成,以及界面变更管理;负责活动目录(AD)中用户权限的设定,并匹配到RPA平台;负责在网络或服务器中设定与RPA相匹配的安全控制策略;负责管理机器人在企业的扩展部署,如机器人服务支持(SLA)的不同等级的确定;不同机器人之间的衔接;RPA推广部署后运营环境的一致性。

四、RPA卓越中心核心角色

CoE团队具有明确职责定义与角色分工,专注于实施、管理和推广RPA的应用。

CoE 团队一般可以划分为两组,一组人员负责自动化的实现和机器人运营的部署,该组人员需要与业务用户及 IT 部门紧密合作,通过有效地提供数据信息,获得业务和技术层面更广泛的支持,成员包括 RPA 经理、开发人员、技术架构师、解决方案架构师、服务支持人员;另一组人员负责制定 RPA 战略和规划管理,专注于跨团队协作,重点关注战略、规划和沟通,成员包括变革管理者、CoE 负责人、RPA 倡导者、RPA 业务分析师。

(一)负责自动化的实现和机器人运营的部署团队

1. RPA 经理

RPA 经理是技术实施与运营管理专家,负责管理 RPA 的具体实施与运维。

2. 开发人员

开发人员负责将 RPA 的功能设计落实到具体程序上、确保 RPA 能有效运行的技术人员。

3. 技术架构师

技术架构师是基础架构专家,负责搭建与管理 RPA 的技术环境与架构。

4. 解决方案架构师

解决方案架构师是 RPA 技术解决方案专家,负责构建整体的技术解决方案,通过最优的技术方案组合来满足明确的和潜在的业务的需求,并与开发人员合作确保最终的 RPA 能达到预期。

5. 服务支持人员

服务支持人员是支持 RPA 运维的专业人员,负责提供 RPA 运行报告和基础信息。

(二)负责制定 RPA 战略和规划管理团队

1. 变革管理者

变革管理者是推动企业和组织采用和广泛接受 RPA 的人员。

2. CoE 负责人

CoE 负责人是在 CoE 团队中主要负责 RPA 应用与推广工作的人员。

3. RPA 倡导者

RPA 倡导者是将 RPA 技术确立为企业范围战略优先事项的业务方人员。

4. RPA 业务分析师

RPA 业务分析师是在业务运营中担任流程专家的人员,负责识别自动化的机会点和定义流程范围。

五、RPA 卓越中心的推广流程

RPA 卓越中心需要有广阔的视角,不仅需要从机器人运营的层面对 RPA 进行效率和效用的分析,还需要从规划、建设等前期环节获取必要的基础信息来支持对 RPA 整体推进的分析、对标、计划和改进。

(一)规划

在规划层面,CoE 需要通过指标分析,选择符合战略方向的领域,建立起有效的 RPA 待实施清单。由 RPA 经理、技术架构师、CoE 负责人、变革管理者、RPA 倡导者及 RPA 业

务分析师协同完成规划环节的工作,需要关注的指标如下:

(1)自动化流程机会空间,即可行性高的自动化流程占未自动化流程的比率,及潜在收益。

(2)规划覆盖率,即规划于未来1～3年内实施自动化的流程占高可行度自动化流程的比率。

(3)自动化覆盖率,即企业已自动化的流程占全流程的比率。

(4)待实施的流程,即企业新规划的自动化流程领域,且预计上线时间在1年内的流程。

(二)建设

在建设环节,CoE需要关注RPA实施的敏捷性和资源共享。由RPA经理、技术架构师、解决方案架构师、开发人员、CoE负责人及RPA业务分析师协同完成建设环节的工作,需要关注的指标如下:

(1)建设周期与成本,即平均一个新场景的实施周期与成本。

(2)实施周期偏离度,即实施自动化流程的实际项目周期对比预计项目周期的差异度。

(3)自动化率偏离度,即上线流程的自动化率与预计的差异度。

(4)可复用组件使用率,即建设过程中形成的可复用组件数量及复用次数。

(三)运营

在运营环节,CoE需要将分析指标细化到任务节点,从而精准识别改进的机会,并获得更多的信心,以确保RPA可以满足SLA(服务水平协议)的要求。由RPA经理、技术架构师、解决方案架构师、开发人员、服务支持人员、CoE负责人及RPA业务分析师协同完成运营环节的工作,需要关注的指标如下:

(1)全职人力工时,即已经实施自动化的流程中,机器人代替的人工工时转换成的全职员工数量。

(2)流程效率提升率,即自动化后流程的总体时长(包括机器人运行时间及人类员工剩余工时)与原流程的总体时长的提升比率。

(3)机器人处理成功率,即指定时间段内机器人任务处理成功数量占机器人任务处理数量的比率。

(4)机器人利用率,即指定时间段内机器人使用时间占总有效时间的比率。

 **本节练习**

请参考太古可口可乐RPA卓越中心的建设历程,如图2-21所示,思考公司在2021年导入CoE的战略决策为公司的数智化转型带来哪些收益?

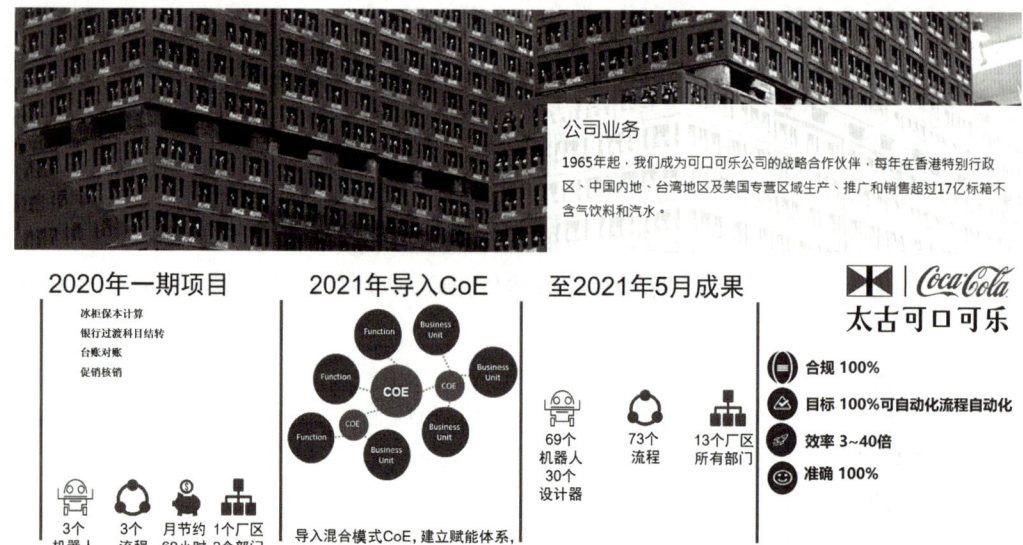

图 2-21 太古可口可乐 RPA 卓越中心

第三节　　**RPA 实施方法**

☆ 知识目标

1. 了解 RPA 实施方法的基本含义
2. 熟悉 RPA 实施方法的基本环节
3. 理解 RPA 项目实施环节具体步骤

☆ 技能目标

1. 熟悉 RPA 项目的需求规划
2. 熟悉 RPA 项目的设计开发
3. 熟悉 RPA 项目的部署运维

☆ 素养目标

1. 树立创新思维和全局观念
2. 培养独立思考和分析能力

RPA 机器人助力中海地产实现业务流程自动化

在迎接超级自动化及数字化转型的浪潮中,中海企业发展集团有限公司(以下简称中海地产)于2019年正式引入RPA机器人解决方案,并于2020年8月实现规模化应用,打造了具有中海地产特色的RPA机器人,助力优化工作流程,加速内部业务流程自动化升级。

2020年,国务院国资委印发《关于加快推进国有企业数字化转型工作的通知》,要求国有企业加速数字化转型工作,积极推动新一代信息技术创新应用是其中的一项工作重点。RPA是近年来涌现的具备创新性质的新型信息技术软件,其应用恰逢其时。

在中海地产内部存在大量重复性工作,其中以财务工作尤为明显。在数字化转型、管理精细化要求的情况下,急需有创新性方案解决面临的问题,而RPA恰好具备解决大量重复性工作的功能。经分析,在中海地产内部,大量银行流水整理、银行回单打印、资金账户管理等工作可以通过RPA迅速提效,其作用立竿见影。

2020年8月,中海地产通过RPA试点评估后部署了15个RPA机器人,用于银行流水整理、中台往来款、合同编制,以及合同录入、资产匹配与认领、资产折旧与摊销、银行回单下载、人员变动权限管理等场景中。经统计,RPA机器人每天8点前,可操作超过1000个银行账户,下载其银行流水并上传到财务一体化系统中,在解决人力问题的同时能够有效解决财务一体化系统数据时效性的问题,为集团财务资金决策提供了有效的数字化支撑。

RPA机器人主要从以下六大方面赋能中海地产管理升级:

(1)优化工作方式:将重复工作交给RPA机器人,员工从事有效的分析、管理工作,提升工作价值。

(2)优化工作流程:通过RPA机器人实现工作流程的再造,提升工作流程标准化、数据准确率、及时性和可追溯性。

(3)提升工作效率:通过工作流程自动化改造,每年节省8000以上人力工时,数据时效性提升7倍以上,操作效率提升3倍以上。

(4)提升数据质量:RPA机器人有力保证了数据完整性、准确性。

(5)提升数据时效性:全国各地区网银账户实现联通,方便随时获取数据,提升了数据的时效性,减少沟通成本,将资金数据时效性提升7倍以上。

(6)提升员工满意度:将员工从重复性工作中解放出来,使其投入更有价值、更具创造性的工作中,提升员工满意度及留存率。

中海地产在RPA的实施过程中,不断深挖RPA应用场景,完善RPA卓越中心管理机制,培养企业自动化文化和能力。回顾过去,中海地产通过RPA技术的应用,优化业务流程,提升业务效率,进行数字化转型的探索。展望未来,中海地产将深化RPA应用,除了在财务管理上应用RPA技术,还将探索RPA在企业各业务线的应用,优化已有场景和流程,赋能企业更高效便捷的智能化运营。

资料来源:中海地产数智化升级:RPA机器人实现业务流程自动化[EB/OL]. (2021-06-11)[2021-06-11]. https://www.hanzhigroup.cn/article/469.html.

★案例思考

通过案例分析,我们需要思考以下问题:

1. RPA机器人在中海地产的应用价值是什么?

2. RPA机器人在中海地产是怎么实施的?

一、RPA 实施方法概述

RPA 机器人在企业中的应用不是单纯地将手工业务流程自动化,而是对业务流程的再造与优化。因此企业应根据自身具体情况科学部署 RPA 机器人。一方面,智能技术驱动 RPA 机器人的应用深度,需要深度挖掘其应用场景。另一方面,管理需求驱动 RPA 机器人的应用广度,使其实现全流程的智能自动化。广度与深度的有机融合将大力促进企业在自动化领域实现数字化转型。

RPA 数字化推进项目,大体可以分为三个阶段:需求规划、设计开发、部署运维,如图 2-22 所示。

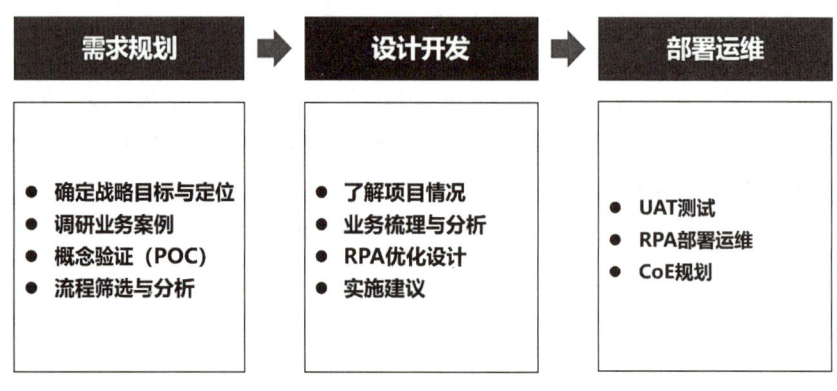

图 2-22　RPA 项目流程

二、RPA 实施流程

(一) 需求规划

企业要想引入 RPA 机器人实现工作方式的转变、工作效率的提高,必须先明确机器人是否符合自身的需求。因此,需求规划是实施 RPA 机器人的第一阶段,这一阶段主要包括以下四个内容。

1. 确定战略目标与定位

一个 RPA 机器人项目的成功实施很大程度上取决于企业的战略目标与定位。战略目标与定位是需求规划的第一步,清晰、明确的战略目标为 RPA 机器人项目的实施指明了方向。作为企业数字化转型建设的主要内容之一,其战略目标是实现业务流程的再造与优化。结合当前战略目标与企业经营规模、业务类型、业务特征、管理模式和人员规模等不同情况,明确企业战略定位,如降低人力成本、提升工作效率、提高工作质量、转变工作方式、强化合规与风险管控等。

2. 调研业务案例

如何选择合适的 RPA 机器人开发平台是企业接下来要考虑的重点问题。专业的 RPA 机器人开发平台能够真正给企业带来便利,实现最初的开发目的与战略目标。一个好的开发平台可以有效减少系统漏洞的存在,在开发速度、可操作性、后续运维等各方面都具备强大的优势。因此,企业技术人员、业务人员应当充分调研业务案例,结合企业策略、预算、业务需求和流程,从安全性、兼容性、可扩展性等方面进行 RPA 机器人开发平台的选择。

3. 概念验证

概念验证(proof of concept,POC)用来确定业务流程在技术上的可行性,其关键特点是匹配用户真实业务场景。虽然不同行业的企业采用 RPA 机器人的规模不同,但企业通常会在一些常见的业务流程中进行 POC,以获得早期的成功并逐渐扩大规模。POC 是企业以低成本验证 RPA 技术可行和业务可行的绝佳时机。

机器人在真正部署之前需要进行测试以判断 RPA 机器人是否满足企业所需要的功能与性能指标。在这一环节,选定的代理商、服务商根据企业指定的流程、范围进行流程设计及开发,并进行 POC,包括开发时间、运行时间、运行结果、价值总结等内容。

4. 流程筛选与分析

如果通过 POC 后,机器人项目还是出现落地困难或者失败等情况,那么原因通常不是技术问题,而是流程不适配的问题。因此,需求规划的最后一步就是要做到流程筛选、挖掘与分析。

企业在寻找哪些业务流程能够实现流程自动化时,可以从标准化、重复性、稳定性、异构系统、例外情况、数据结构化、合规与风险、用户体验等维度考虑。在发现可以实现自动化的流程后,并不是所有发现的流程都一定要开发成 RPA 机器人,需要依据流程成本、流程效率、流程质量、用户满意度、技术成熟度、技术复杂度、资源利用率、投资回报率、业务变革与创新、组织变革与创新、人员转型与成长等评价指标,采用科学的方法进行流程评价、筛选和排序分析。具体可分为以下几个步骤:

(1)按照业务板块、业务领域或业务阶段进行"泛扫描",初步选定流程范围。

(2)对上述流程范围通过研讨会等方式进行"细扫描",基本确定可能性较大的业务活动。

(3)基于上述流程范围,通过现场调研等方式制作细化的流程图。

(4)根据企业目前的运营成本和未来 RPA 项目的成本投入,为每个流程计算投资回报率。

(5)根据投资回报率及实施难度和风险等指标,对业务流程进行筛选。

(二)设计开发

机器人设计与开发是 RPA 机器人项目的核心阶段。在进行 RPA 机器人设计与开发时,需要了解机器人项目概况,对业务进行分析,基于流程优化设计,给予实施建议。具体流程如图 2-23 所示。

1. 了解项目概况

掌握企业当前建设 RPA 项目的背景、目标和实现价值,以及通过采用机器人流程自动化术,期望实现企业哪些管理或战略目标。

2. 业务梳理与分析

通过深层次研究企业真实业务实际情况,结合业务日常工作事项,梳理每项工作的人工操作流程,确定企业各层面需求、明确目标业务流程、规范数据标准。这一阶段结束后生成流程定义文档(process definition document,PDD)作为项目文档。文档内容如图 2-24 所示。

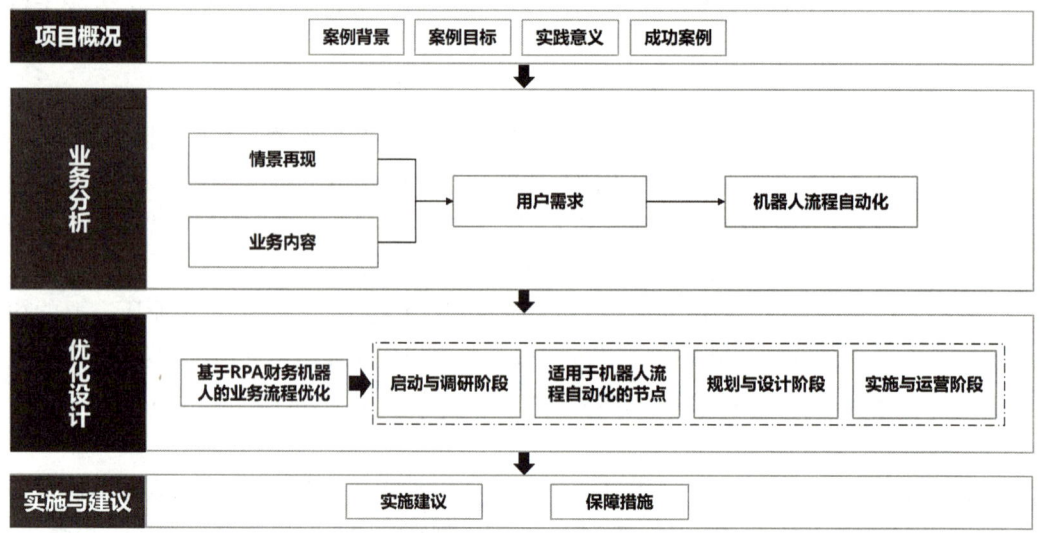

图 2-23　RPA 项目设计与开发阶段

图 2-24　某案例流程定义文档内容

PDD 文档一般至少包含以下内容：

（1）业务背景、发生频次及未被自动化前业务存在的问题，如人工耗时过长、业务量大导致当前人工处理困难等。

（2）业务流程图，通常会绘制原始人工流程图。

（3）详细的流程操作步骤，即通过文字或者截图的方式详细说明从流程开始到结束的每一步操作。

（4）交互的环境，如生产机的操作系统、浏览器版本、Excel 版本、交互业务系统、网络环境等。

（5）输入、输出规范，包括数据输入来源、结构、规范化及涉及的文件类型，数据处理过程中数据内容、类型和处理方式，数据输出形式、内容及去向等。

（6）异常，包括流程中可能会出现的业务异常与系统异常。

3. RPA 优化设计

经过业务梳理与分析，企业已经很明确需要实施自动化的流程范围。在这一环节，企业需要进一步对流程的细节进行观察和分析，定义出流程中每个步骤的操作过程，标识出哪些步骤由人工来操作、哪些步骤由机器人来操作、人和机器人如何配合工作，并采用业务流程图或者 Excel 的方式来表达，最终生成 RPA 解决方案设计文档（solution design document，SDD）。文档内容如图 2-25 所示。

修订记录
目录
1. 文档说明
（1）定位和目的
（2）阅读范围
2. 业务现状与需求指标
（1）业务现状
（2）业务需求指标
3. 假设与风险
（1）假设条件
（2）潜在风险
4. 流程设计
（1）业务流程图
（2）业务处理逻辑
（3）具体操作流程
（4）数据存储方式
（5）安全性说明
5. 密码安全性
6. 文件安全性
7. 其他需求和意见
8. 需求确认签字

图 2-25　某案例解决方案设计文档基本内容

SDD 文档内容主要包括以下几个方面：

（1）业务现状。

（2）业务需求指标。

（3）环境准备。

（4）业务流程图。

（5）业务处理逻辑。

（6）具体操作流程。

（7）异常处理与任务完成通知。

（8）数据存储方式。

（9）安全性说明。

4. 实施建议

初步完成 RPA 项目设计与开发后，需要对于全过程进行监控，判断是否能实现初定的目标，并从企业、员工、制度、数据等方面进行制度规范建设。

（三）部署运维

RPA 机器人的广泛应用离不开对机器人的部署和运维。因此，机器人的部署和运维是最后一个阶段，这一阶段主要包括用户验收测试、RPA 部署和运维、CoE 规划等内容。

1. 用户验收测试

用户验收测试（user acceptance test，UAT）是 RPA 机器人项目上线之前的一个关键环节。完整、系统的测试有利于验证开发结果，覆盖业务场景和业务规则，规避潜在的功能性或者业务性的风险，从而保障项目的正常上线。在流程开发完成之后，需要对 RPA 流程进行系统性的调试，以确保流程的稳定运行。流程测试是财务机器人上线之前的实战演练，在这一阶段，需要制定完整的流程测试方案，按手工、自动运行不同方式分别进行 UAT 测试，按时间节点结合人机交互平台进行测试，确保业务能正常进行。

2. RPA 部署和运维

在 RPA 上线前，开发人员需要协助运营人员同步完成 RPA 运营手册，将 RPA 的程序代码从测试环境迁移到生产环境。在 RPA 上线之时，企业应当配备好相应的运维人员，明确各方责任，并制定 RPA 机器人管理流程，以便机器人上线后能够正常运行。RPA 机器人部署上线后，在运行过程中可能会出现异常、中断、故障、访问超权限范围等情况，因此还要做好机器人监控与运维工作。运维人员不仅是系统管理员，还应该是业务监督员，对于突发状况能够及时响应，做好日常运维支持、RPA 团队培训、文档更新与交接等工作。

3. CoE 规划

RPA 卓越中心是企业对于 RPA 项目实施的顶层结构设计，有助于企业形成 RPA 统一战略，全方位实现企业协同增效、改善管理、持续优化的目标。CoE 的本质是将 RPA 有效地嵌入企业，实现资源的优化配置，提高自动化能力。因此，未来 RPA 的发展将不再局限于某一业务场景，而是需要加速发展，深度嵌入企业各环节。

 **本节练习**

　　如图 2-26 所示，RPA 机器人项目优化设计环节可以分为三个阶段：启动与调研、规划与设计、实施与运营。请根据以下各阶段内容结合差旅报销案例进行分析，完成一份 PDD 文档。

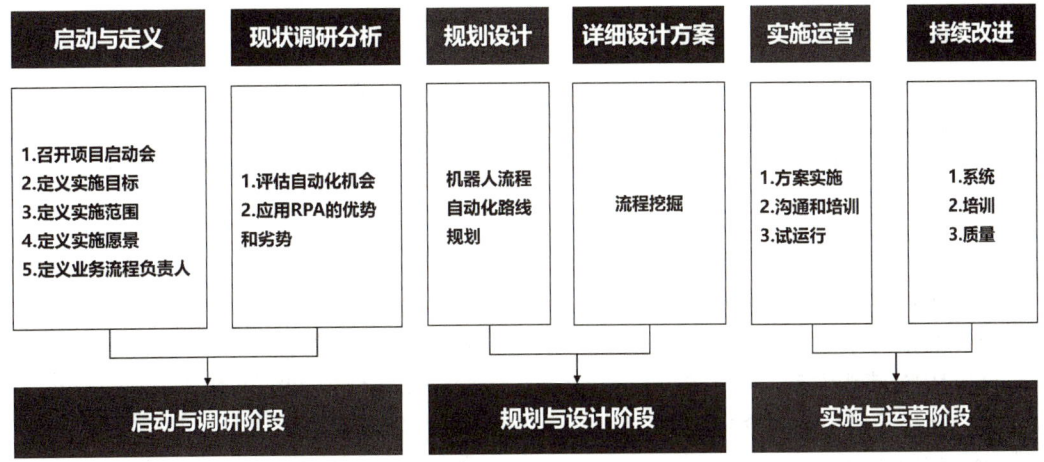

图 2-26　RPA 机器人项目优化设计

测 试 题

一、单选题

1. RPA 优化设计阶段生成（　　）。

A. SDD 文档
B. UAT 测试文档
C. PDD 文档
D. 以上都不对

2. （　　）角色不是 CoE 的核心角色。

A. RPA 开发人员
B. RPA 业务分析师
C. RPA 解决方案架构师
D. RPA 编程师

3. SDD 文档内容不包括（　　）。

A. 业务现状
B. 业务需求指标
C. RPA 流程设计图
D. 原始人工流程图

4. 运营手册中不包含（　　）。

A. 配置文件
B. 机器人启停时间或计划表
C. 运行异常的解决方案
D. 机器人运行代码

5. （　　）不属于 CoE 的职责范围。

A. 决策管理
B. 自动化需求管理
C. 风险和安全控制管理
D. 机器人运维服务

二、多选题

1. PDD 文档包含内容包括（　　）。

A. 业务流程图
B. 详细的流程操作步骤
C. 交互的环境
D. 输入、输出规范

2. RPA 机器人部署上线时应注意事项包括（　　）。

A. 分批部署
B. 环境配置的参数调整
C. 将自动化程序整体打包部署
D. 版本的管理与控制

3. CoE 的治理结构有（　　）。

A. 集中模式
B. 分散模式
C. 混合模式
D. 治理模式

4. RPA 项目实施过程包括（　　）阶段。

A. 需求规划
B. 设计开发
C. 部署运维
D. 项目申报

5. RPA 可以应用于（　　）场景。

A. 商城信息更新
B. 财务月末报告

  C. 邮件通知   D. 电商订单管理

三、判断题

  1. 负责自动化的实现和机器人运营的部署团队角色包括 RPA 业务分析师。（   ）

  2. 为了区分不同业务流程的处理过程，机器人通常需要拥有专属的文件目录。SDD 文档中应清晰地定义机器人程序的存储目录和所需处理文件的存储目录，避免出现不同流程输入、输出文件混用的问题。 （   ）

  3. RPA 的 UAT 测试准入审核时，不需要判断前期的设计、开发工作、文档和代码是否齐全。 （   ）

  4. RPA 机器人在企业中的应用不是单纯地将手工业务流程自动化，而是对业务流程的再造与优化。 （   ）

  5. RPA 卓越中心的设立能更好地为 RPA 提供全局支持和指挥作用，特别是在管理自动化需求、风险和安全控制、机器人运维服务及实施指导等方面。 （   ）

第三章

财务机器人的开发技术

 案例引入

区民政局"数字员工"上线，助力低保金发放精准高效

民政工作关系民生，是社会建设的兜底性、基础性工作。某区民政局坚持"数字政府建设"的战略，大力推进信息智能化政务服务应用的建设，充分利用 RPA 机器人技术，构建低保审批数字机器人，创新人机协同业务模式，释放数字生产力，助力低保审批发放"精准化、高效化"。

为确保民政社会救助政策落实落地，该区民政局每月都要按时发放低保金、特困金、特困护理补贴等救助金。以往，该区民政局需从辖区的 4 个镇街收集救助金发放明细表，再整理成对应的财务系统资金发放表，逐一核对无误后才能发放救助金。据统计，该区 4 个镇街的低保金发放人员有 800 余户，涉及 1 000 多人的数据填报，共 30 多个相关表格，需填报字段共 8 个，数据繁杂，工作人员需逐一审核 30 多张表格数据，并按整理汇总成 8 张财务低保金表格发送给银行。单人操作需耗费 5 天才能完成表格的梳理和汇总，人工操作效率低下且易出现数据错误。

该区民政局利用 RPA 机器人技术，通过梳理数据转录审核业务逻辑规则，构建民政低保审核"数字员工"，实现"智能审核、自动填报"，有效破解数据冗余、工作人员压力大的难题，提高救助金发放的时效性、准确性、科学性，如图 3-1 所示。

区民政局"数字员工"上岗后，可实现统一填报低保金表格、自动匹配相同字段，大大减少人工录入的操作，并代替工作人员自动填写数据录入系统。此外，还能协助工作人员自动完成表格填报、整理生成主表并发送。原本耗费 5 天才能做完的工作，现只需 5 小时便可完成，数据准确率达 100%。

资料来源：民政局"数字员工"上线，助力低保金发放精准高效[EB/OL].(2023-02-07)[2023-02-07].
https://mp.weixin.qq.com/s/TfEGHc3x63XtGtsGa7HFtA.

★案例思考

1. 党的二十大报告指出，我们要实现好、维护好、发展好最广大人民根本利益，紧紧抓住人民最关心、最直接、最现实的利益问题，坚持尽力而为、量力而行，深入群众、深入基层，采取更多惠民生、暖民心举措，着力解决好人民群众急难愁盼问题，健全基本公共服务体系，提高公共服务水平，增强均衡性和可及性，扎实推进共同富裕。民政部门作为

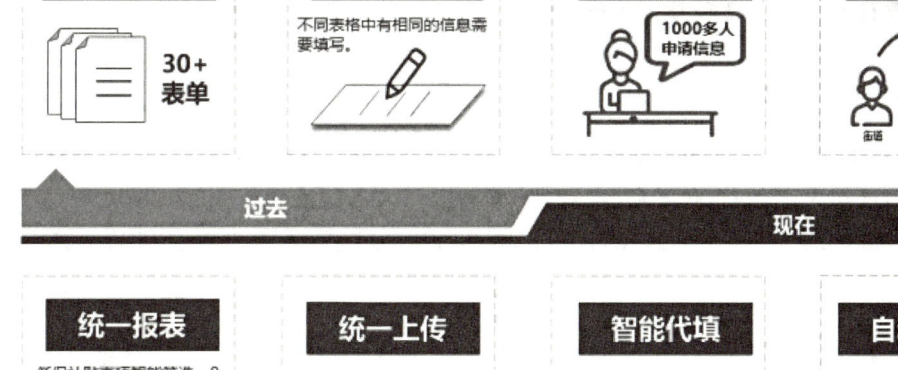

图 3-1　区民政局"数字员工"

政府公共服务的重要提供者,要落实以人民为中心的发展思想、提高人民生活品质、推动民政事业高质量发展。请根据以上案例思考,如何运用 RPA 机器人等现代数字技术,推动公共服务数字化、智能化和精细化转型,全面提升公共服务的便捷性、精准性和高效性。

2. 以上案例运用了哪些 RPA 机器人的开发技术?

第一节　　**基础应用操作**

☆ **知识目标**

1. 了解变量的定义和作用
2. 了解数据类型的种类
3. 理解变量赋值与引用
4. 了解常用数据操作

☆ **技能目标**

1. 掌握变量的使用方法
2. 掌握常用数据操作的基本处理

☆ **素养目标**

1. 培养自动化的数据思维
2. 培养严谨的工作作风和整体意识

任务情景

D公司是一家以中式餐饮连锁经营为主营业务的餐饮集团。2023年5月31日,公司的财务状况如下:流动资产为4 000万元,非流动资产为5 000万元,流动负债为1 200万元,非流动负债为1 800万元。请用华为 WeAutomate Studio 自动计算出当月公司的资产负债率。

一、变量的定义与命名

(一) 变量的定义

变量是计算机内存中的存储空间,就像一个在虚拟数据世界中用来存放各种数据的"盒子"。在整个自动化项目中,变量起到数据传递的重要作用。每一个可能被反复使用的数据,都可以保存为变量。广义的变量包括全局变量、局部变量、全局参数、局部参数。

变量的作用域分为全局、脚本内(局部)。其中,全局作用域的变量是外部输入的,即项目中 input 目录下定义的变量,可以在任何地方使用。

在 WeAutomate Studio 中,全局变量面板位于画布下方,用于管理变量,如图 3-2 所示。

图 3-2　全局变量面板

在 WeAutomate Studio 中,局部变量可以在子脚本内添加变量,如图 3-3 所示。

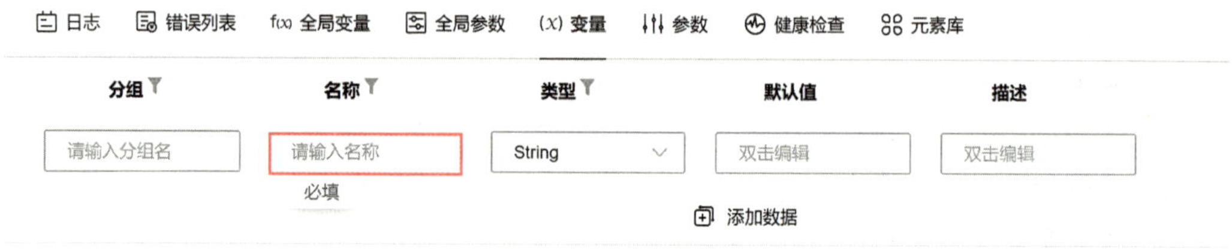

图 3-3　局部变量面板

(二) 变量的命名

变量的命名需要遵循简单易懂、易解释、长度适中等原则,好的变量名描述了它包含的数据内容。在自动化程序中,使用描述性名字有助于提高代码的可读性,同时,在模块代码开发过程中,要注意变量命名的规范性。变量有四种常见的命名法则:驼峰命名法、下划线命名法、帕斯卡命名法、匈牙利命名法。

(1) 驼峰命名法,即第一个单词以小写字母开始,后续单词的首字母大写形成驼峰,如 keyWord、getText。

(2) 下划线命名法,即逻辑点(单词)之间用下划线隔开,如 key_word、get_text。

(3) 帕斯卡命名法,即每一个单词的首字母都大写,如 KeyWord、GetText。

(4) 匈牙利命名法,其变量名=属性+类型+对象描述,其中每一对象的名称都要求有明确含义,可以取对象全称或者名字的部分,命名要基于容易记忆和容易理解的原则。

> **温馨提示:**华为 WeAutomate 3.1.2 版可以使用中文命名变量。

二、常见数据类型

数据类型是一类值,每个值都只属于一种数据类型。WeAutomate Studio 中常见的数据类型,如图 3-4 所示。

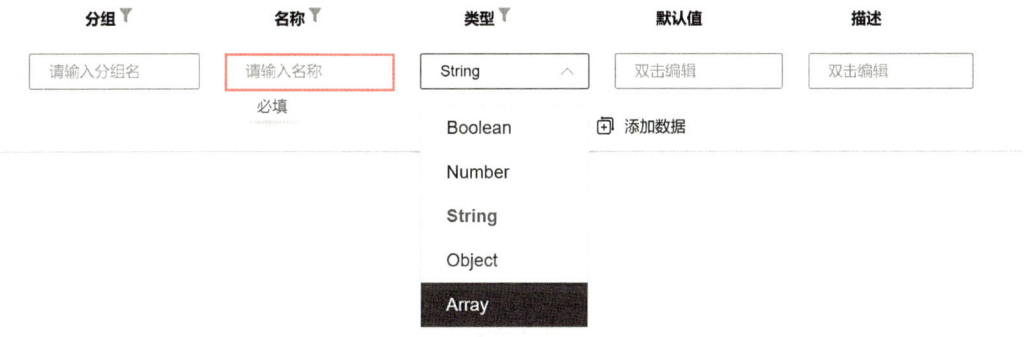

图 3-4　常见数据类型

1. 字符串类型

字符串类型称为 String 或 Str,可以由字母、数字、下划线等构成,是一组文本值,如 Hello_5G、xm、Alice。

2. 数字类型

数字类型 Number 包括整型和浮点型。整型称为 int,表明值是整数,如 1、99。浮点型称为 float,表明值是带有小数点的数,如 3.14、1.0。

3. 布尔类型

布尔类型称为 Boolean。布尔型只有两种值:True 和 False。

4. 字典类型

字典类型称为 Dict(Object)。字典是许多值的集合,字典输入时带花括号{ },如 {'a':'1','b':'2'}。字典的索引可以使用不同的数据类型。字典的索引被称为"键",

键及其关联的值称为"键值对"。

5. 列表类型

列表类型称为 List(Array)。列表是一个值,包含由多个值构成的序列。列表输入时带方括号[ ],表项之间用逗号隔开,如['1','2','3']。

三、变量与参数的赋值

在 WeAutomate Studio 中,变量的常见赋值方法有四种。

1. assign- 变量赋值

assign 控件可以定义大部分常用的类型变量或参数,如字符串、数字、列表、字典等,但不能定义密码类,如输入变量赋值"assign_ret = 1001 库存现金",那么变量名为"assign_ret"的变量将保存一个值"1001 库存现金",如图 3-5 所示。

2. eval- 运行 python 表达式

eval 控件可用来拼接字符串变量,也可以动态地计算表达式的值。同时,eval()命令可将字符串 str 当成有效的表达式来求值并返回计算结果。例如,输入变量赋值"eval_ret = @{Sum} + 10",那么变量名为"eval_ret"的变量将保存一个值"@{Sum} + 10",如图 3-6 所示。

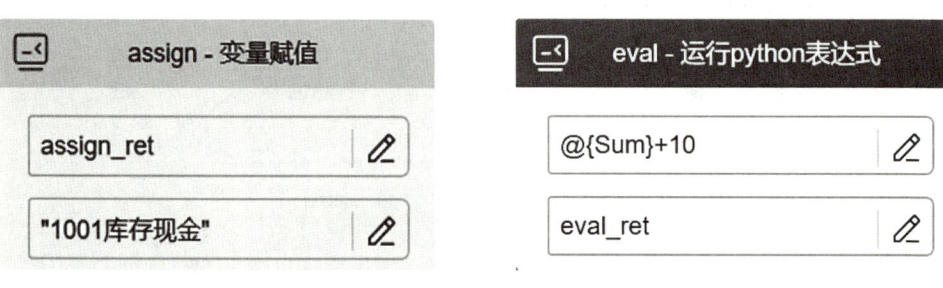

图 3-5　assign- 变量赋值　　　　图 3-6　eval- 运行 Python 表达式

3. 命令执行的结果

命令执行结果可以是 UI 界面上的元素提取到的返回值,如 getText、getTable 等。例如,获取中华人民共和国财政部网页新闻数据,那么变量名为"getText_ret"的变量将自动获取一个值""appName": "chrome. exe", "title": "中华人民共和国财政部"",如图 3-7 所示。

图 3-7　命令执行的结果

4．system．simpleDialog–输入对话框

输入对话框控件，获取对话框里的输入值为变量，默认 String 类型，对话框的标签是用来描述输入值的标题，帮助理解需要输入内容。如果输入对话框中输入内容为空，点击【确定】按钮返回空字符串，点击【取消】按钮或者【关闭】按钮返回 None，该控件运行过程中会弹出一个对话框，在对话框里输入内容。例如，请输入资产总额是多少万元，输入内容为"9000"，输入值自定义为变量"assets"，获取到变量"assets"的值为"9000"，如图 3-8 所示。

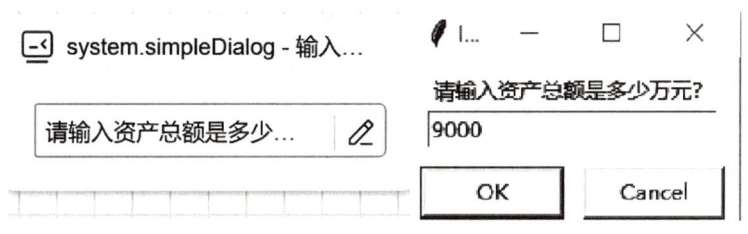

图 3-8　输入对话框

四、变量的引用

如果要引用变量和参数，可以使用"@{ }"格式引用需要的参数名称。例如，在【messageBox–消息窗口】控件中显示变量"WORK_DIR"的值，输入@后会自动联想出当前所有的变量名，选中"@{WORK_DIR}"即可，如图 3-9 所示。

图 3-9　变量和参数的引用

五、常用数据操作

(一) 字符串操作

1．字符串的替换

使用 replace()方法对字符串进行替换，如"str_1"为创建的字符串变量，值为"a + b"，用" * "替换"str_1"中的" + "，结果为"str_1 = "a * b""，如图 3-10 所示。

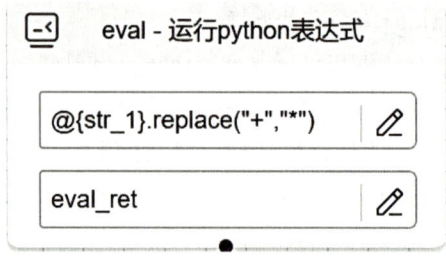

图 3-10　字符串的替换

操作步骤：

（1）创建字符串变量，如图 3-11 所示。

图 3-11　创建字符串变量

（2）引入【eval-运行 python 表达式】控件。

（3）填写表达式，引入 replace( )函数". replace（" + "，" ＊ "）"。

（4）执行结果默认保存在"eval_ret"变量中，如图 3-12 所示。

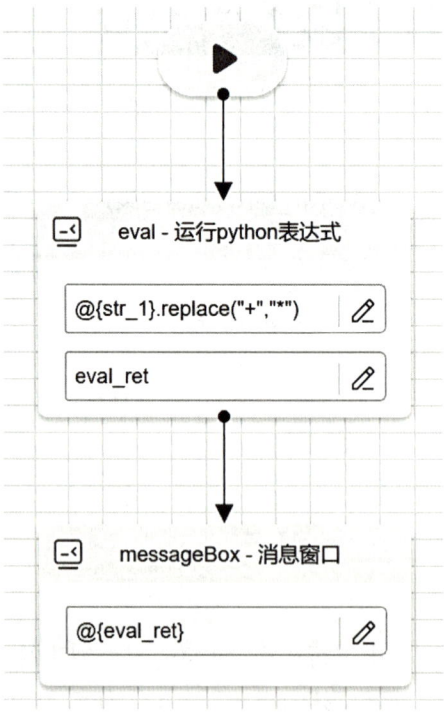

图 3-12　字符串替换操作步骤

（5）在【MessageBox】消息窗口中，可以显示该变量执行结果，如图 3-13 所示。

图 3-13 字符串替换执行结果

2. 获取字符串中子字符的索引

使用【string.search-查找子串位置】控件获取字符串中子字符的索引。查找字符串位置默认从左往右找，字符串位置从 0 开始计算，找不到则返回 -1。例如，在字符串"abcd"中查找"cd"的位置，结果为 2，如图 3-14 所示。

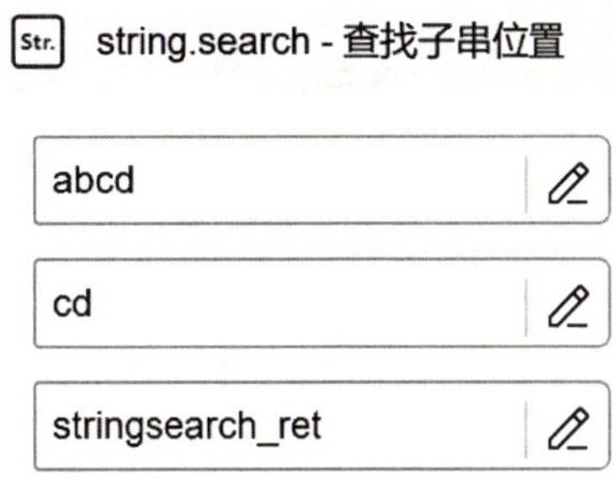

操作步骤：

（1）引入【string.search-查找子串位置】控件。

（2）填写目标字符串参数"abcd"，子串参数"cd"。

图 3-14 查找子串位置

（3）执行结果默认保存在"stringsearch_ret"变量中，如图 3-15 所示。

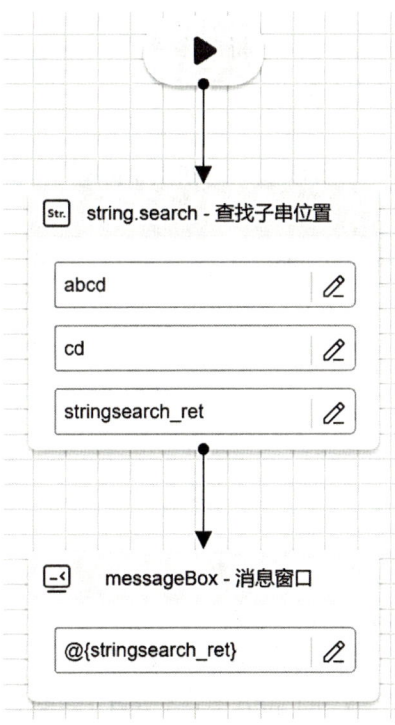

图 3-15 查找子串位置操作步骤

（4）在【MessageBox】消息窗口中，可以显示该变量执行结果，如图 3-16 所示。

 MessageBox ✕

2

确定　　　取消

图 3-16　查找子串位置执行结果

📖 知识拓展

计算机内存的存储单元以 0 开始，即 0 是存储单元的开始标志。
字符串 abcd 在计算机内的存储位置为：
a 的索引为 0。
b 的索引为 1。
c 的索引为 2。
d 的索引为 3。

3. 拼接字符串

使用【string.join-拼接字符串】控件将两个字符串拼接起来。例如，将字符串"abcd"和"ef"拼接起来，结果为"abcdef"，如图 3-17 所示。

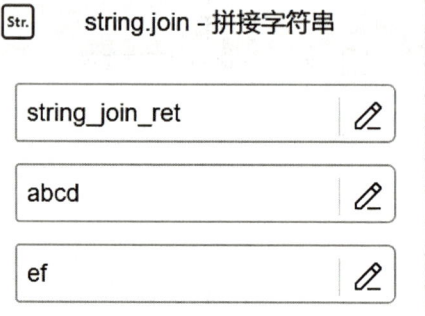
Str. string.join - 拼接字符串

string_join_ret ✎

abcd ✎

ef ✎

图 3-17　拼接字符串

操作步骤：

（1）引入【string.join-查找子串位置】控件。
（2）填写字符串 1 参数"abcd"，字符串 2 参数"cd"。
（3）执行结果默认保存在"string_join_ret"变量中，如图 3-18 所示。

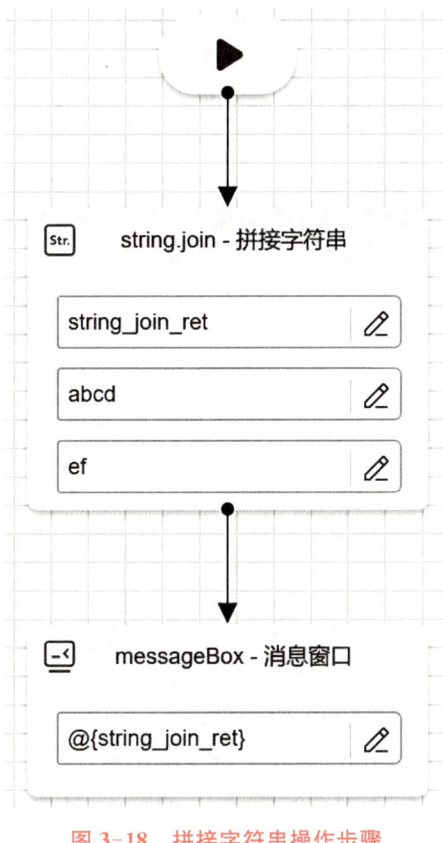

图 3-18 拼接字符串操作步骤

（4）在【MessageBox】消息窗口中，可以显示该变量执行结果，如图 3-19 所示。

图 3-19 字符串拼接执行结果

（二）列表操作

1. 添加元素到列表

使用 append()函数在指定列表（List）中添加元素，添加在集合的尾部。例如，"list_1"为创建的列表变量，值为"[1,2,3,4]"，添加一个元素"5"，结果为"[1,2,3,4,5]"，如图 3-20 所示。

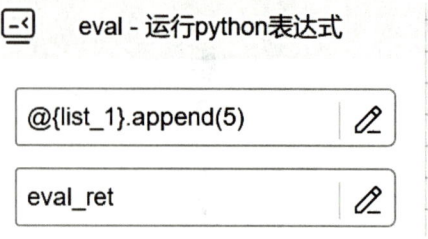

图 3-20　添加元素到列表

操作步骤：

（1）创建列表变量"list_1＝[1,2,3,4]"，如图 3-21 所示。

图 3-21　创建列表变量

（2）引入【eval-运行 python 表达式】控件。

（3）填写表达式，引入 append()函数"．append(5)"。

（4）执行结果默认保存在"eval_ret"变量中，如图 3-22 所示。

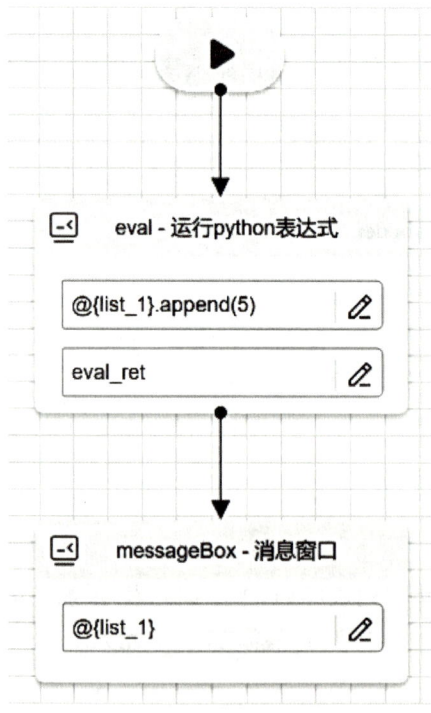

图 3-22　添加元素到列表操作步骤

（5）在【MessageBox】消息窗口中，可以显示"list_1"变量的执行结果，如图 3-23 所示。

图 3-23 添加元素到列表执行结果

2. 列表合并

使用"＋"合并两个列表。例如，"list_1"为创建的列表变量，值为"[1,2,3,4]"，"list_2"为创建的列表变量，值为"[5,6]"，两个列表合并，结果为"[1,2,3,4,5,6]"，如图 3-24 所示。

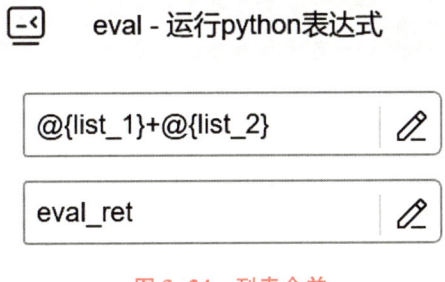

图 3-24 列表合并

操作步骤：

（1）创建列表变量，如图 3-25 所示。

分组	名称	类型	默认值	描述
	list_1	Array	[1,2,3,4]	
	list_2	Array	[5,6]	

⊕ 添加数据

图 3-25 创建列表变量

（2）引入【eval-运行 python 表达式】控件。

（3）填写表达式"@{list_1} + @{list_2}"。

（4）执行结果默认保存在"eval_ret"变量中，如图 3-26 所示。

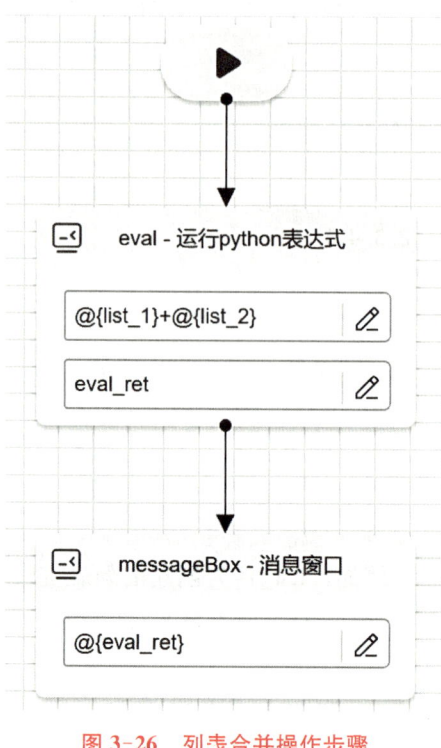

图 3-26　列表合并操作步骤

（5）在【MessageBox】消息窗口中，可以显示"eval_ret"变量的执行结果，如图 3-27 所示。

图 3-27　列表合并执行结果

（三）正则表达式操作

正则表达式是数据处理中经常用到的操作，它会根据一定的规则来匹配合适的内容。比如，从一段文字中提取邮箱地址或者 IP 地址、从发票中提取票据金额、从字符串中提取数字等。

1. 正则搜索

使用【regex_search-正则搜索】控件，扫描整个字符串，并返回第一个成功的匹配。例如，在文本"金额：￥200"中提取数字，结果为"200"，如图 3-28 所示。

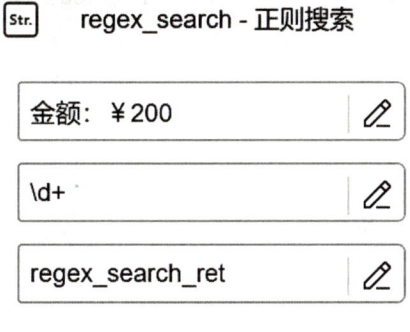

图 3-28　正则搜索

操作步骤：

（1）引入【regex_search-正则搜索】控件。

（2）填写待处理字符串"金额：￥200"。

（3）填写正则表达式，其中，"\d+"代表取连续数字；若为"\d"，则表示匹配一个数字。

（4）执行结果默认保存在"regex_search_ret"变量中，如图 3-29 所示。

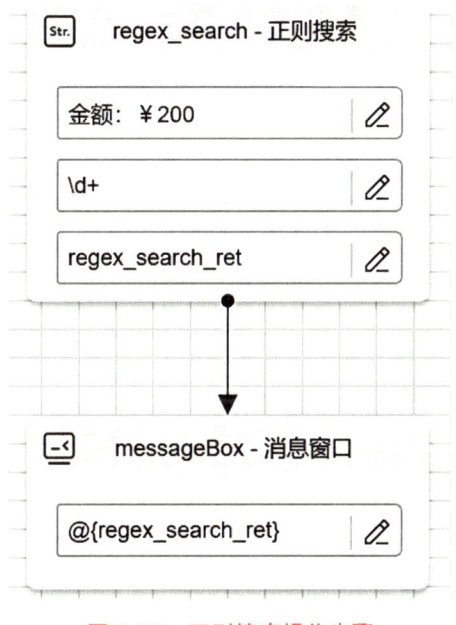

图 3-29　正则搜索操作步骤

（5）在【MessageBox】消息窗口中，可以显示该变量的执行结果，如图 3-30 所示。

2．正则查找所有

使用【regex_findall-正则查找所有】控件，从待处理字符串中查找所有匹配正则表达式的字符串，并返回其内容于列表中。例如，在文本"批发价：￥200；零售价：￥280"中提取数字，结果为"["200"，"280"]"，如图 3-31 所示。

图 3-30　正则搜索执行结果　　　　图 3-31　正则查找所有

操作步骤：

（1）引入【regex_findall-正则查找所有】控件。

（2）填写待处理字符串"批发价：￥200；零售价：￥280"。

（3）填写正则表达式，其中，"\d+"代表取连续数字。

（4）执行结果默认保存在"regex_findall_ret"变量中，如图 3-32 所示。

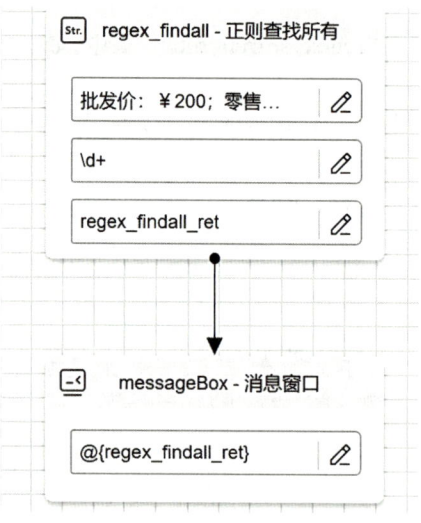

图 3-32　正则查找所有操作步骤

（5）在【MessageBox】消息窗口中，可以显示该变量的执行结果，如图 3-33 所示。

图 3-33　正则查找所有执行结果

任务情景

D 公司是一家以中式餐饮连锁经营为主营业务的餐饮集团。2023 年 5 月 31 日,公司的财务状况如下:流动资产为 4 000 万元,非流动资产为 5 000 万元,流动负债为 1 200 万元,非流动负债为 1 800 万元。请用华为 WeAutomate Studio 自动计算出公司当月的资产负债率。

任务实施

根据任务情景,运用华为 WeAutomate Studio 自动计算出公司当月的资产负债率。

1. 流程设计

计算资产负债率机器人的流程设计图,如图 3-34 所示。

【源代码】自动计算资产负债率

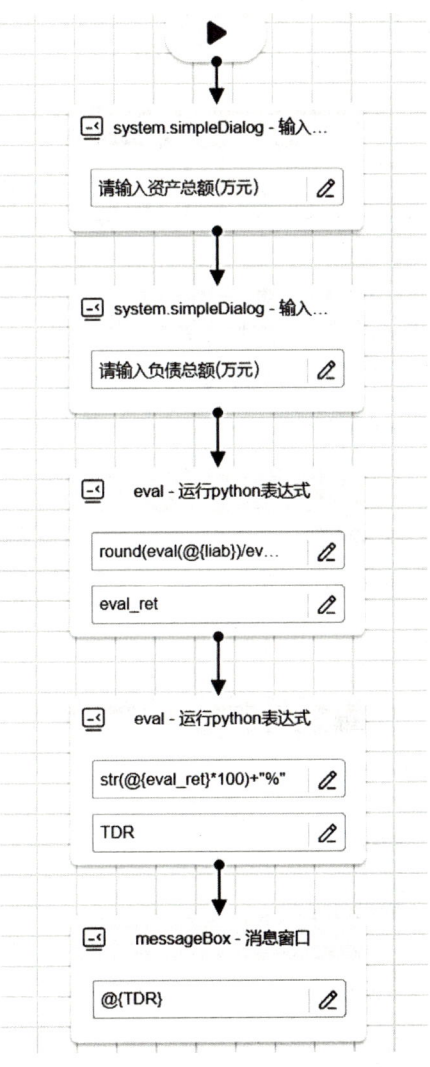

图 3-34　计算资产负债率机器人的流程设计图

2. 操作步骤

步骤一：在画布中添加【输入对话框】控件，属性中设置输出自定义变量为"assets"，类型为"str"字符串，输入标签内容为"请输入资产总额（万元）"，同样的方式设置"请输入负债总额（万元）"的对话框，自定义变量为"liab"，如图 3-35 所示。

控件描述 ⑦	控件描述 ⑦
输入对话框 ✎	输入对话框 ✎
⌄ **输出**	⌄ **输出**
对话框内容 [String] ⑦	对话框内容 [String] ⑦
assets ✎	liab ✎
⌄ **参数**	⌄ **参数**
输入标签内容 ⑦	输入标签内容 ⑦
请输入资产总额(万元) ✎	请输入负债总额(万元) ✎

图 3-35　输入对话框操作步骤

步骤二：在画布中添加【运行 python 表达式】控件，使用 eval()函数将字符串转换成有效的表达式来计算，同时计算结果使用 round()函数进行四舍五入保存两位小数，表达式为"round(eval(@{liab})/eval(@{assets}),4)"，计算结果保存到默认变量"eval_ret"中，如图 3-36 所示。

控件描述 ⑦
运行python表达式 ✎
⌄ **输出**
执行结果 [Object] ⑦
eval_ret ✎
⌄ **参数**
导包语句 ⑦
可选项。表达式中调用内置函数时,需... ✎
* 表达式 ⑦
round(eval(@{liab})/eval(@{assets}),4) ✎

图 3-36　运行 python 表达式操作步骤

步骤三：在画布中添加【运行 python 表达式】控件，将数字型转换成百分比，表达式为 "str(@{eval_ret} * 100) + "%"" 。

步骤四：添加【messageBox－消息窗口】控件，引用变量 "@{TDR}" 。

3. 程序运行

步骤一：单击【运行】按钮，在弹出的对话框中分别输入资产总额为 "9 000" 万元，负债总额为 "3 000" 万元，如图 3-37 所示。

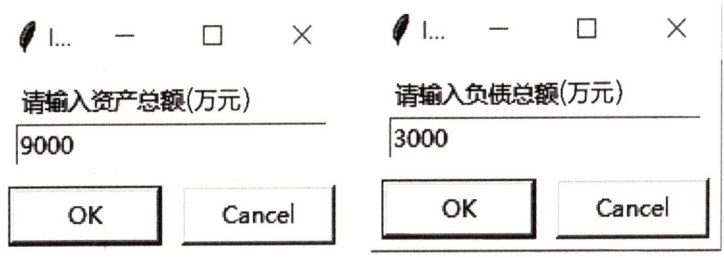

图 3-37　程序运行

步骤二：单击输入对话框的【OK】按钮，程序运行结果如图 3-38 所示。

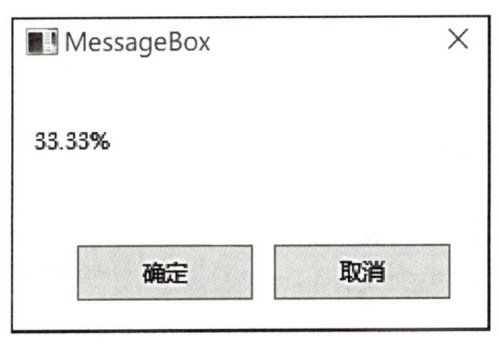

图 3-38　运行结果

 **本节练习**

1. 使用【eval－运行 python 表达式】控件，合并会计科目代码和科目名称，并输出显示。

2. 根据任务情景中 D 公司 5 月份的财务数据，使用【eval-运行 python 表达式】控件，自动计算流动比率。

★参考答案

1. 合并会计科目代码和科目名称的流程设计图，如图 3-39 所示（提示：先设置全局变量，num＝科目代码，文本型；acct＝科目名称，文本型）。

2. 计算流动比率的流程设计图，如图 3-40 所示。

【源代码】合并会计科目代码和科目名称

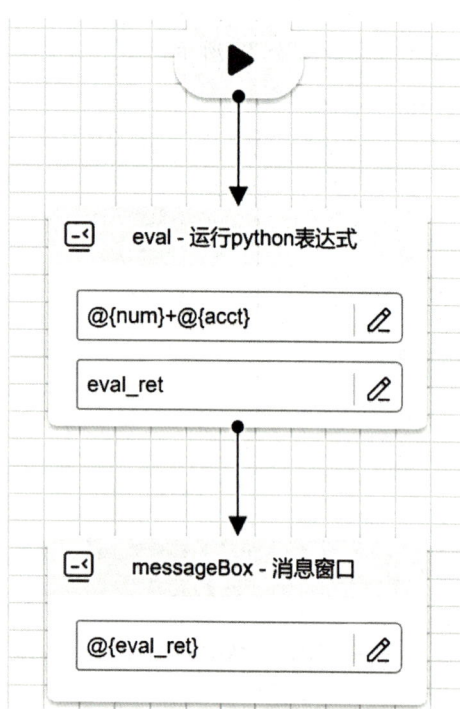

图 3-39 合并会计科目代码和科目名称的流程设计图

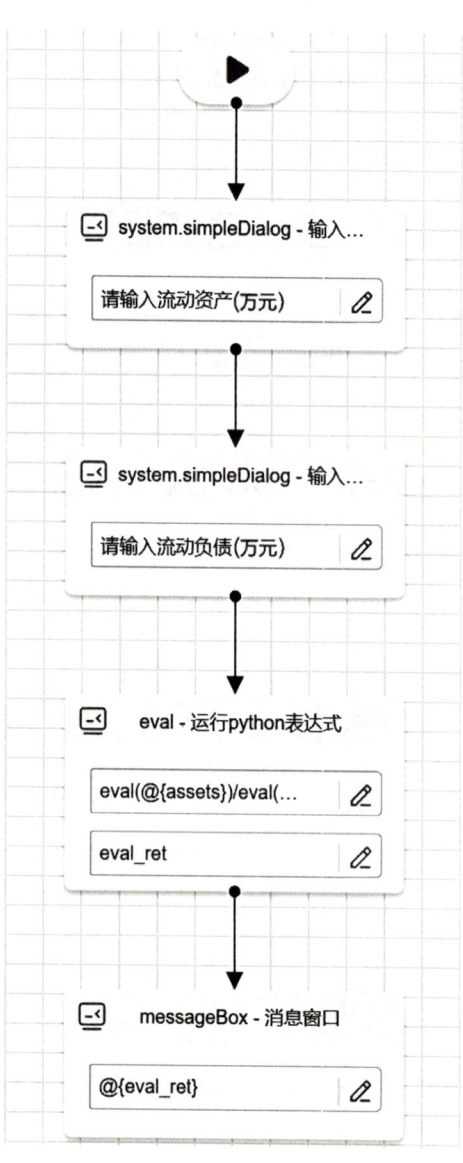

图 3-40 计算流动比率的流程设计图

第二节　网页自动化操作

学习目标

☆ **知识目标**

1. 了解网页自动化初始设置
2. 了解常用网页自动化控件

☆ **技能目标**

1. 掌握常用网页自动化控件的使用
2. 掌握网页自动化控件的属性设置

☆ **素养目标**

1. 培养自动化流程设计的逻辑思维
2. 培养学生通过互联网自主学习的能力

任务情景

公司财务经理陈某通过学习知道 RPA 机器人能帮助财务人员解决很多重复、简单的工作，于是想进一步了解关于 RPA 机器人最新的学术研究。陈某登录"知网"搜索论文"RPA 财务数据分析机器人：理论框架与研发策略"，并把文章摘要记录下来。请用华为 WeAutomate Studio 帮助他自动获取网页中的文章摘要。

一、环境初始化设置

RPA 可以进行网页自动化，它能识别网页中的元素并执行一系列的操作（如单击、输入信息、获取文本，抓取数据等）。有了 RPA 的帮助，我们可以轻松地执行各种网页应用任务。

在网页自动化前需要对 WeAutomate 和浏览器进行设置。下面以 Chrome 浏览器为例进行设置。

打开 WeAutomate，单击界面左侧【设置】图标，单击【工具】页签，在 WeAutomate 拓展程序中单击【Chrome】图标，如图 3-41 所示；在弹出的对话框中单击【确定】按钮，即完成了 WeAutomate 对 Chrome 浏览器的拓展设置，如图 3-42 所示。

点击 Chrome 浏览器【设置】图标，单击【扩展程序】页签，启动 WeAutomate Web，WeAutomate Web 右下角变成蓝色，即完成了 Chrome 浏览器对 WeAutomate 的拓展设置，如图 3-43 所示。

完成以上操作之后，就可以通过 WeAutomate 来完成网页自动化的相关操作任务，如输入信息、点击目标、抓取数据，生成报告、数据记录等。

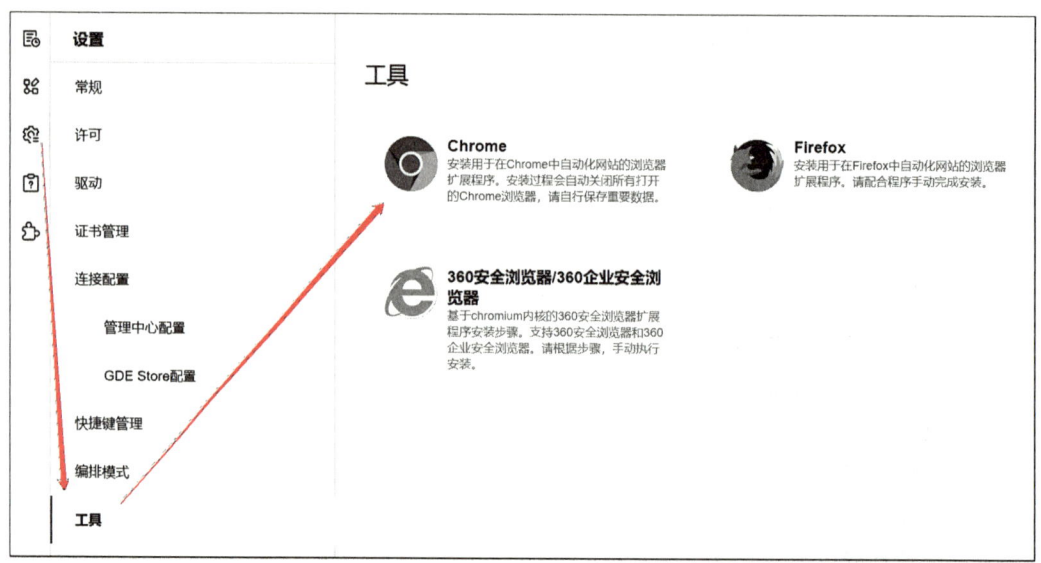

图 3-41　WeAutomate 中对浏览器的拓展设置

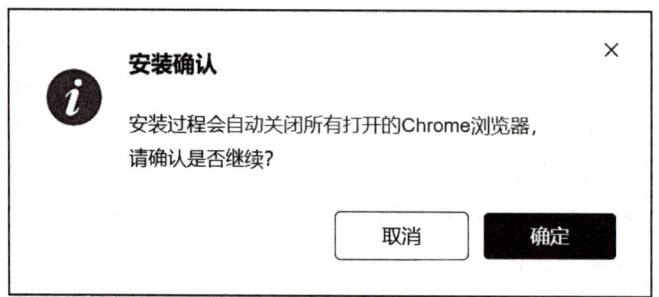

图 3-42　WeAutomate 对 Chrome 浏览器的拓展设置

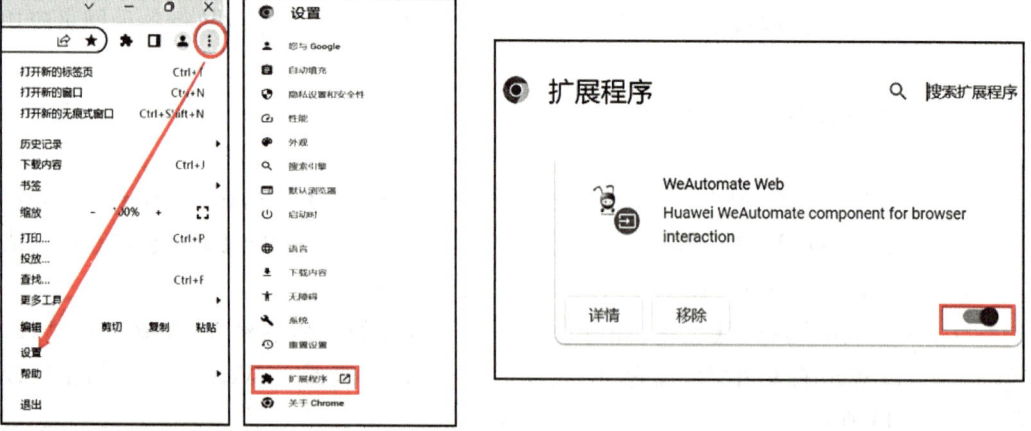

图 3-43　设置 Chrome 浏览器中的扩展程序

二、常用的网页自动化控件

(一) 打开网页

打开网页（openurl）是 Web 应用自动化的常用操作之一，用于打开指定网址，如图 3-44 所示。

图 3-44　打开网页

关键参数说明：

网页地址：需要填写对应的协议，如 http、https、file 等，不可以直接输入网址，正确格式示例如图 3-45 所示。

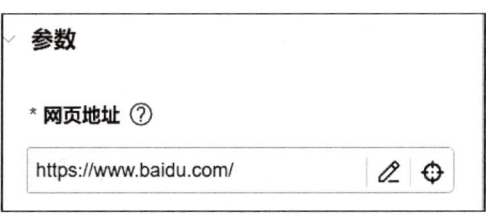

图 3-45　打开网页关键参数

（二）鼠标单击网页元素

鼠标单击网页元素(click)是 Web 应用自动化的重要操作之一，可以模拟真实的鼠标点击事件，如图 3-46 所示。其中，点击【click】控件的【拾取】按钮，就可以在页面中选择目标元素。

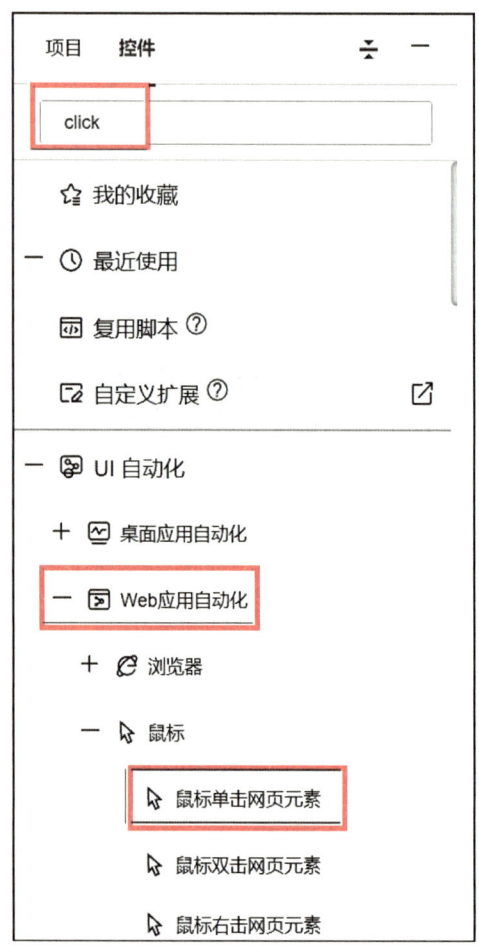

图 3-46　鼠标单击网页元素

（三）获取网页文本

获取网页文本(getText)控件针对窗口页面的元素，获取元素中的文本，并将获取的文本进行返回，如图 3-47 所示。该控件主要有以下用途：

（1）用于识别并返回网页元素的文本信息。

（2）用于检测判定上一步操作之后的页面是否加载渲染成功，若获取到跳转后的页面元素文本信息，则表示页面加载成功，开始执行下一个步骤。

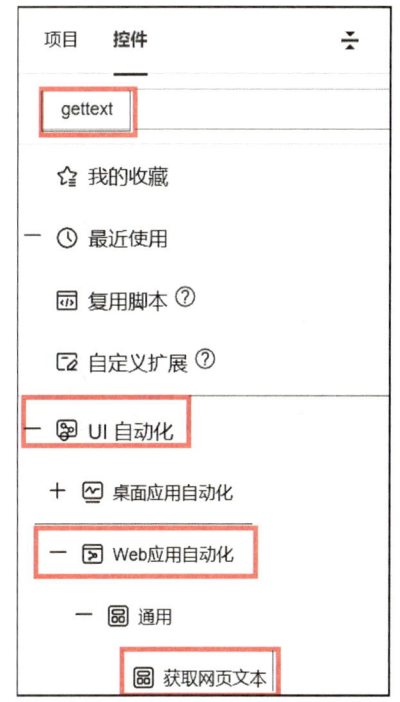

图 3-47　获取网页文本

关键参数说明：

文本信息：拾取到的网页文本信息会保存到默认返回值"getText_ret"中。

目标元素：点击【getText】控件的【拾取】按钮，在页面获取目标文本，如图 3-48 所示。

图 3-48　获取网页文本关键参数

（四）在网页中输入文本

在网页中输入文本（type）是 Web 应用自动化的常用操作之一，用于对输入控件设置文本内容,如图 3-49 所示。

图 3-49 在网页中输入文本

关键参数说明:

输入位置:点击【在网页中输入文本】控件的【拾取】按钮,在页面中获取输入位置。

输入前清空:若值为"True",则表示输入前清空文本框后重新填写;若值为"False",则表示接着文本框内已有文本继续写入;不填则默认清空。

等待页面加载:若值为"complete",则表示等待页面加载完成;若值为"loading",则表示不等待页面加载完成;默认值为"complete",如图 3-50所示。

(五)获取网页表格

获取网页表格(getTable)控件是专门用来获取网页中表格数据的控件,该控件支持网页中带有"table"标签的标准表格的获取和支持分页数据的获取,如图 3-51 所示。

图 3-50 在网页中输入文本关键参数

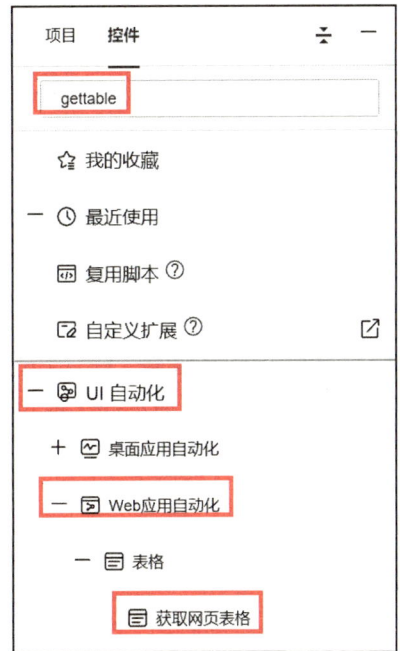

图 3-51　获取网页表格

温馨提示：当获取多页表格数据时，如果数据不完整，可能是网络原因导致元素未加载完成，请根据网络情况设置"next-page-delay"参数，等待元素加载完成，如图 3-52 所示。

图 3-52　获取网页表格关键参数

关键参数说明：

将返回值转换为：返回值默认为"Dataframe"类型，可选为"list"类型。目标元素：点击【获取网页表格】控件中的【拾取】按钮，在页面中选择"目标表格"。

三、网页自动化操作情景应用

（一）机器人自动搜索关键词——百度搜索

在学习 RPA 之前，我们需要了解 RPA 的应用领域，于是我们在网上搜索相应的内容，最常用的搜索引擎就是百度搜索。接下来，我们需要通过百度搜索查询"RPA 的应用领域"来了解这部分的知识，我们将通过人工流程和机器人流程分别演示操作步骤。

【源代码】机器人自动搜索关键词

1. 人工操作步骤

人工操作步骤，如图 3-53 所示。

（1）打开浏览器，输入网址。

（2）输入关键字。

（3）点击【搜索】按钮。

图 3-53 百度搜索人工操作步骤

2. 机器人操作步骤

（1）自动搜索关键字的流程设计图，如图 3-54 所示。

（2）操作步骤：

步骤一：在画布中添加【openurl-打开网页】控件，在【网页地址】中输入"https://www.baidu.com/"，单击【运行】按钮，程序自动打开百度的网页。参数设置【最大化打开网页】，如果值为"True"，则打开网页的时候会最大化网页，如果值为"False"，则打开网页的时候会最小化网页，如图 3-55 所示。

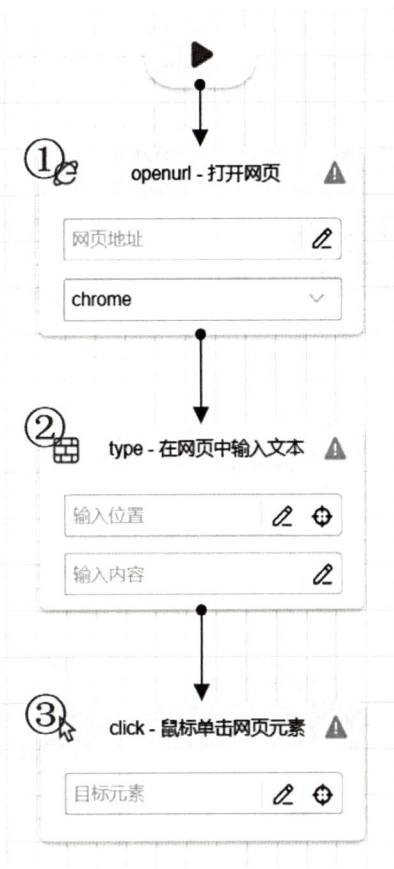

图 3-54 自动搜索关键字的流程设计图

图 3-55 打开网页操作步骤

步骤二：在画布中添加【type-在网页中输入文本】控件，单击【拾取】按钮，拾取元素为"百度输入框"，选择元素完成后自动返回 Studio，若未选择任何元素，可按【ESC】键退出并返回 Studio。参数设置【输入前清空】，不填默认清空，此处选择"True"。【输入内容】可自定义输入，如"RPA 的应用领域"，如图 3-56 所示。

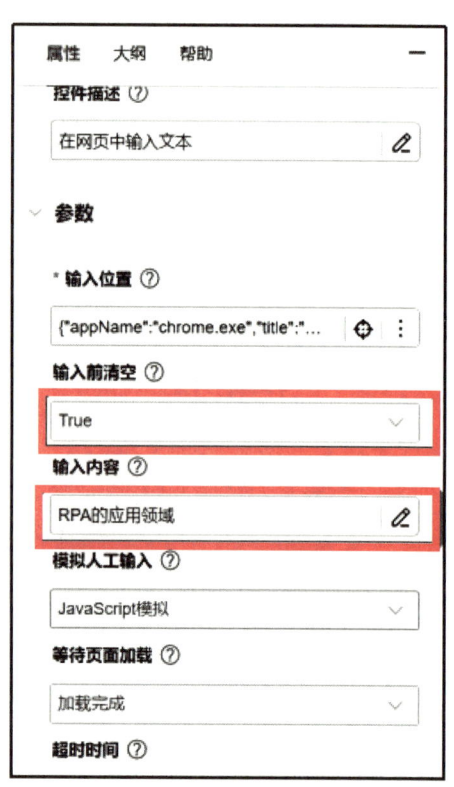

图 3-56　在网页中输入文本操作步骤

步骤三：在画布中添加【click-鼠标单击网页元素】控件，单击【拾取】按钮，拾取元素为"百度一下"按钮。设置【模拟人工点击】，如果值为"硬件事件"，则通过模拟人工的方式触发点击事件；如果值为"Chromium API"，则通过 Chrome DevTools Protocol 的接口来模拟点击事件；如果值为"JavaScript 模拟"或空，则根据目标元素的自动化接口触发点击，如图 3-57 所示。模拟人工点击的优先级：Chromium API＞JavaScript 模拟＞硬件事件。

步骤四：单击【运行】按钮，程序运行完毕，日志界面如图 3-58 所示，网页界面如图 3-59 所示。

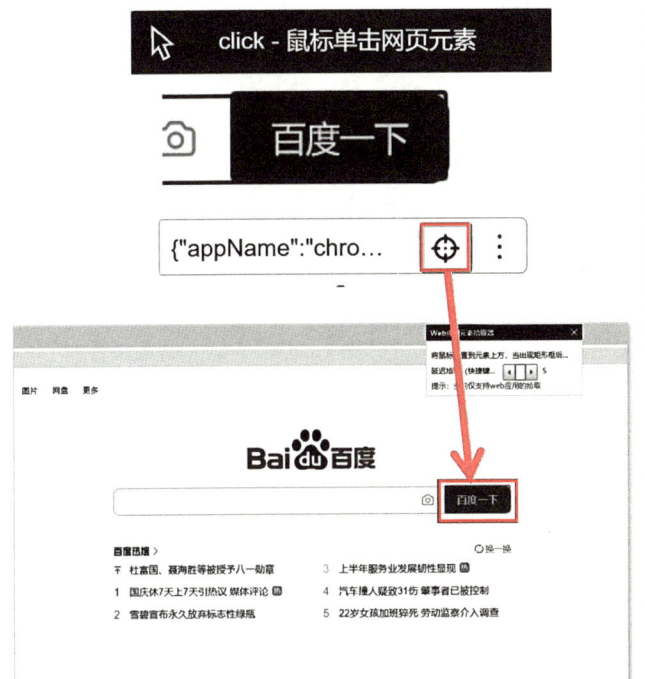

图 3-57 鼠标单击网页元素操作步骤

[Detail] [2022-07-28 15:33:42]启动机器人 2.18.0

[Detail] [2022-07-28 15:33:42]开始执行[脚本] [熟悉常用设置]

[Detail] [OK][2022-07-28 15:33:47]完成执行[原子命令] [playbackScript.xml 第4行] 打开网页 [打开网页] [OK]

[Detail] [OK][2022-07-28 15:33:47]完成执行[原子命令] [playbackScript.xml 第12行] 在网页中输入文本 [在网页中输入文本] [OK]

[Detail] [OK][2022-07-28 15:33:48]完成执行[原子命令] [playbackScript.xml 第24行] 鼠标单击网页元素 [鼠标单击网页元素] [OK]

[Detail] [2022-07-28 15:33:48]完成执行[脚本] [熟悉常用设置] [OK]

[Detail] [2022-07-28 15:33:48]结束机器人

图 3-58 运行完成后的日志界面

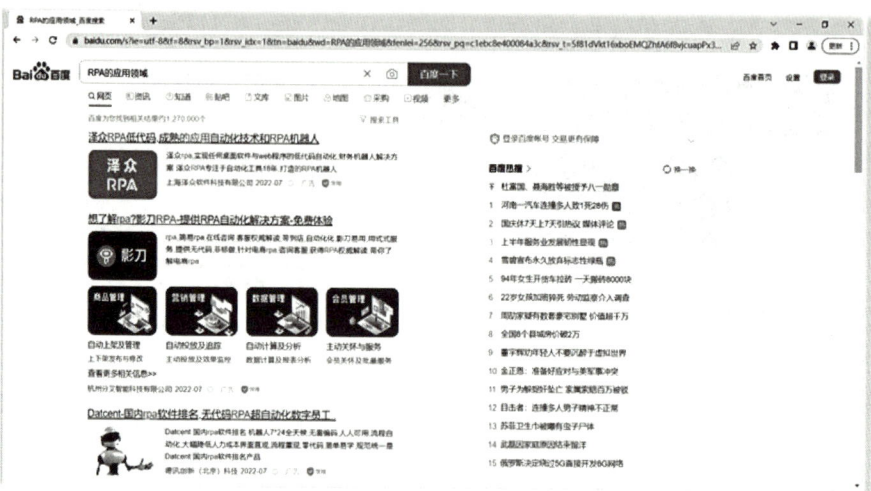

图 3-59　运行成功后的网页界面

（二）机器人进入指定网页路径——打开指定路径

在了解了 RPA 的应用领域之后，如果想重点了解 RPA 在财务领域中应用，可以找到"RPA 之家"，通过客服了解 RPA 在财务领域中的一些应用场景。接下来我们在"RPA 之家"提交财务场景解决方案申请。

【源代码】机器人进入指定网页路径

1. 人工操作步骤

人工操作步骤，如图 3-60 所示。

（1）输入案例地址（RPA 之家）：https://www.rpazj.com/。

（2）点击路径：【解决方案】→【财务】→【提交申请】。

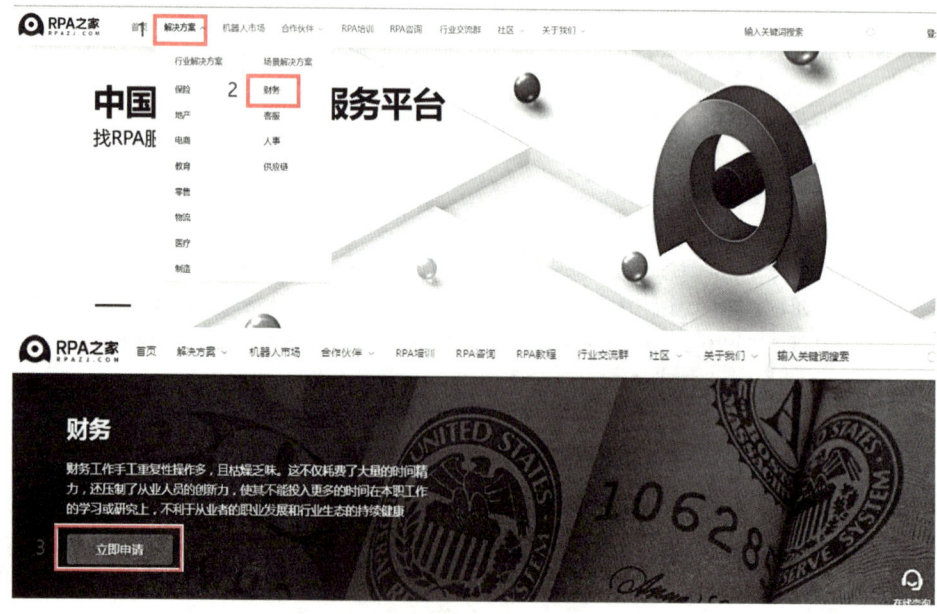

图 3-60　打开指定路径人工操作步骤

2. 机器人操作步骤

（1）打开指定网页路径机器人的流程设计图，如图 3-61 所示。

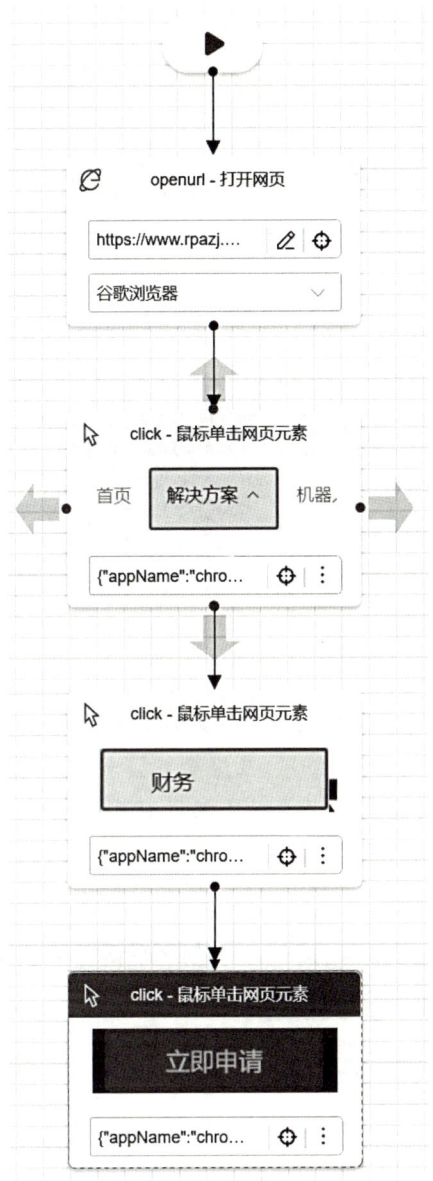

图 3-61 打开指定网页路径机器人的流程设计图

（2）操作步骤，如图 3-62 所示。

步骤一：在画布中添加【openurl-打开网页】控件，在【网页地址】中输入"https://www.rpazj.com/"。

步骤二：在画布中添加【click-鼠标单击网页元素】控件，单击【拾取】按钮，拾取元素为"解决方案"。

步骤三:在画布中添加【click-鼠标单击网页元素】控件,单击【拾取】按钮,拾取元素为"财务"。

步骤四:在画布中添加【click-鼠标单击网页元素】控件,单击【拾取】按钮,拾取元素为"立即申请"。

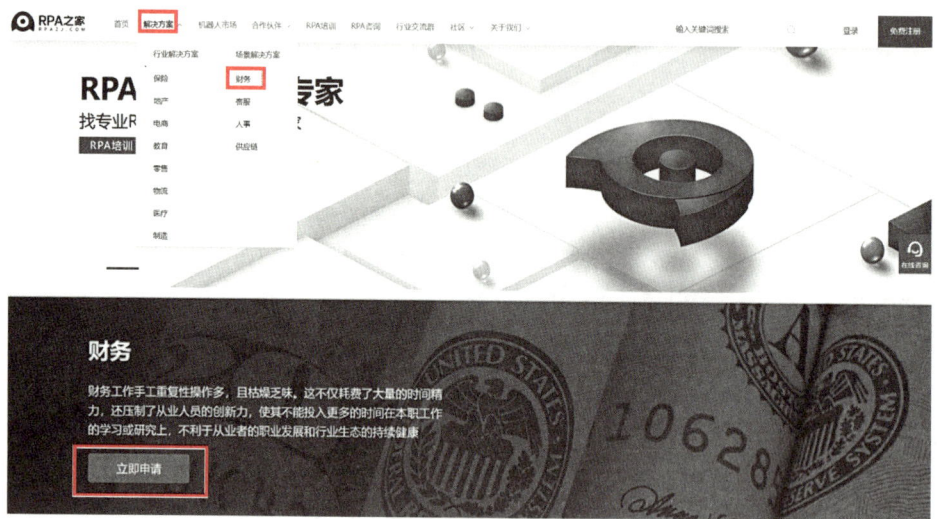

图 3-62　打开指定网页路径操作步骤

温馨提示:通过【拾取】按钮拾取网页元素时,往往需要点击主菜单才能展示二级菜单。若从 Studio 上点击【拾取】按钮,二级菜单又会隐藏,最终导致我们无法拾取二级菜单。用户可以通过 Web 应用元素拾取器设置延迟时间,按【F2】键启动倒计时,倒计时内,用户的操作不会被拾取,如图 3-63 所示。

图 3-63　延迟拾取操作

任务情景

公司财务经理陈某通过学习知道 RPA 机器人能帮助财务人员解决很多重复、简单的工作，于是想进一步了解关于 RPA 机器人最新的学术研究。陈某登录"知网"搜索论文"RPA 财务数据分析机器人：理论框架与研发策略"，并把文章摘要记录下来。请用华为 WeAutomate Studio 帮助他自动获取网页中的文章摘要。

 **任务实施**

根据任务情景，手动查找知网相关信息：在知网（https://www.cnki.net/）中查找"RPA 财务数据分析机器人：理论框架与研发策略"，运用华为 WeAutomate Studio 自动获取文章的摘要，最后显示出来。

1. 流程设计

获取网页文本机器人的流程设计图，如图 3-64 所示。

【源代码】获取网页文本

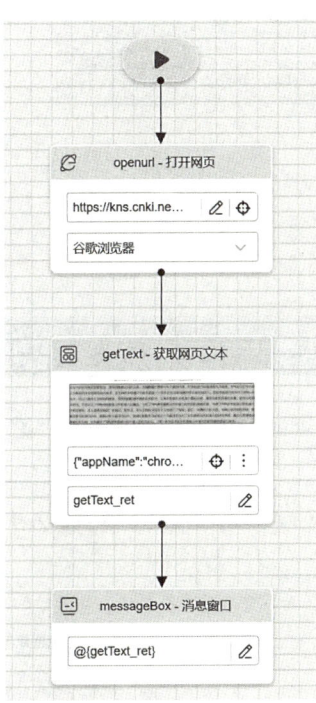

图 3-64　获取网页文本机器人的流程设计图

2. 操作步骤

步骤一：在画布中添加【openurl-打开网页】控件，在【网页地址】中输入指定网址。

步骤二：在画布中添加【getText-获取网页文本】控件，点击【拾取】按钮，选择页面中"摘要"文本信息获取该内容。拾取到的网页文本信息会保存到默认返回值"getText_ret"中，可自定义修改"getText_ret"的名称，如图 3-65 所示。

步骤三：在画布中添加【messageBox-消息窗口】控件，变量的引用是"@{}"，在消息框内容中输入"@getText_ret"，如图 3-66 所示。

3. 程序运行

单击【运行】按钮，程序运行完毕，界面如图 3-67 所示。

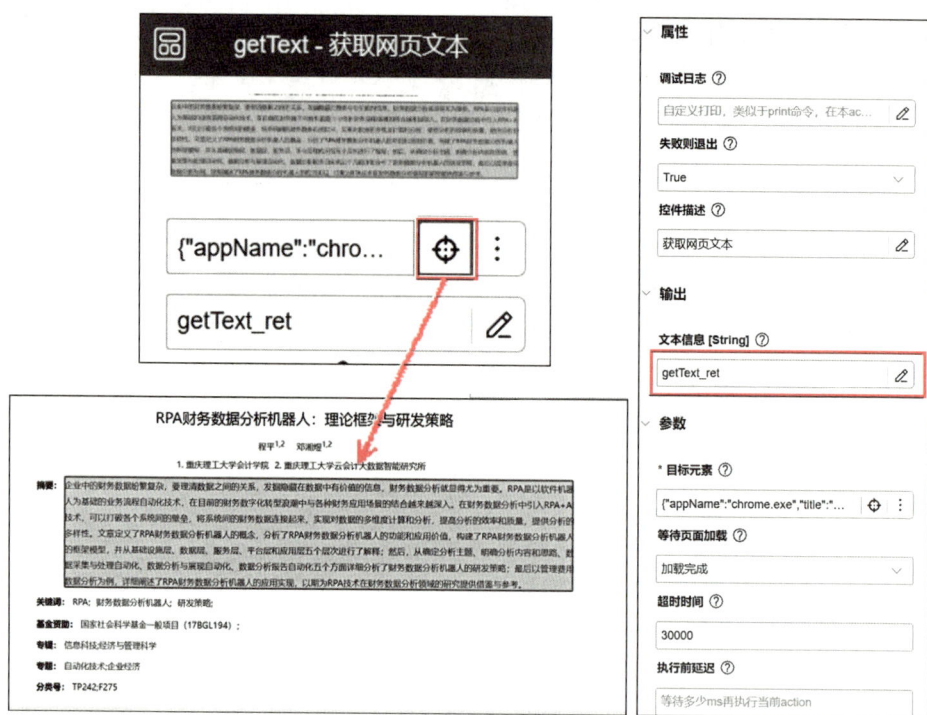

图 3-65　获取网页文本操作步骤

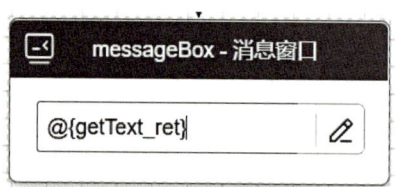

图 3-66　在消息窗口中显示获取的文本信息操作步骤

图 3-67　运行成功界面

 **本节练习**

使用【getText–获取网页文本】控件获取《企业会计准则》。

1. 打开中华人民共和国财政部网址：http://kjs.mof.gov.cn/zt/kjzzss/kuaijizhunzeshishi/。

2. 打开《企业会计准则第 4 号——固定资产》，获取相关文本。

★**参考答案**

获取《企业会计准则》的流程设计图，如图 3-68 所示。

【源代码】获取《企业会计准则》（固定资产）

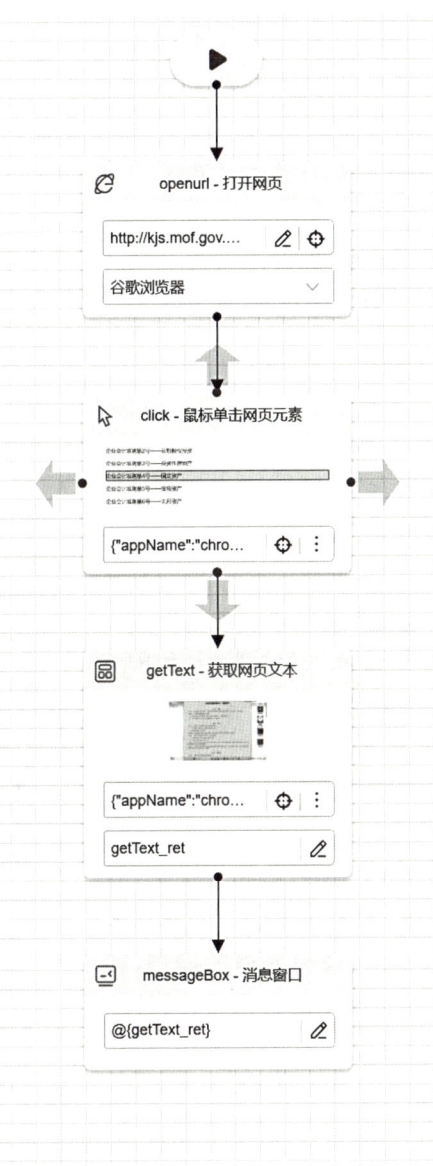

图 3-68 获取《企业会计准则》的流程设计图

第三节　**Excel 自动化操作**

 学习目标

☆ **知识目标**

1. 了解 Excel 自动化操作的基本控件
2. 熟悉 Excel 常用控件的使用方法

☆ **技能目标**

1. 熟练 Excel 自动化操作的基本处理
2. 能够利用 Excel 相关控件制作自动化流程

☆ **素养目标**

1. 树立自动化意识,构建创新思维
2. 培养学生独自思考、分析问题的能力

任务情景

　　D 公司财务部会计每个月需在收银系统下载相关的表格数据,登录下单平台进行项目核对,并在各收银系统核对公司的应收金额,保证其正确性。其中,涉及的收银平台多达 50 个,每个收银平台的账户和密码都存储在 Excel 表格中,业务人员手动登录平台操作重复率高,花费的时间多且附加价值低。如果能设计 RPA 机器人快速获取登录账号和密码,将会节省大量时间成本及人力成本。

一、环境准备

　　华为 WeAutomate 可以实现 Excel 应用自动化,它不仅可以执行一些基本操作,如表格读取与表格写入等,还能够简化对行、列、Sheet 页及单元格的操作,如插入行或列、删除行或列、写入单元格、写入区域等功能。有了 RPA 的帮助,我们可以轻松实现 Excel 应用自动化的各项操作,极大地简化了操作流程。

　　在应用 Excel 自动化前需要进行环境准备设置,需要在电脑上预先下载好 Office 软件,如图 3-69 所示。

图 3-69　应用 Excel 自动化前的环境准备

二、常用的 Excel 操作控件

在 Excel 自动化操作中,会频繁使用以下控件。

(一) 打开 Excel 文件

打开 excel 文件(excelApplicationScope)控件用于打开 Excel 文件,但不支持已打开的文件,如图 3-70 所示。如果文件不存在,则新建并打开;如果涉及同时打开多个文件,需指定别名;如果涉及打开 Excel 文件或 CSV 文件,文件中可能有自动执行的宏,可能存在安全风险,需确保文件来源可靠并谨慎使用。

图 3-70 打开 excel 文件控件

如果使用 WPS 应用操作,管理员需要修改计算机安全策略:

(1) 按【Windows】+【R】快捷键打开运行窗口。

(2) 键入"gpedit. msc"打开本地组策略编辑器。

(3) 点击【计算机配置】→【Windows 设置】→【安全设置】→【本地策略】→【安全选项】。

(4) 在【安全选项】中找到【用户账户控制:以管理员批准模式运行所有管理员】,禁用此安全策略即可。

(二) 写入单元格

写入单元格(excelWriteCell)控件的主要功能是将文本或者公式写入单元格,需要填写 Excel 对象、目标单元格及写入内容,如图 3-71 所示。

图 3-71　写入单元格控件

(三) 获取单元格文本

和写入单元格控件相反,获取单元格文本(excelReadCell)控件用于读取单元格内容,选择 Excel 对象后识别单元格内容获取指定位置,如图 3-72 所示。

图 3-72　获取单元格文本

（四）关闭工作簿

当打开多个 Excel 文件时，如果后续需要指定工作簿进行操作，则尽可能关闭其他工作簿，因为多个 Excel 文件在后台运行会影响效率，使用关闭工作簿（excelCloseWorkbook）控件，如图 3-73 所示。

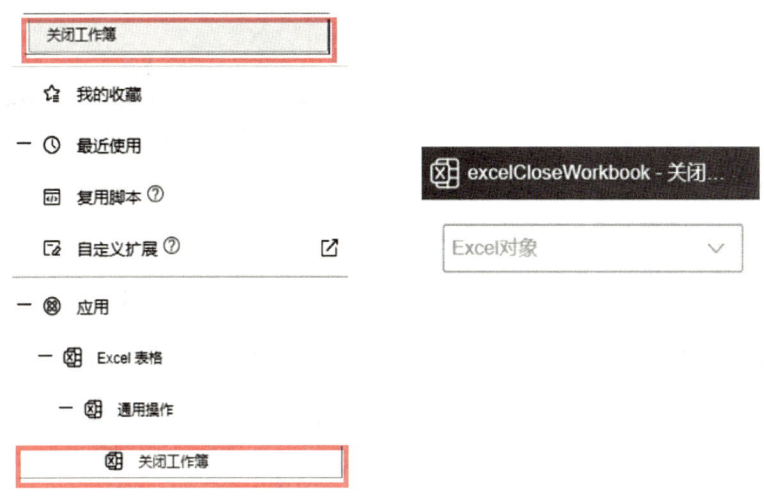

图 3-73　关闭工作簿控件

（五）写入范围单元格

写入范围单元格（excelWriteRange）控件的主要功能是将文本或者公式写入某个范围的单元格中，涉及区域范围，选择要获取的 Excel 对象，将写入内容输入至目标范围，如图 3-74 所示。

图 3-74　写入范围单元格控件

（六）获取区域文本

获取区域文本（excelReadRange）控件与写入范围单元格控件刚好相反，此控件主要用于指定某一 Excel 文件中部分单元格内容的拾取，如图 3-75 所示。

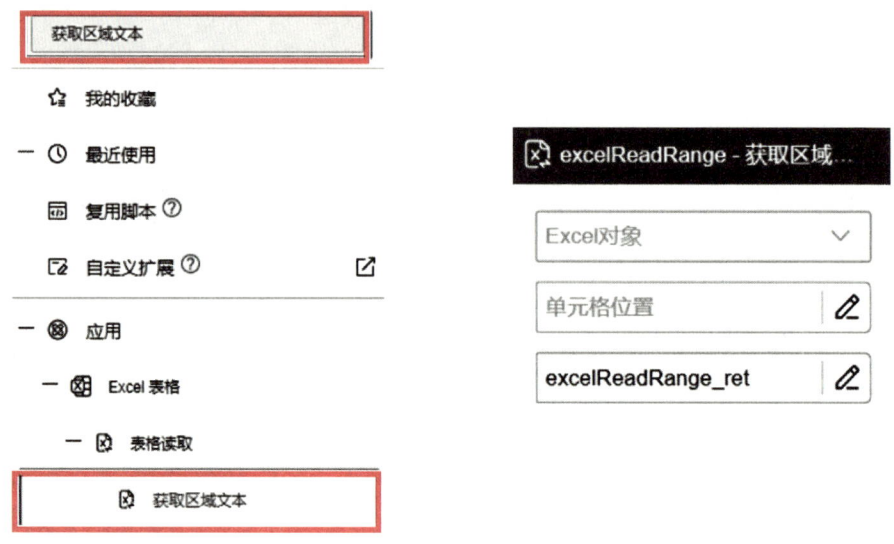

图 3-75 获取区域文本控件

【源代码】机器人自动写入单元格

三、Excel 应用自动化情景

1. 应用情景描述

假设企业需要将信息写入 Excel 文件进行汇总，应当如何处理？

2. 人工操作步骤

（1）打开对应文档。

（2）选中单元格。

（3）在单元格中输入内容或者按【Ctrl】+【V】快捷键粘贴内容。

（4）保存文档。

（5）关闭文档。

3. 机器人操作步骤

（1）流程设计：将信息写入 Excel 文件进行汇总的流程设计图，如图 3-76 所示。

（2）操作步骤：

步骤一：打开 Excel 文件，选择要写入的 Excel 文件，设置文件名为"Excel"，如图 3-77 所示。

步骤二：写入单元格。Excel 对象即步骤一中指定操作的 Excel 文件，是必填项。目标单元格是将内容写入单元格的具体位置，如 A2 表示第二行第一列单元格，此为必填项。写入内容可以是写入的文本或者公式，公式以等号开头，如果为空则表示删除单元格内容。本操作是在 A2 单元格填入 RPA123，如图 3-78 所示。

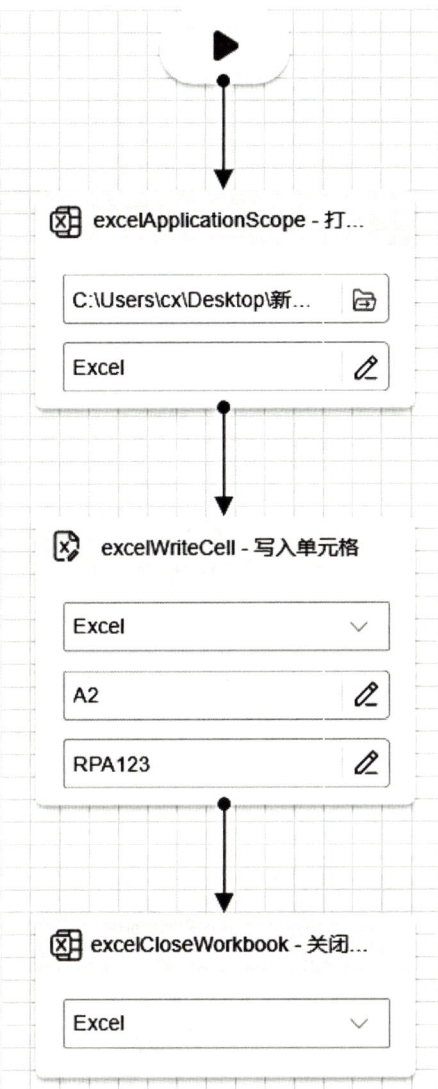

图 3-76　将信息写入 Excel 文件进行汇总的流程设计图

图 3-77　打开 Excel 文件

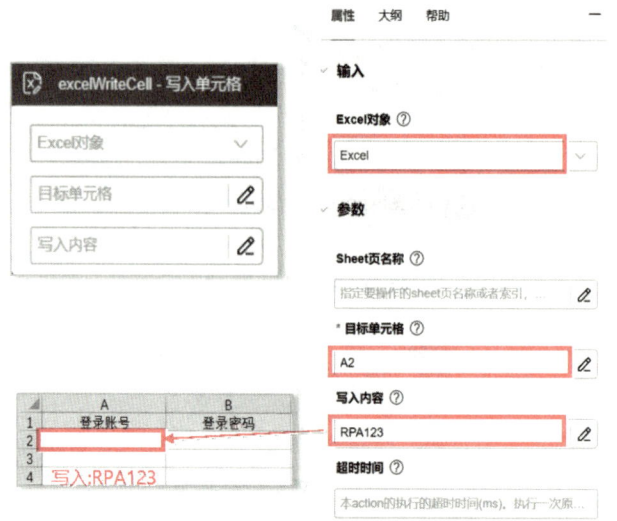

图 3-78　写入单元格属性设置

步骤三：关闭工作簿。选择关闭指定的 Excel 文件，即输入对应的文件别名，是必填项。保存文件选项中，"False"表示关闭不保存，"True"表示保存，如图 3-79 所示。

图 3-79　关闭工作簿属性设置

 **任务情景**

D 公司财务部会计每个月需在收银系统下载相关的表格数据，登录下单平台进行项目核对，并在各收银系统核对公司的应收金额，保证其正确性。其中，涉及的收银平台多达 50 个，每个收银平台的账户和密码都存储在 Excel 表格中，业务人员手动登录平台操

作重复率高,花费的时间多且附加价值低。如果能设计 RPA 机器人快速获取登录账号和密码,将会节省大量时间成本及人力成本。

 **任务实施**

根据任务情景,运用华为 WeAutomate Studio 自动获取登录账号和密码。

1. 流程设计

自动获取登录账号和密码的流程设计图,如图 3-80 所示。

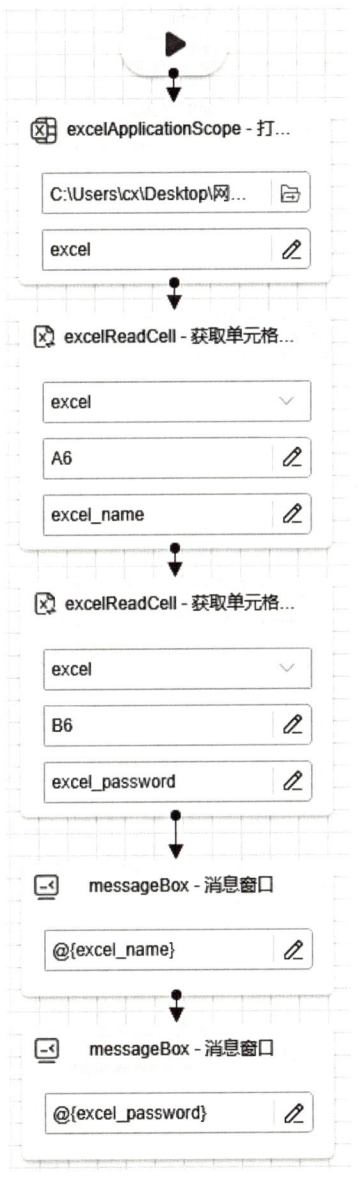

图 3-80 自动获取登录账号和密码的流程设计图

【Excel 文件】
登录账号密码表源代码
机器人获取单元格信息

【Excel 文件】
机器人获取单元格信息

2. 操作步骤

步骤一：在画布中添加【打开 excel 文件】控件，选择要打开的文件地址，设置文件别名为"excel"。

步骤二：添加【获取单元格文本】控件，选择 A6 和 B6 这一登录账号和登录密码，如图 3-81 所示。

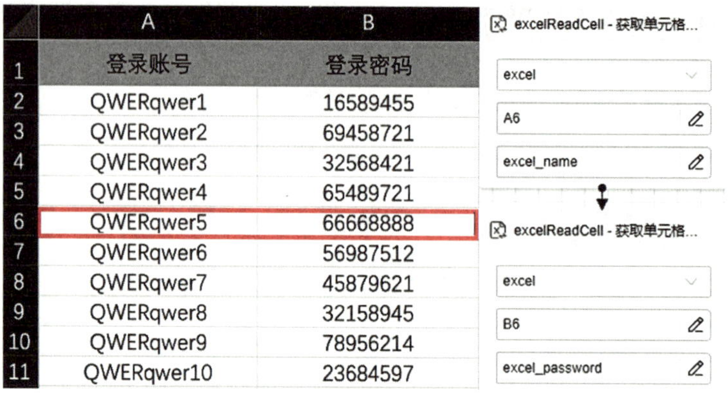

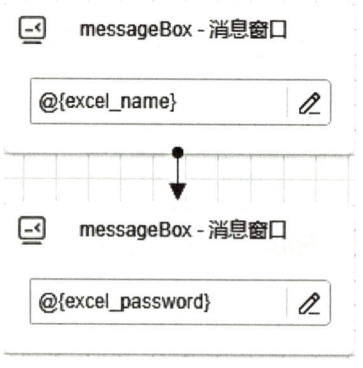

图 3-81 获取单元格信息

步骤三：利用【messageBox-消息窗口】控件检查获取的信息，使用"@{}"引用变量，如图 3-82 所示。

图 3-82 消息窗口检查信息

3. 程序运行

运行结果如图 3-83 所示。

图 3-83 运行结果

本节练习

结合网页自动化操作与 Excel 自动化操作所学的内容,根据如下要求完成机器人流程设计:

1. 打开财政部网址:http://yss.mof.gov.cn/2023zyczys/202303/t20230327_3874779.html。
2. 打开 Excel 文件。
3. 获取 2023 年中央一般公共预算收入预算表。
4. 将表格信息写入 Excel 文件。
5. 保存 Excel 文件。

★参考答案

获取 2023 年中央一般公共预算收入预算表的流程设计图,如图 3-84 所示。

【源代码】机器人获取预算表信息写入 Excel 文件

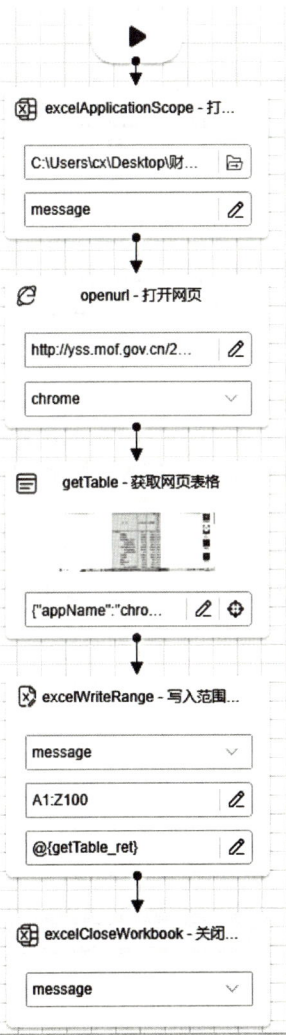

图 3-84　获取 2023 年中央一般公共预算收入预算表的流程设计图

第四节　Word 自动化操作

学习目标

☆ **知识目标**

1. 了解 Word 自动化功能设置
2. 了解常用的 Word 自动化控件

☆ **技能目标**

1. 掌握常用的 Word 自动化控件的使用
2. 掌握 Word 自动化控件的属性设置

☆ **素养目标**

1. 培养 Word 自动化的逻辑思维能力
2. 培养学生开拓创新和提高工作效率的能力

任务情景

D 公司财务经理要求财务部小张根据最新的会计准则,尽快对相关会计科目名称进行修订,将"现金"科目变为"库存现金"科目、"应付工资"科目变为"应付职工薪酬"科目、"其他业务支出"科目变为"其他业务成本"科目、"主营业务税金及附加"科目变为"税金及附加"科目、"营业费用"科目变为"销售费用"科目、"所得税"科目变为"所得税费用"科目。D 公司常用会计科目表,如表 3-1 所示。如何运用华为 WeAutomate Studio,完成会计科目名称的修订呢?

表 3-1　D 公司常用会计科目表

科目编码	科目名称	科目编码	科目名称
一、资产类		1123	预付账款
1001	现金	1221	其他应收款
1002	银行存款	1402	在途物资
100201	工行	1403	原材料
100202	建行	1411	周转材料
1012	其他货币资金	1405	库存商品
1101	交易性金融资产	1511	长期股权投资
1121	应收票据	1601	固定资产
1122	应收账款	1602	累计折旧
1231	坏账准备	1604	在建工程

（续表）

科目编码	科目名称	科目编码	科目名称
1606	固定资产清理	4103	本年利润
1701	无形资产	4104	利润分配
1702	累计摊销		五、成本类
1801	长期待摊费用	5001	生产成本
1811	递延所得税资产	5101	制造费用
1901	待处理财产损溢		六、损益类
	二、负债类	6001	主营业务收入
2001	短期借款	6111	投资收益
2202	应付账款	6401	主营业务成本
2211	应付工资	6402	其他业务支出
2221	应交税费	6403	主营业务税金及附加
2231	应付利息	6601	营业费用
2501	长期借款	6602	管理费用
	四、所有者权益类	6603	财务费用
4001	实收资本	6711	营业外支出
4002	资本公积	6801	所得税
4101	盈余公积		

一、环境设置

目前，大部分 OA 协同办公系统通过 Excel 文件、Word 文件、PDF 文件等附件传递业务流程数据，人工需要花很多时间不断搜索信息、填写表格，计算数字等，不停在 Excel 文件、Word 文件、PDF 文件和网页之间切换，这些琐碎的重复性工作，耗费大量人力。

随着 RPA 的广泛应用，华为 WeAutomate 机器人的开发提升了 Word 自动化应用能力，能够满足用户的多方面的文档处理需求。在应用 Word 自动化前需要进行环境准备设置，需要在电脑上预先下载好 Office 软件。

二、常用的 Word 自动化控件

（一）打开 Word 文档

打开 word 文档（word. applicationScope）控件的主要功能是打开 Word 文档，在同一时候只容许有一个 Word 文档处于打开状态。文档路径中 Word 文件仅支持 doc、docx、docm 格式，如图 3-85 所示。

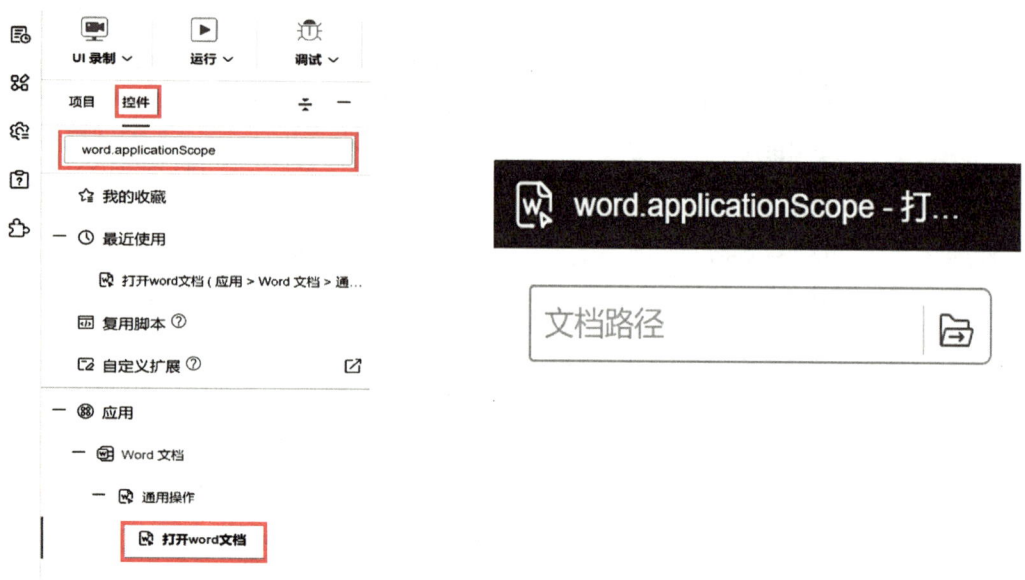

图 3-85　打开 word 文档控件

(二) 读取文本

读取文本 (word. readText) 控件的主要功能是读取指定 Word 文档的文本内容。如果文档中的图片读取为"\"，需要单独处理，与 Excel 操作类似，需调用"打开 word 文档"控件，打开失败则需要先关闭进程，如图 3-86 所示。

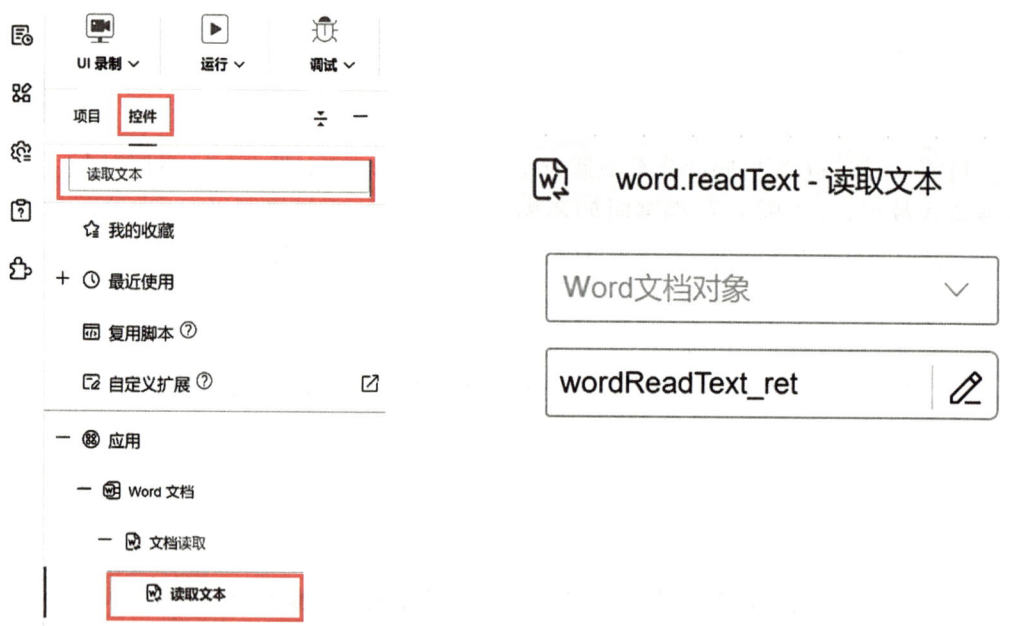

图 3-86　读取文本控件

（三）替换文本

替换文本（word. replaceText）控件的主要功能是替换 Word 文档的文本内容，可实现局部替换或全部替换。替换方式：first 为替换文档中第一个查找结果，last 为替换文档中最后一个查找结果，all 为替换文档中所有查找结果，数字为替换文档中第几个查找结果（int 类型），默认是替换所有，如图 3-87 所示。

图 3-87　替换文本控件

（四）替换图片

替换图片（word. replacePicture）控件的主要功能是在 Word 文档替换指定的图片，执行此命令前需要在替换的图片上添加"Alt"文本作为标记，如图 3-88 所示。

（五）导出为 pdf

导出为 pdf（word. exportToPDF）控件主要功能是将 Word 文档导出为 PDF 文件，可以使用变量"WORK_DIR"拼接全路径，WORK_DIR 表示当前项目根目录，如图 3-89 所示。

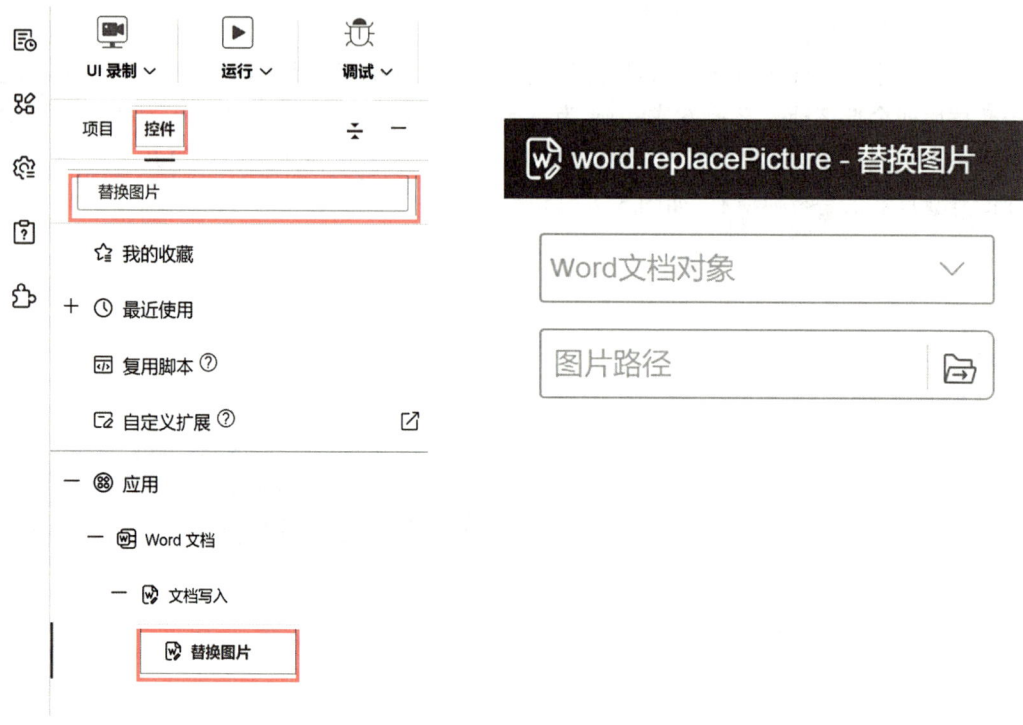

图 3-88 替换图片控件

图 3-89 导出为 pdf 控件

三、Word 自动化操作情景应用

（一）机器人自动替换文本内容

1．应用情景描述

将 Word 文档中关于"华为 RPA"内容全部替换成"华为 WeAutomate"，并将替换后的结果显示出来。

2．人工操作步骤

（1）打开 Word 文档。

（2）点击【替换】按钮，输入替换内容。

（3）点击【全部替换】按钮。

（4）点击【保存】按钮。

3．机器人操作步骤

（1）流程设计：自动替换文本内容的流程设计图，如图 3-90 所示。

【Word 文件】华 为 RPA 助 力 安 吉 尔 数 据 采 集、处 理 自 动 化，赋 能 数 字化转型

【源代码】自动替换文本并导出 PDF 机器人

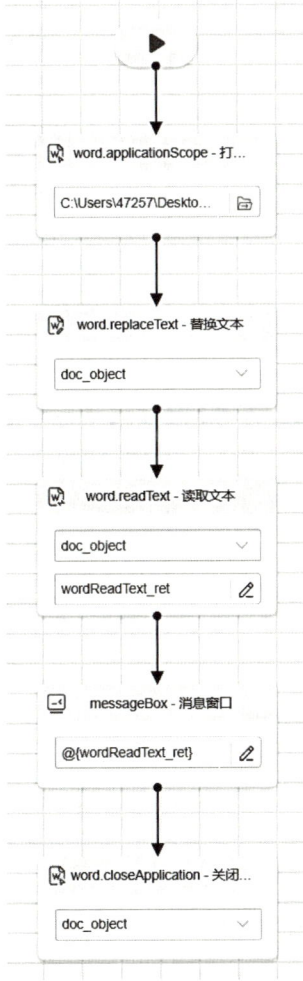

图 3-90　自动替换文本内容的流程设计图

（2）操作步骤如下：

步骤一：在画布中添加【打开 word 文档】控件，【文档路径】点击【打开路径】图标查找电脑中的文件，打开的 Word 文档对象将默认保存在变量"doc_object"中，如图 3-91 所示。

步骤二：在画布中添加【替换文本】控件，【替换方式】输入"all"，【替换表达式】输入"find_text = 华为 RPA，replace_text = 华为 WeAutomate"，如图 3-92 所示。

图 3-91　打开 Word 文档操作步骤　　　　图 3-92　替换文本操作步骤

步骤三：在画布中添加【读取文本】控件，【Word 文档对象】自动获取变量"doc_object"，默认保存到变量"wordReadText_ret"中，如图 3-93 所示。

图 3-93　读取文本操作步骤

步骤四：【MessageBox】消息窗口设置显示变量"wordReadText_ret"，关闭 Word 文档，单击【运行】按钮，程序运行完毕，界面如图 3-94 所示。

图 3-94　运行成功后替换文本的界面

（二）机器人自动导出 PDF 格式

1. 应用情景描述

将前文替换成"华为 WeAutomate"的 Word 文档导出为 PDF 格式并保存。

2. 人工操作步骤

（1）打开 Word 文档。

（2）点击【另存为】按钮。

（3）修改保存位置、文件类型等。

（4）点击【保存】按钮。

3. 机器人操作步骤

（1）流程设计：自动替换文本内容的流程设计图，如图 3-95 所示。

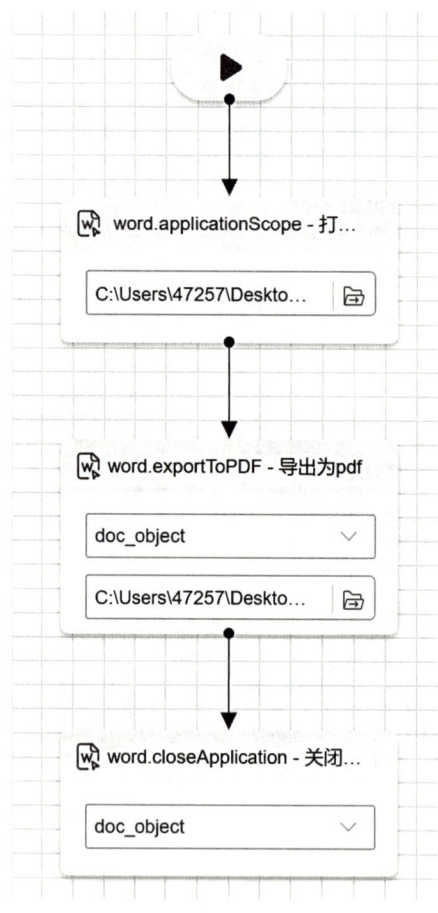

图 3-95　自动替换文本内容的流程设计图

（2）操作步骤如下：

步骤一：在画布中添加【打开 Word 文档】控件，【文档路径】点击【打开路径】图标查找电脑中的文件，打开的 Word 文档对象将默认保存在变量"doc_object"中，如图 3-96 所示。

控件描述 ⑦

打开 Word文档　　　　　　　　　　　　　✎

∨ **输出**

Word文档对象 [DocObject] ⑦

doc_object　　　　　　　　　　　　　　✎

∨ **参数**

* **文档路径** ⑦

C:\Users\47257\Desktop\RPA资料\华...　📁

是否可见 ⑦

False　　　　　　　　　　　　　　　　∨

图 3-96　打开 Word 文档操作步骤

　　步骤二:在画布中添加【导出为 pdf】控件,参数设置【导出 pdf 全路径】点击【打开路径】图标,弹出创建文件名的对话框,输入导出为 PDF 格式的文件名称后,点击【是】按钮进行创建,如图 3-97 所示。

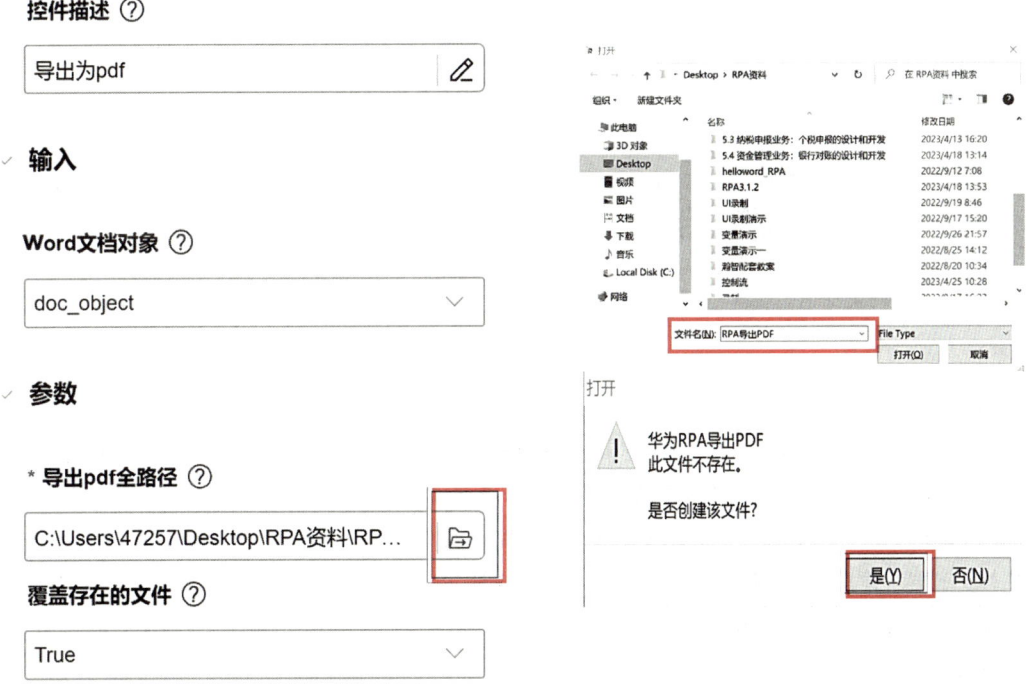

控件描述 ⑦

导出为pdf　　　　　　　　　　　　✎

∨ **输入**

Word文档对象 ⑦

doc_object　　　　　　　　　　　∨

∨ **参数**

* **导出pdf全路径** ⑦

C:\Users\47257\Desktop\RPA资料\RP...　📁

覆盖存在的文件 ⑦

True　　　　　　　　　　　　　　∨

图 3-97　导出为 pdf 操作步骤

步骤三：在画布中添加【关闭 Word】控件，自动获取 Word 关闭对象为"doc_object"。单击【运行】按钮，程序运行完毕，日志界面显示其运行情况，日志界面如图 3-98 所示，文档界面如图 3-99 所示。

图 3-98　机器人运行完成后的日志界面

图 3-99　运行成功后新增 PDF 文档界面

 **任务情景**

D 公司财务经理要求财务部小张根据最新的会计准则，尽快对相关会计科目名称进行修订，将"现金"科目变为"库存现金"科目、"应付工资"科目变为"应付职工薪酬"科目、"其他业务支出"科目变为"其他业务成本"科目、"主营业务税金及附加"科目变为"税金及附加"科目、"营业费用"科目变为"销售费用"科目、"所得税"科目变为"所得税费用"科目。D 公司常用会计科目表，如表 3-1 所示。如何运用华为 WeAutomate Studio，完成会计科目名称的修订呢？

任务实施

根据任务情景,运用华为 WeAutomate Studio 完成"库存现金"会计科目的修订。

1. 流程设计

"库存现金"会计科目修订机器人的流程设计图,如图 3-100 所示。

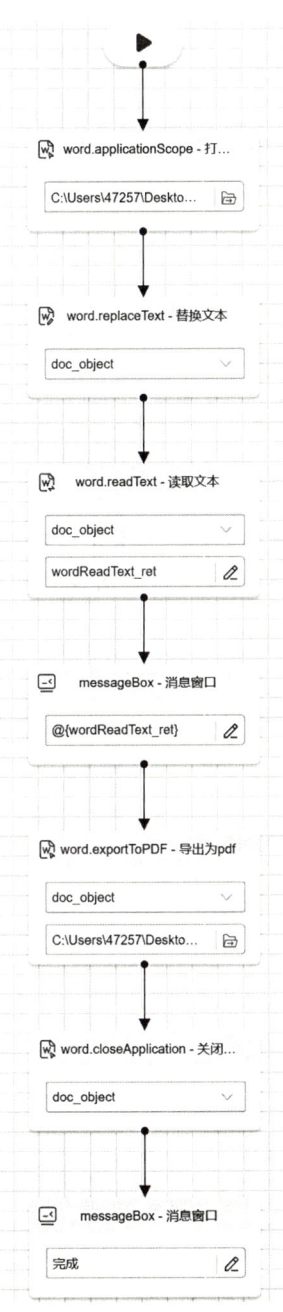

【Word 文件】
D 公司会计
科目表

【源代码】自
动替换会计
科目机器人

图 3-100 "库存现金"会计科目修订机器人的流程设计图

2. 操作步骤

步骤一：在画布中添加【打开 Word 文档】控件，【文档路径】点击【打开路径】图标查找电脑中的文件，打开的 Word 文档对象将默认保存在变量"doc_object"中，如图 3-101 所示。

控件描述 ⑦

打开 word 文档 ✎

∨ **输出**

Word文档对象 [DocObject] ⑦

doc_object ✎

∨ **参数**

* **文档路径** ⑦

C:\Users\47257\Desktop\正兴公司会计科 🗀

图 3-101 打开 word 文档操作步骤

步骤二：在画布中添加【替换文本】控件，【替换方式】输入"all"，【替换表达式】输入"find_text＝现金，replace_text＝库存现金"，如图 3-102 所示。

控件描述 ⑦

替换文本 ✎

∨ **输入**

Word文档对象 ⑦

doc_object ∨

∨ **参数**

替换方式 ⑦

all ✎

* **替换表达式** ⑦

find_text=现金,replace_text=库存现金 ✎

图 3-102 替换文本操作步骤

步骤三：在画布中添加【读取文本】控件，自动获取读取变量为"doc_object"，默认保存到变量"wordReadText_ret"中。

步骤四：在画布中添加【消息窗口】控件，引用变量为"@{wordReadText_ret}"，可查看替换文本的情况。

步骤五：在画布中添加【导出为 pdf】控件，参数设置【导出 pdf 全路径】点击【打开路径】图标，弹出创建文件名的对话框，输入导出为 PDF 格式的文件名称后，点击【是】按钮进行创建。

步骤六：在画布中添加【关闭 Word】控件，自动获取 Word 关闭对象为"doc_object"。

步骤七：在画布中添加【消息窗口】控件，提示程序运行完成。

3. 程序运行

单击【运行】按钮，程序运行完毕，Word 文档修订后界面如图 3-103 所示。

D 公司会计科目情况：

D 公司常用会计科目表

科目编码	科目名称	科目编码	科目名称
	一、资产类		二、负债类
1001	库存现金	2001	短期借款
1002	银行存款	2202	应付账款
100201	工行	2211	应付职工薪酬
100202	建行	2221	应交税费
1012	其他货币资金	2231	应付利息
1101	交易性金融资产	2501	长期借款
1121	应收票据		四、所有者权益类
1122	应收账款	4001	实收资本
1231	坏账准备	4002	资本公积
1123	预付账款	4101	盈余公积
1221	其他应收款	4103	本年利润
1402	在途物资	4104	利润分配
1403	原材料		五、成本类
1411	周转材料	5001	生产成本
1405	库存商品	5101	制造费用

图 3-103 运行成功后 Word 文档修订后界面

本节练习

结合所学的内容，根据如下要求完成机器人流程设计。

1. 请按照 D 公司常用会计科目表文件，完成相关的会计科目变更。
2. 显示替换后的结果。
3. 导出为 PDF 文档并保存。

★参考答案

Word 自动修订会计科目机器人的流程设计图，如图 3-104 所示。

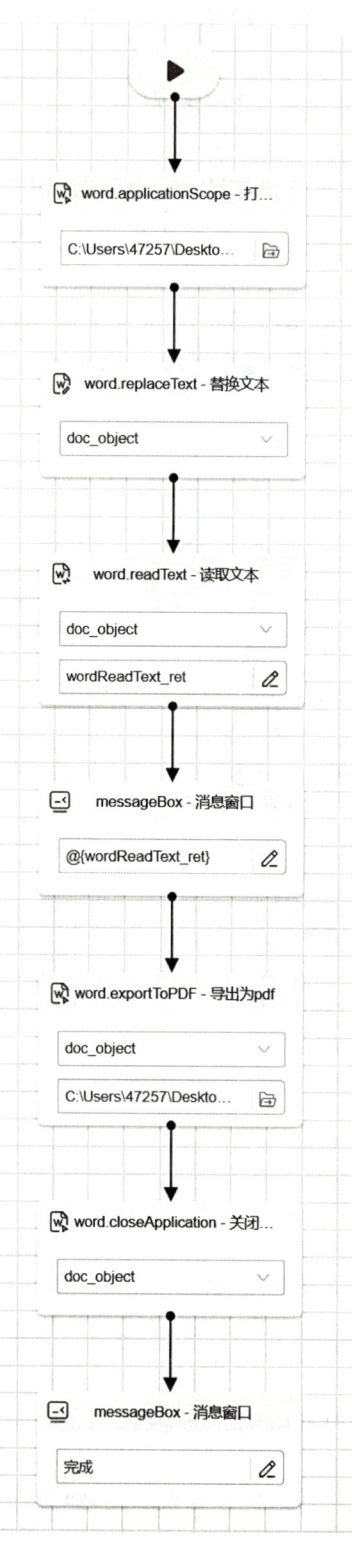

图 3-104　Word 自动修订会计科目机器人的流程设计图

第五节　控　制　流

学习目标

☆ 知识目标

1. 了解 If 语句的定义
2. 理解 If 语句的使用方法
3. 了解循环语句的定义
4. 理解三种循环语句使用方法

☆ 技能目标

1. 掌握常用的 If 语句控件
2. 掌握常用的循环语句控件

☆ 素养目标

1. 培养控制流自动化的逻辑思维能力
2. 培养创新意识和分析问题能力

任务情景

根据业务需要,D 公司在多家银行开立了多个银行账户,财务部门每月会定期进行银行对账。由于银行账户比较多,财务部门建有银行账户专项文档,以便管理,如图 3-105 所示。文档中录入了中国建设银行的开户行名称和银行账号,登录网银系统时,只需要输入银行账号即可,能不能运用华为 WeAutomate Studio 提取完整的银行账号?

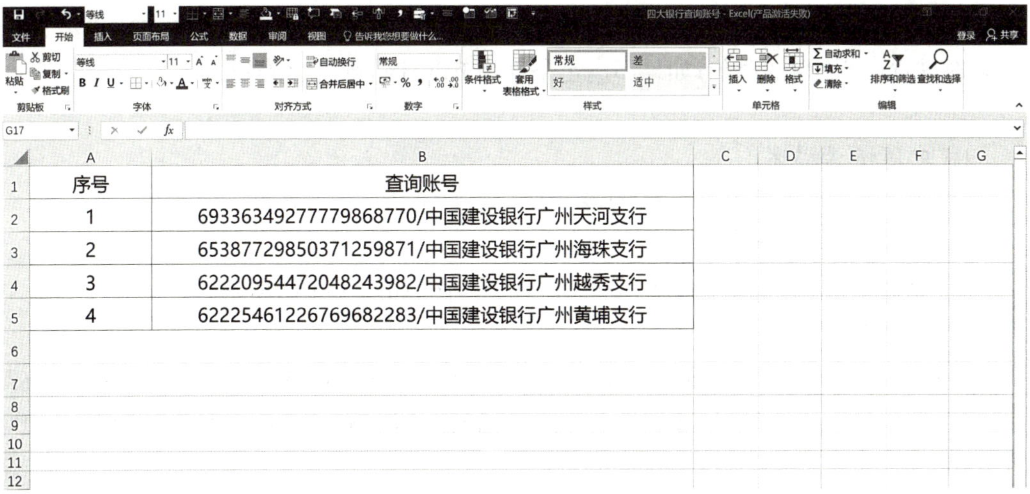

序号	查询账号
1	69336349277779868770/中国建设银行广州天河支行
2	65387729850371259871/中国建设银行广州海珠支行
3	62220954472048243982/中国建设银行广州越秀支行
4	62225461226769682283/中国建设银行广州黄埔支行

图 3-105　开户银行和银行账号文档

一、控制流的定义

RPA自动化流程一般情况下分为两大类,一类为简单情况下顺序执行,即程序会按照编写的顺序从上而下逐句执行;另一类是在自动化流程中加入改变执行顺序的内容,使程序的执行顺序受到逻辑判断结果的影响而改变,如分支语句、循环语句等。控制流,是指按一定的顺序对程序元素进行排列来决定程序执行的顺序与分支。控制流语句在流程图中使用菱形图形表示,它们是程序将做出的实际判断。

二、常用的 If 语句控件

(一) If 语句控件

最常见的控制流语句是 If 语句,If 语句又称条件分支语句,用于对条件进行判断。如果满足条件为 True 时,执行 If 语句的子句(或为一个代码块);如果不满足条件为 False 时,则跳过子句。

在 WeAutomate Studio 中,常用控制流 If 语句控件,如图 3-106 所示。

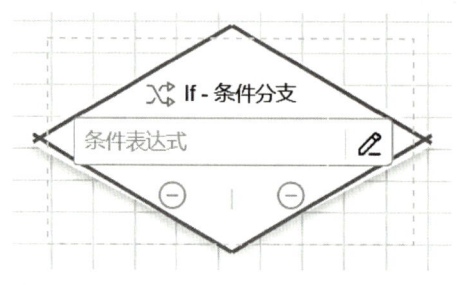

图 3-106　If-条件分支控件

WeAutomate Studio 的分支语句主要是通过【条件分支/If】控件来实现的,根据不同的条件执行不同的逻辑。使用时,需要在控件属性的条件表达式中填写条件判断的表达式。当表达式结果为 True 时,执行 If 语句的子句(或为一个代码块);当表达式结果为 False 时,执行 If 之后的语句;如果不满足条件为 False 时,则跳过子句。

(二) If 语句操作情景应用

1. 应用情景描述

设置一个 RPA 机器人,自动判断学生的年龄是否达到成年标准。

2. RPA 机器人操作

(1)流程设计:判断学生年龄标准的流程设计图,如图 3-107 所示。

(2)操作步骤如下:

步骤一:在画布中添加【输入对话框】控件,打开属性设置,【对话框内容】输入"age"变量名,默认为 str 字符串型,【输入标签内容】输入"请输入学生的年龄",如图 3-108 所示。

【源代码】判断年龄机器人

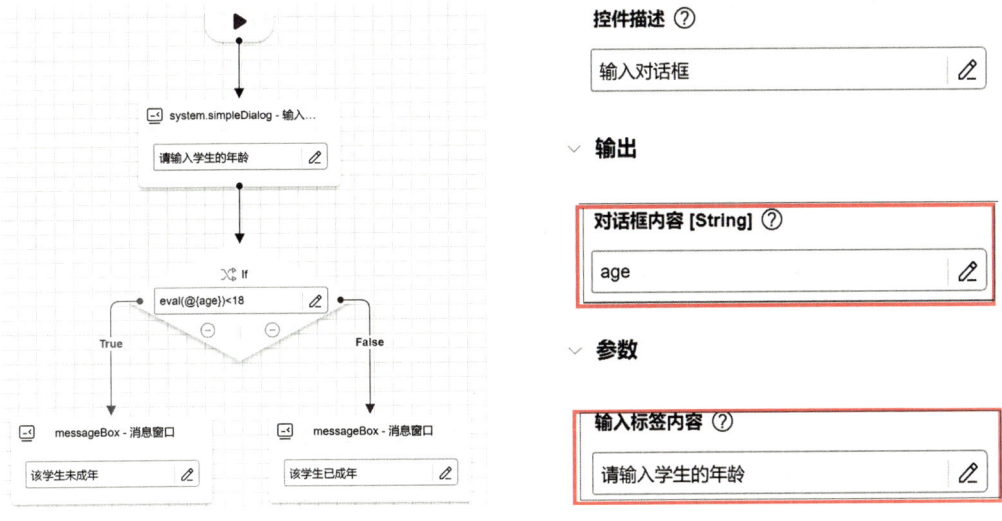

图 3-107　判断学生年龄标准的流程设计图　　　　　　图 3-108　输入对话框操作步骤

步骤二：在画布中添加【If】控件，打开属性设置，【条件表达式】输入"eval（@{age}）＜18"，将变量"age"转换为有效的表达式类型，如图 3-109 所示。在 If 语句下添加【message- 消息窗口】控件，当表达式结果为 True 时，显示"该学生未成年"，当表达式结果为 False 时，显示"该学生已成年"。

图 3-109　输入 If 语句步骤

步骤三：单击【运行】按钮，程序运行后弹出对话框，输入年龄"19"，界面如图 3-110 所示。

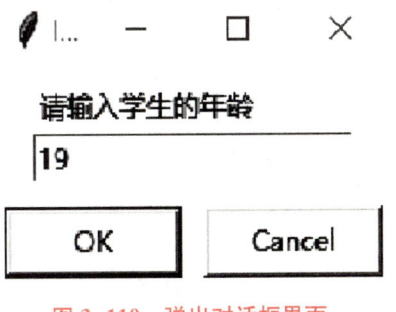

图 3-110　弹出对话框界面

【知识拓展】
比较运算符

步骤四：单击对话框【OK】按钮，程序运行完毕，界面如图 3-111 所示。

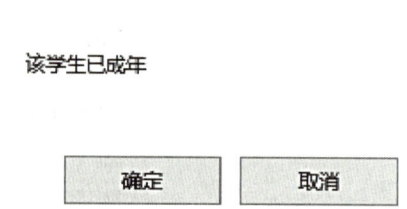

图 3-111　运行成功后界面

三、常用的循环语句控件

按照是否固定循环次数，循环控制可区分为无固定循环次数循环和固定循环次数循环，如图 3-112 所示。

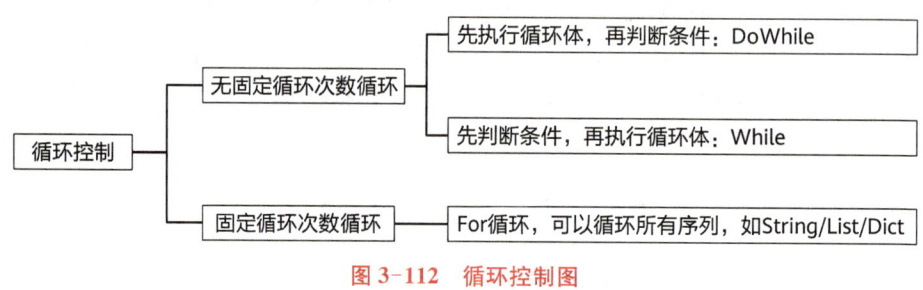

图 3-112　循环控制图

在 WeAutomate Studio 中，常用控制流循环语句控件，如图 3-113 所示。

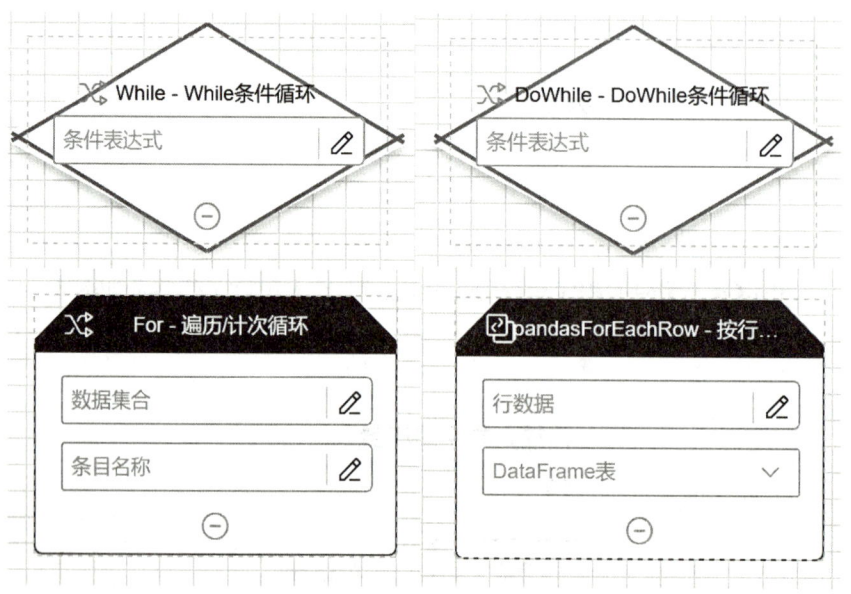

图 3-113　循环语句控件

（一）While 条件循环控件

While 语句表示，执行到这个语句时，先判断条件。如果评估表达式为 True，则执行 While 子句（代码块），可以让代码块重复执行，直到评估表达式为 False，跳出循环。一般情况下，While 语句在每次执行 While 子句时，都需要先进行布尔表达式的评估，但可能出现一次都不执行 While 子句的情况。

WeAutomate 的 While 条件循环语句主要是通过【条件循环/While】控件来实现的，当满足某种条件时，就需要循环执行某部分流程。使用时，需要在控件属性的条件表达式中填写条件判断的表达式。当表达式的结果为 True 时，执行 Entry 分支的内容；当表达式的结果为 False 时，跳出循环，执行 Exit 分支的内容。

（二）While 条件循环语句操作情景应用

1. 应用情景描述

设置一个 RPA 机器人，循环显示 1 到 5 之间的整数。

2. RPA 机器人操作

（1）流程设计：循环显示整数的流程设计图，如图 3-114 所示。

【源代码】循环显示 1 到 5 之间的整数

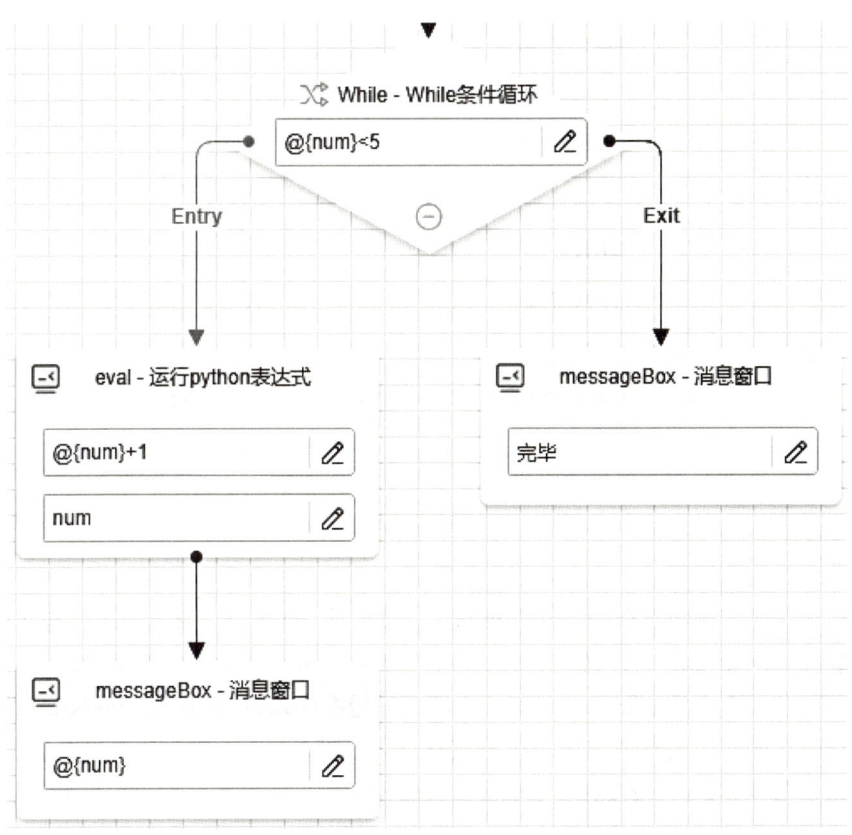

图 3-114　循环显示整数的流程设计图

（2）操作步骤如下：

步骤一：在画布中设置【全局变量】，创建变量名"Num"，类型为"Number"，默认值为

"0",如图 3-115 所示。

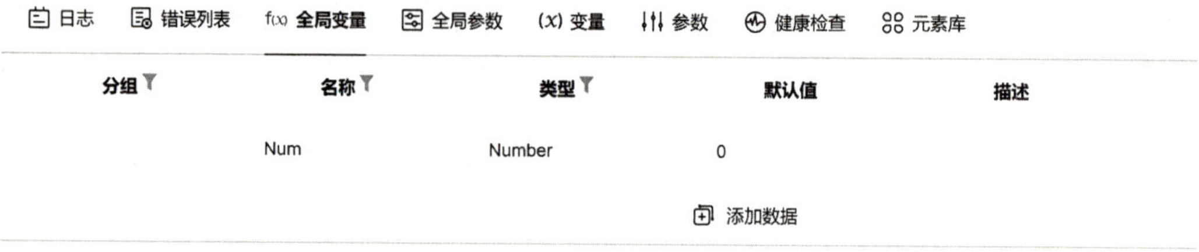

分组 ▼	名称 ▼	类型 ▼	默认值	描述
	Num	Number	0	

图 3-115　创建变量

步骤二：在画布中添加【While】控件，打开属性设置，【条件表达式】输入"@{Num}＜5"，如图 3-116 所示。

图 3-116　输入 While 语句操作步骤

步骤三：在画布中添加【运行 python 表达式】控件，选择进入循环体，打开属性设置，【表达式】输入"@{Num}＋1"，输出结果保存至变量"Num"中，如图 3-117 所示。

步骤四：在画布中添加【messageBox-消息窗口】控件，表达式输入"@{Num}"。

步骤五：在画布中选择退出循环体分支连线，添加【messageBox-消息窗口】控件，表达式输入"完毕"，单击【运行】按钮。程序运行循环显示 1、2、3、4、5、完毕，界面如图 3-118 所示。

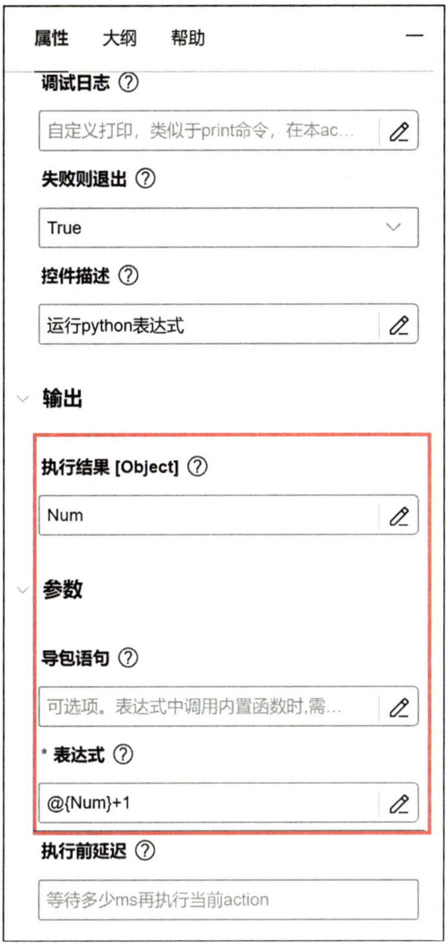

属性　　大纲　　帮助　　　　　　　　　　　　　　—

调试日志 ⑦

自定义打印，类似于print命令，在本ac...　✐

失败则退出 ⑦

True　　　　　　　　　　　　　　　　　∨

控件描述 ⑦

运行python表达式　　　　　　　　　　✐

∨ **输出**

执行结果 [Object] ⑦

Num　　　　　　　　　　　　　　　　✐

∨ **参数**

导包语句 ⑦

可选项。表达式中调用内置函数时,需...　✐

* **表达式** ⑦

@{Num}+1　　　　　　　　　　　　✐

执行前延迟 ⑦

等待多少ms再执行当前action

图 3-117　输入运行 python 表达式操作步骤

图 3-118　运行后成功界面

（三）DoWhile 条件循环控件

DoWhile 语句表示执行到这个语句时,运行包含在 DoWhile 之间的业务逻辑先运行一次,再判断条件,如果评估表达式为 True,继续执行 While 子句（代码块）,可以让代码块重复执行,直到评估表达式为 False,跳出循环。DoWhile 语句无论如何都会执行一次 While 子句,再进行布尔表达式的评估来决定后续动作。

　　WeAutomate Studio 的 DoWhile 条件循环语句主要是通过【条件循环/DoWhile】控件来实现的,当满足某种条件就需要循环执行某部分流程。与 While 不同的是,While 是先判断循环条件,条件为 True 才执行 Entry 分支的内容;而 DoWhile 则是先执行一次 Entry 分支的内容,再判断循环条件,条件为 True 继续执行 Entry 分支的内容。使用时,需要在控件属性的条件表达式中填写条件判断的表达式。当表达式的结果为 True 时,执行 Entry 分支的内容;当表达式的结果为 False 时,跳出循环,执行 Exit 分支的内容。

（四）Do While 条件循环语句操作情景应用

1. 应用情景描述

设置一个 RPA 机器人,循环显示 1 到 10 之间的整数求和。

2. RPA 机器人操作

(1) 流程设计:循环显示整数求和的流程设计图,如图 3-119 所示。

【源代码】循环显示 1 到 10 之间的整数求和

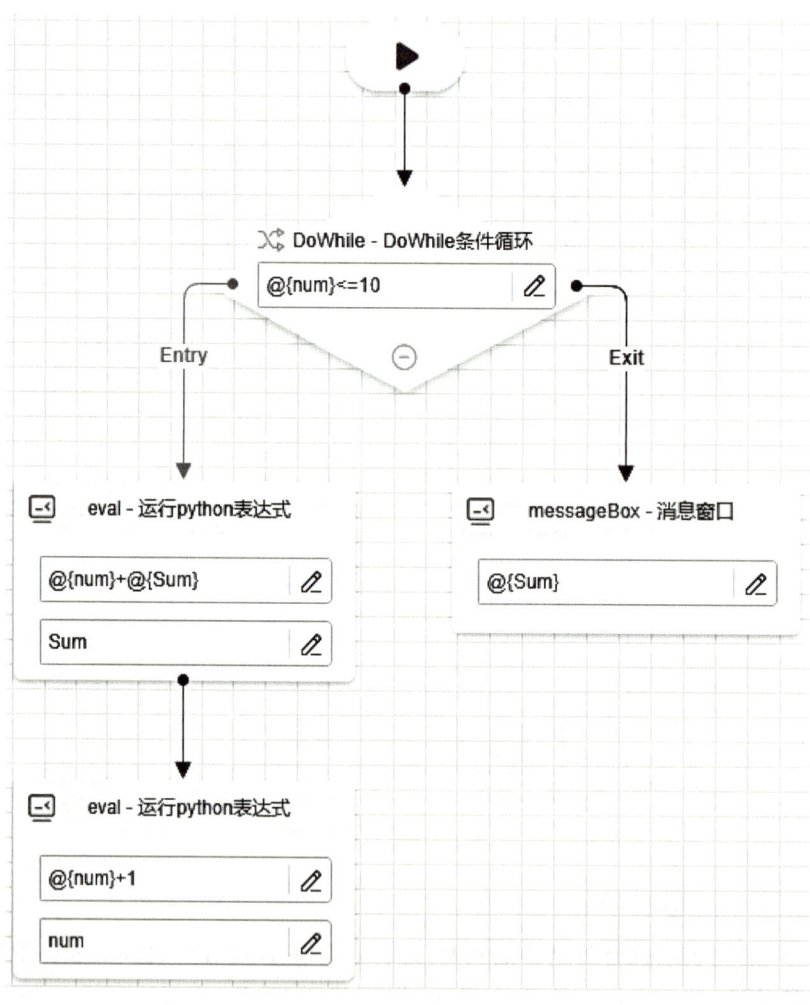

图 3-119　循环显示整数求和的流程设计图

（2）操作步骤如下：

步骤一：在画布中设置【全局变量】，创建变量名"Num"，类型为"Number"，默认值为"1"，创建变量名"Sum"，类型为"Number"，值为"0"，如图 3-120 所示。

分组 ⊤	名称 ⊤	类型 ⊤	默认值	描述
	Num	Number	1	
	Sum	Number	0	

⊞ 添加数据

图 3-120　创建变量

步骤二：在画布中添加【DoWhile】控件，打开属性设置，【条件表达式】输入"@{Num}<=10"，如图 3-121 所示。

图 3-121　输入 DoWhile 语句操作步骤

步骤三：在画布中添加【运行 python 表达式】控件，选择进入循环体，打开属性设置，【表达式】输入"@{Num}+@{Sum}"，输出结果保存至变量"Sum"，如图 3-122 所示。设置下一个【运行 python 表达式】控件，打开属性设置，【表达式】输入"@{Num}+1"，输出结果保存至变量"Num"。

步骤四：在画布中选择退出循环体分支连线，添加【messageBox-消息窗口】控件，表达式输入"@{Sum}"，单击【运行】按钮，程序运行完毕，界面如图 3-123 所示。

属性　大纲　帮助　　　　　—

调试日志 ⑦

自定义打印，类似于print命令，在本ac... ✎

失败则退出 ⑦

| True | ⌄ |

控件描述 ⑦

运行python表达式 ✎

输出

执行结果 [Object] ⑦

Sum ✎

参数

导包语句 ⑦

可选项。表达式中调用内置函数时,需... ✎

* 表达式 ⑦

@{Num}+@{Sum} ✎

执行前延迟 ⑦

等待多少ms再执行当前action

图 3-122　输入运行 python 表达式操作步骤

MessageBox　　　　　　✕

55

　确定　　　　取消

图 3-123　运行成功后界面

（五）For 遍历循环控件

For 遍历循环语句也是华为 WeAutomate Studio 的循环控制结构之一,用于循环遍历集合中的元素。当需要对集合中的每个元素执行相同操作时,可使用 For 遍历循环语句。

WeAutomate Studio 的 For 遍历循环语句主要是通过【遍历循环/For】控件来实现的,For 执行语句可以是单个语句或语句块。

（1）该控件有 list 和 item 两个属性。

（2）数据集合 list 表示要遍历的集合数据,可以取值字符串、列表等可迭代数据类型,迭代数据的个数表示循环的次数。

（3）条目名称 item 表示每次迭代集合数据取到的值。执行时,条目名称属性会逐一提取集合中的元素,并对该元素执行 Entry 分支的内容,所有元素遍历完成后,将会执行 Exit 分支的内容。

（六）For 遍历循环语句操作情景应用

1. 应用情景描述

设置一个 RPA 机器人,自动进行新年倒计时最后 10 秒。

2. RPA 机器人操作

（1）流程设计:新年倒计时的流程设计图,如图 3-124 所示。

新年倒计时
机器人

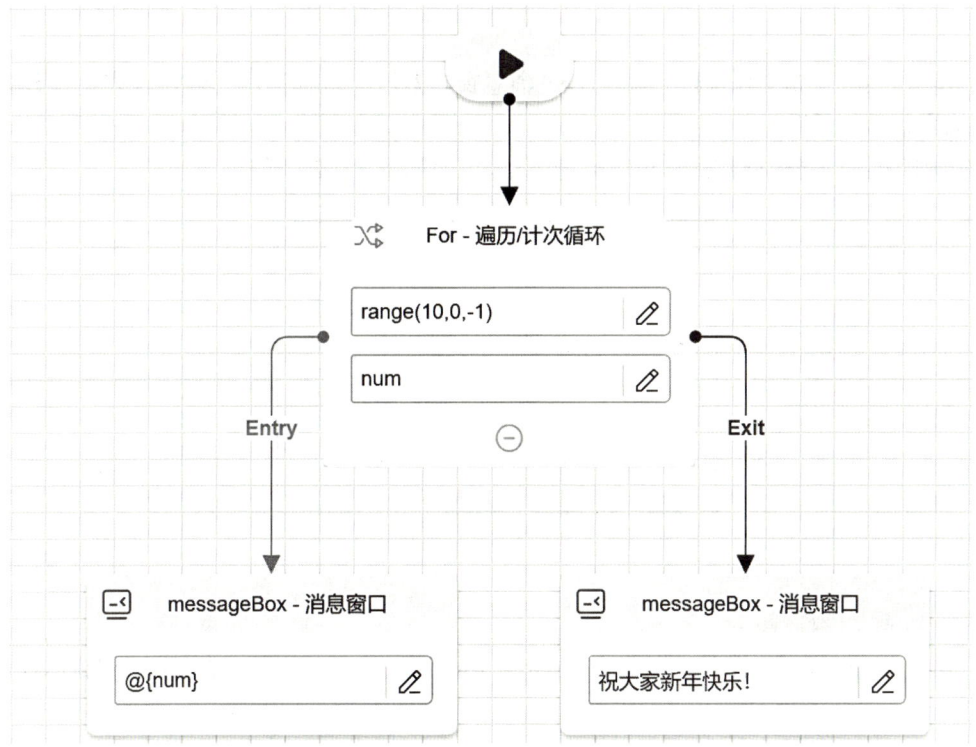

图 3-124　新年倒计时的流程设计图

（2）操作步骤如下:

步骤一:在画布中添加【For】控件,打开属性设置,【数据集合】输入"range(10,0,-1)",条目名称输入"num",如图 3-125 所示。

步骤二:在画布中添加【messageBox-消息窗口】控件,选择进入循环体,【表达式】输入"@{num}",属性设置中将超时时间设置为"1000"。

图 3-125　输入 DoWhile 语句操作步骤

步骤三：在画布中添加【messageBox-消息窗口】控件，选择退出循环体，【表达式】输入"祝大家新年快乐"。

步骤四：单击【运行】按钮，程序运行完毕，界面如图 3-126 所示。

图 3-126　运行成功后界面

（七）退出循环控件

退出循环（break）控件，是指退出 DoWhile、While、For 语句，结束整个循环，不再继续。

（八）跳出当次循环控件

跳出当次循环（continue）控件，是指跳出 DoWhile、While、For 语句当次循环，结束当次循环中的操作，执行下一次循环。

 **任务情景**

根据业务需要，D 公司在多家银行开立了多个银行账户，财务部门每月会定期进行银行对账。由于银行账户比较多，财务部门建有银行账户专项文档，以便管理，如图 3-105

所示。文档中录入了中国建设银行的开户行名称和银行账号，登录网银系统时，只需要输入银行账号即可，能不能运用华为 WeAutomate Studio 提取完整的银行账号？

 **任务实施**

根据任务情景，对文件里的开户银行和银行账号进行遍历循环后，提取每个银行账号完整的账号数据，以便在登录网银系统时使用。

1. 流程设计

循环提取银行账号的流程设计图，如图 3-127 所示。

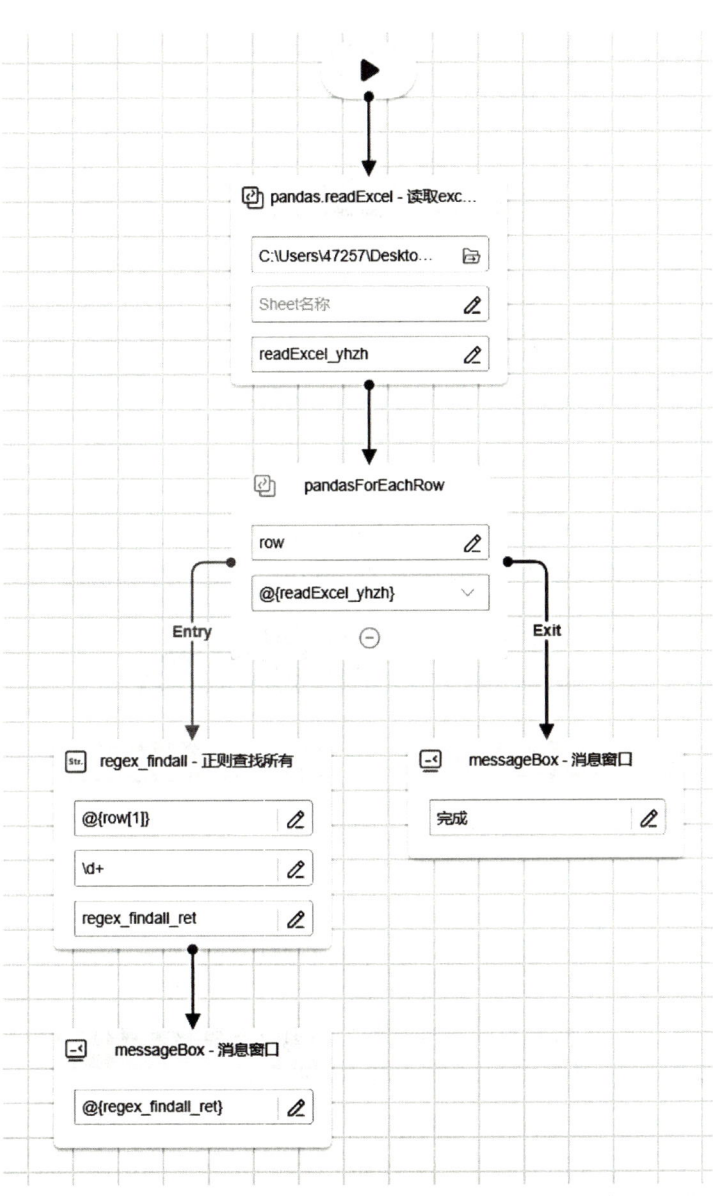

【Excel 文件】
中国建设银
行账号

【源代码】自
动提取完整
银行账号机
器人

图 3-127　循环提取银行账号的流程设计图

2. 操作步骤

步骤一：在画布中添加【读取 excel 到表格】控件，打开属性设置，【Excel 文件路径】点击【打开路径】图标查找电脑中到需要读取的 Excel 文件，读取表 Sheet1，并将读取结果保存在自定义变量"readExcel_yhzh"中，如图 3-128 所示。

图 3-128 读取 Excel 到表格操作步骤

步骤二：在画布中添加【按行遍历表格】控件，打开属性设置，行数据 item 输入自定义变量名"row"，遍历对象数据集合 list 输入"@readExcel_yhzh"，如图 3-129 所示。

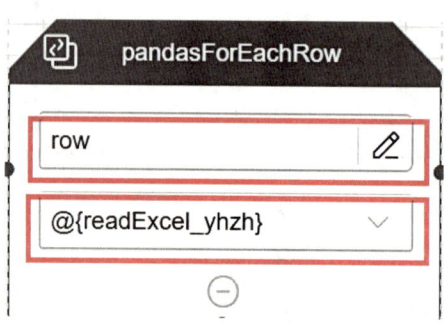

图 3-129 按行遍历表格操作步骤

步骤三：在画布中添加【正则查找所有】控件，打开属性设置，【待处理字符串】输入"@{row[1]}"，【正则表达式】输入"\d＋"，如图 3-130 所示。

步骤四：【messageBox-消息窗口】控件，设置引用变量"@{regex_findall_ret}"。

3. 程序运行

单击【运行】按钮，程序运行完毕，界面如图 3-131 所示。

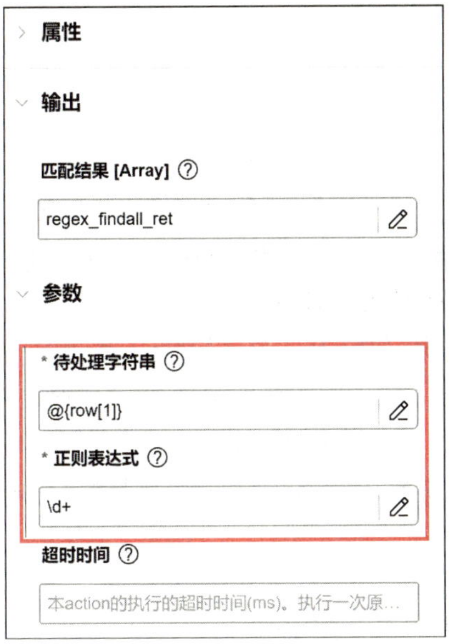

属性

输出

匹配结果 [Array] ⑦

regex_findall_ret ✎

参数

* 待处理字符串 ⑦

@{row[1]} ✎

* 正则表达式 ⑦

\d+ ✎

超时时间 ⑦

本action的执行的超时时间(ms)。执行一次原...

图 3-130 正则查找所有操作步骤

图 3-131 运行成功后界面

 **本节练习**

结合所学的内容,根据如下要求完成机器人流程设计。

某公司原有资本 7 000 万元,其中,债务资本 2 000 万元(每年负担利息 240 万元),普通股资本 5 000 万元(发行普通股 100 万股,每股 50 元)。由于业务扩大需要,需追加筹资 3 000 万元。经测算有以下两种追加筹资方案:

1. 增加权益资本,发行普通股 60 万股,每股 50 元。

2. 增加负债,筹集长期借款 3 000 万元,年利率为 12%,利息为 360 万元。

企业所得税税率为 25%。追加筹资后,EBIT 预计为 1 400 万元,该公司应该如何选择? 若 EBIT 预计为 1 000 万元,该公司又该如何选择?(提示:每股收益无差别点的息税前利润为 1 200 万元)

【源代码】每股收益无差别点分析

★参考答案

每股收益无差别点分析的流程设计图,如图 3-132 所示。

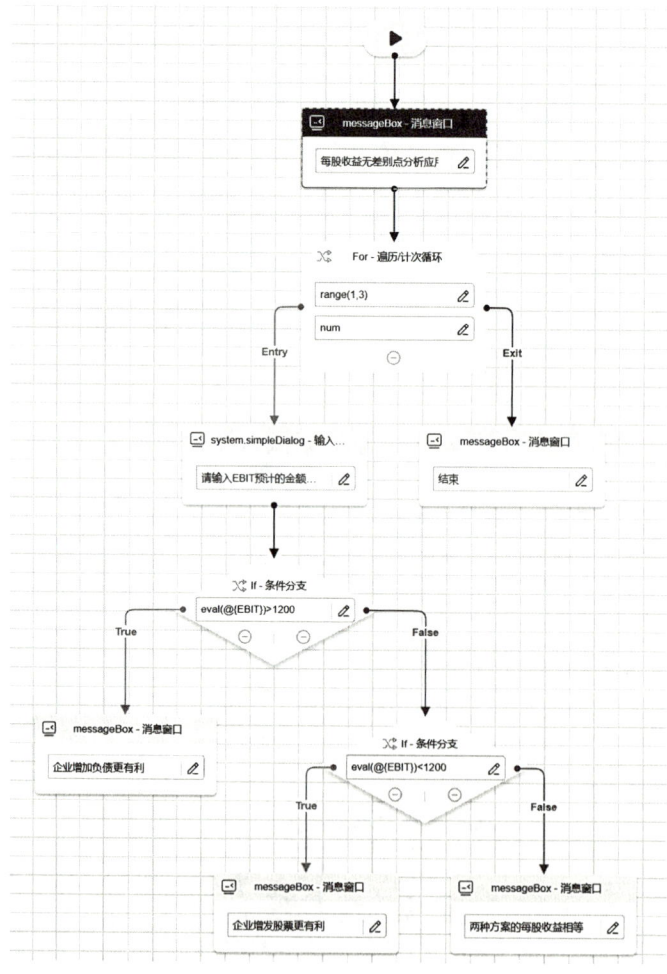

图 3-132 每股收益无差别点应用的流程设计图

第六节　UI 录制

 学习目标

☆ **知识目标**

1. 了解特定录制场景下的基本操作

2. 掌握 UI 录制方案

3. 熟悉 UI 录制器的使用

☆ **技能目标**

1. 掌握 UI 录制的基本步骤

2. 能够使用 UI 录制完成简单流程的编排

☆ **素养目标**

1. 培养创新精神、协同意识

2. 秉持全局规划、严谨务实作风

任务情景

当企业财务人员需要在财政部网站搜索收入准则的应用案例时，不仅可以利用 Excel、Word、网页自动化的相关控件进行应用，还可以使用 WeAutomate Studio 提供的录制功能进行操作。UI 录制可以在自动化业务流程设计中节省大量时间，这一功能可以轻松地在屏幕上捕捉用户的动作并将其转换为对应的控件。

一、UI 录制方案

WeAutomate Studio 提供了强大的录制功能，UI 录制不仅包括 Web 录制，如打开百度、录制用户的鼠标点击键盘输入等操作，还包括 App 录制，支持对 Web 程序、App 应用程序、Java 应用程序等一键录制。设计器菜单栏中 UI 录制为用户提供了三种录制方案：录制并生成功能块、清空并录制、新建子脚本并录制，如图 3-133 所示。

图 3-133　UI 录制方案

（一）录制并生成功能块

录制并生成功能块是使用最频繁的录制模式。当需要对原脚本进行补充开发时，为了尽可能减少对当前脚本的影响，会选择这一模式，在当前脚本基础上新增录制的功能块。需要注意的是，新增的功能块是独立的，需要连线才能保存运行。

（二）清空并录制

清空并录制适用于录制新的内容替换当前脚本内容等情形。需要注意的是，使用该功能意味着当前画布内容会被清空。

（三）新建子脚本并录制

新建子脚本并录制是为了开发独立的新功能或录制新的脚本来辅助当前的开发，将脚本录制到新建的子脚本中。本模式可以手动单独运行，也可以在主脚本调用时被自动调用。

二、UI 录制器介绍

UI 录制器主要由两部分组成：操作区和显示区，界面如图 3-134 所示。

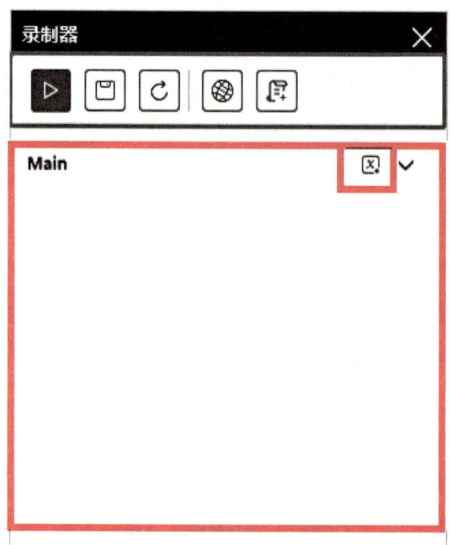

图 3-134　UI 录制器界面

操作区有以下几个功能：

（1）开始/暂停录制。

（2）保存并退出。

（3）重新录制。

（4）启动浏览器。

（5）快捷新建子脚本。

（6）快捷新建参数变量。

录制的鼠标操作、键盘操作均呈现在显示区。

三、UI 录制基本步骤

一般情况下,UI 录制建议选择录制并生成功能块模式。基本步骤如下:

(1) 打开 WeAutomate Studio,点击【UI 录制】页签,选择录制方案,如图 3-135 所示。

图 3-135 选择录制方案

(2) 进入录制器界面,点击【开始录制】图标,如图 3-136 所示。

图 3-136 开始录制

(3) 点击【暂停】图标停止录制,如图 3-137 所示。

图 3-137 暂停录制

(4) 在显示区删除误操作。UI 录制支持在录制过程中暂停录制,并对已录制信息进行删除或修改。用户可以选择在录制过程中或者录制结束后对不必要的录制动作进行修正:①录制中的误操作,可点击删除图标直接删除。②录制过程中键盘输入的内容,可在输入值位置进行修改。③录制过程中获取文本等控件的返回值,可在输出位置进行修改。

(5) 点击【保存】图标并退出,如图 3-138 所示。

图 3-138 保存并退出

温馨提示：在进行删除或修改操作前，必须暂停录制，否则会录制到修改的这个动作。如果流程中涉及条件判断或者循环等逻辑判断语句时，需要手动拖动加入流程。

四、UI 录制功能

（一）录制和回放 Web 程序

步骤一：打开 WeAutomate Studio，单击【UI 录制】页签，弹出录制器的对话框，点击网页图标，出现输入框，在输入框中输入网页地址，如图 3-139 所示。

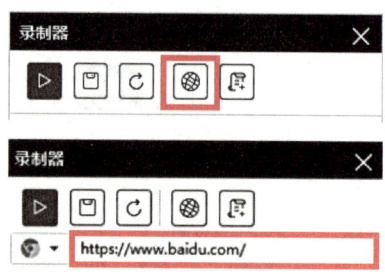

图 3-139　输入网址

步骤二：按【Enter】键，WeAutomate Studio 录制程序会自动打开输入的网址，点击开始录制图标可以在打开的页面上进行操作，WeAutomate Studio 录制程序会自动记录操作步骤并翻译成 RPA Robot 的执行脚本，如图 3-140 所示。

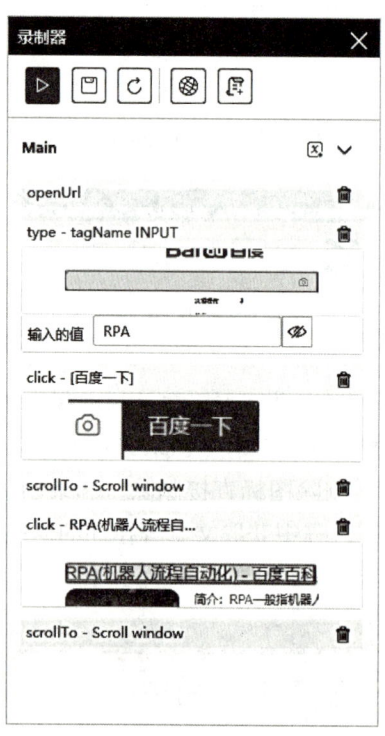

图 3-140　录制显示区

步骤三：录制结束后，单击【保存】图标并退出保存录制好的脚本。录制完成并保存之后，可以在 Studio 中单击【运行】按钮直接执行录制好的流程，如图 3-141 所示。

图 3-141　运行程序

在程序执行之前，有以下几点需要尤其注意：

（1）需要检查录制脚本，删除不必要的录制动作，如鼠标的来回拖动、错误的单击等，使整个自动化流程更紧凑。

（2）录制程序中会经常出现元素识别取值不准确的问题。一般在这种情况下，程序会报错，需要检查出错信息，并作调整。

（3）只能录制顺序流，如果流程中涉及 If/Else 分支、While/For 循环等，需要手动拖动加入。

（二）录制和回放 Windows 本地应用程序

步骤一：打开 WeAutomate Studio，单击【UI 录制】页签，弹出录制器的对话框，如图 3-142 所示。

图 3-142　开始 UI 录制

步骤二：点击【开始】图标，录制相关操作，如图 3-143 所示。

图 3-143　开始录制

步骤三：开始录制后，正常操作应用程序，录制程序会把操作记录下来并转换成 Robot 执行程序，完成后点击【保存】图标并退出，如图 3-144 所示。

图 3-144　保存并退出

步骤四：完成录制后，执行脚本，如图 3-145 所示。

图 3-145　运行程序

（三）录制和回放本地 Java 应用程序

录制和回放本地 Java 应用程序和 Web、Windows 本地执行录制的步骤一样，在执行之前，需要注意以下事项：

（1）检查录制脚本，删除不必要的录制动作，如鼠标的来回拖动、错误的单击等，使整个自动化流程更紧凑。

（2）录制程序中会经常出现元素识别取值不准确的问题。一般在这种情况下，程序会报错，需要检查出错信息，并作调整。

（3）只能录制顺序流，如果流程中涉及 If/Else 分支，While/For 循环等，需要手动拖动加入。

（4）双击打开的操作，有时会录制成两个单击，请尽量在要打开的目标上点击右键，然后选择打开选项。

五、UI 录制操作情景应用

（一）应用情景描述

打开华为官网，搜索"RPA"，并获取第一条搜索结果的内容。

（二）人工操作

打开浏览器，搜索"华为"，进入页面后选择"华为官网"，在搜索栏输入"RPA"，结果如图 3-146 所示。

图 3-146 人工操作结果

（三）UI 录制操作

步骤一：打开 WeAutomate Studio，单击【UI 录制】页签，弹出录制器的对话框，如图 3-147 所示。

图 3-147 开始 UI 录制

步骤二：点击【网页】图标，出现输入框，在输入框中输入华为官方网址（https://www.huawei.com/cn/），如图 3-148 所示。

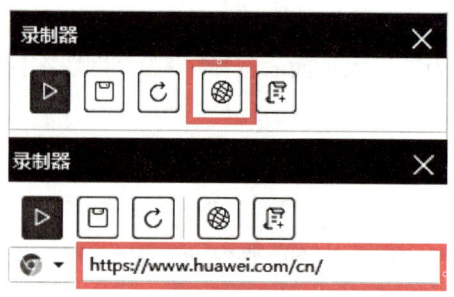

图 3-148　输入网址

步骤三：开始录制后，鼠标悬停在需要录制的地方，会有蓝色高亮框标识，顺着示意箭头，将显示【选择操作】列表。点击【图钉】图标可选择是否固定，即后续录制时会固定显示该列表，点击搜索栏，如图 3-149 所示。

图 3-149　点击搜索栏

步骤四：键盘输入关键词，在自动弹出的输入框，可选择输入方式为"清空输入"或者"追加"，默认为"清空输入"。输入关键词之后，点击【确定】按钮，如图 3-150 所示。

图 3-150　输入关键词

步骤五：在录制过程中使用快捷键会自动录入该操作，再利用快捷键进入页面后点击第一条新闻，如图 3-151 所示。

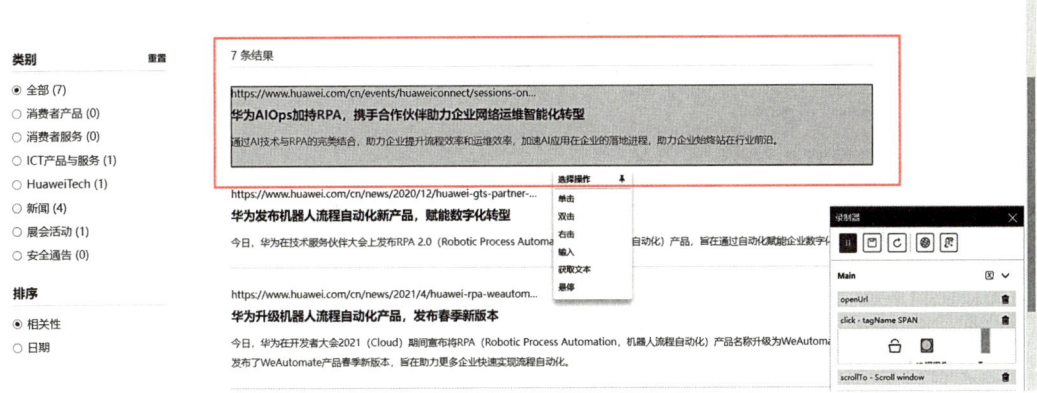

图 3-151　选择搜索结果

步骤六：暂停录制，检查录制脚本，删除不必要的录制动作，如鼠标的来回拖动、错误的单击、录制程序中出现的元素识别取值不准确的问题，如图 3-152 所示。

图 3-152　暂停录制检查脚本

步骤七：保存退出，运行脚本。录制结束后，单击【保存】图标并退出，保存录制好的脚本。之后，将新模块连线，如图 3-153 所示。

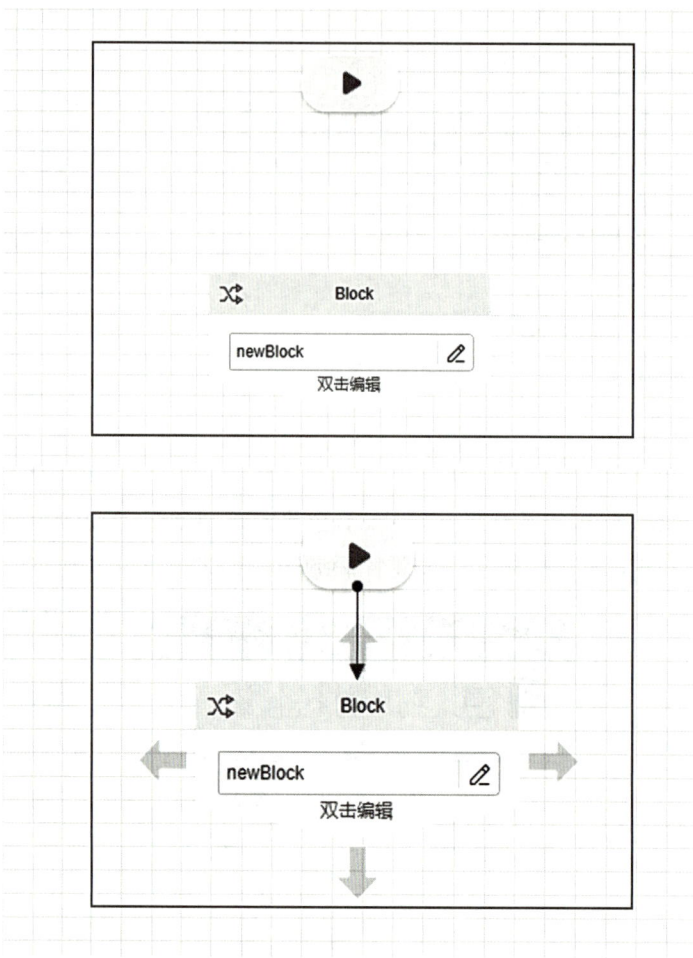

图 3-153　模块连线

步骤八：在 WeAutomate Studio 中单击【运行】按钮执行录制好的流程，如图 3-154 所示。

图 3-154　运行脚本

 任务情景

当企业财务人员需要在财政部网站搜索收入准则的应用案例时，不仅可以利用 Excel、Word、网页自动化的相关控件进行应用，还可以使用 WeAutomate Studio 提供的录

制功能。UI 录制可以在自动化业务流程设计中节省大量时间,这一功能可以轻松地在屏幕上捕捉用户的动作并将其转换为对应的控件。

 **任务实施**

根据任务情景,运用华为 WeAutomate Studio 搜索收入准则的应用案例。

1. 流程设计

UI 录制的流程设计图,如图 3-155 所示。

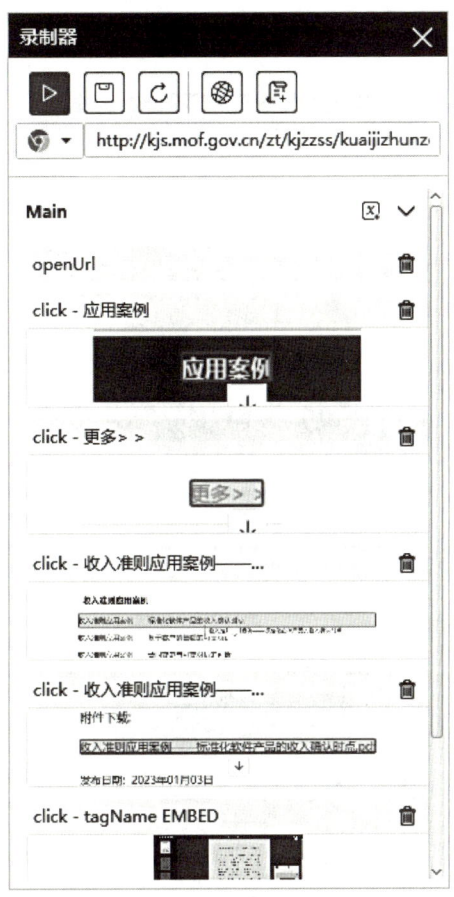

图 3-155　UI 录制的流程设计图

2. 操作步骤

步骤一:打开 WeAutomate Studio,点击【UI 录制】页签,选择【录制并生成功能块】,弹出【录制器】界面,如图 3-156 所示。

步骤二:点击【网页】图标,将财政部网址粘贴在空白处,按【Enter】键,进入财政部网站,如图 3-157 所示。

步骤三:开始录制,鼠标悬停在需要录制的地方,会有蓝色高亮框标识,点击需要搜索的资料,会将动作记录在录制器中,如图 3-158 所示。

图 3-156　UI 录制界面

图 3-157　进入财政部网站

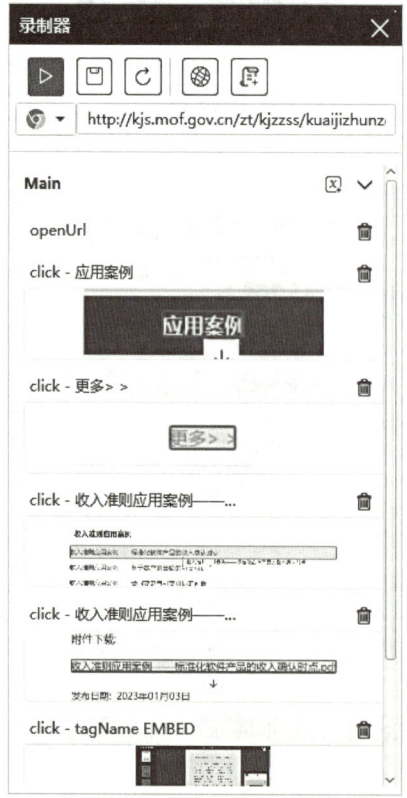

图 3-158　开始录制

步骤四：暂停录制，检查有无重复或无效的操作步骤，检查无误后保存并退出；进入 WeAutomate Studio 界面，将功能块和开始键连接，保存后运行，如图 3-159 所示。

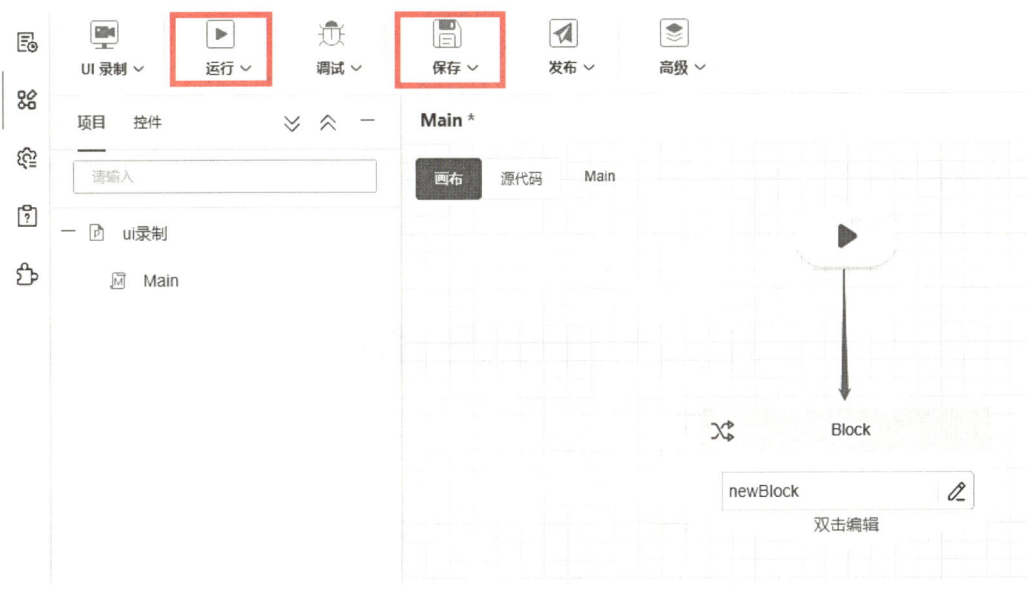

图 3-159 保存并运行

3. 程序运行

程序成功运行后，自动进入网站搜索收入准则应用案例，找到对应的文件，如图 3-160 所示。

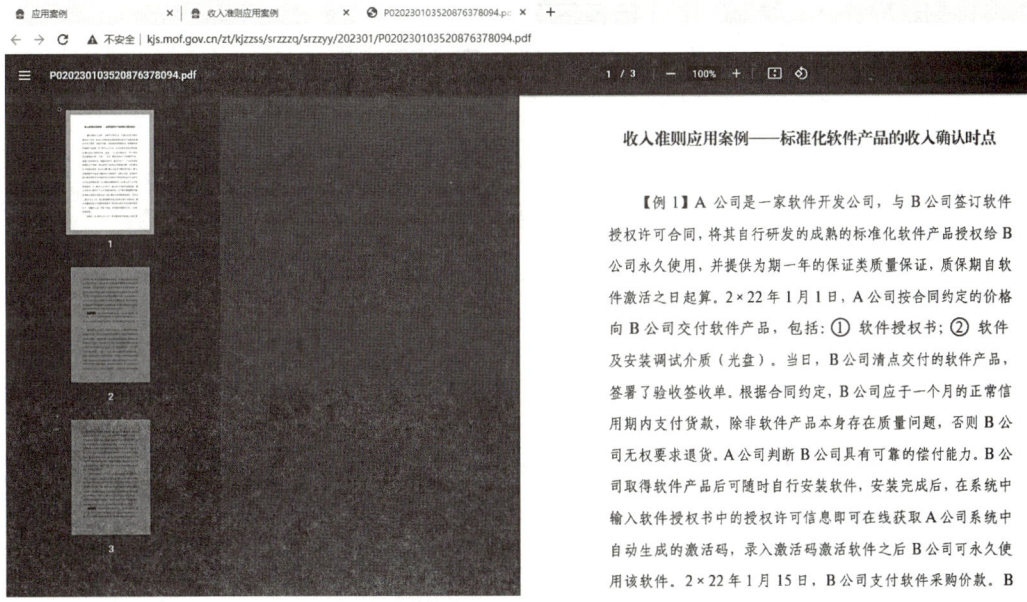

图 3-160 运行结果

本节练习

结合所学的内容,根据如下要求完成机器人流程设计:

1. 利用 UI 录制功能,打开财政部网址:http://kjs.mof.gov.cn/zt/kjzzss/kuaijizhunzeshishi/。

2. 查找所得税准则应用案例。

3. 下载文件。

★参考答案

UI 录制器界面,如图 3-161 所示。

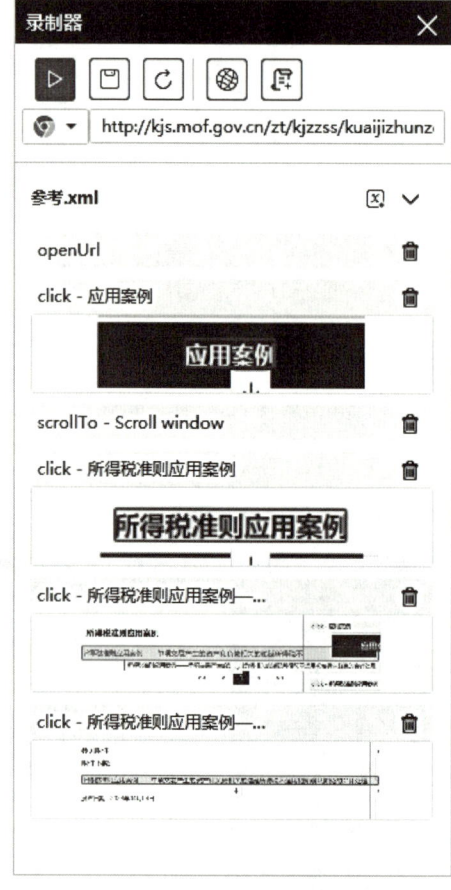

图 3-161 UI 录制器界面

测 试 题

一、单选题

1. WeAutomate Studio 菜单栏不包含（　　）功能。

A. 调试　　　　　　　　B. UI 录制　　　　　　　C. 高级　　　　　　　D. 设置

2. （　　）是常用的控制流控件。

A. DoWhile 条件循环　　　　　　　　B. 打开网页

C. 对单元格的操作　　　　　　　　　D. 变量赋值

3. RPA 不支持的数据类型是（　　）。

A. char　　　　　　　　B. int　　　　　　　　C. float　　　　　　　D. list

4. 以下关于打开或关闭 Excel 控件的使用，说法错误的是（　　）。

A. 若打开 Excel 失败，可先引入 ExcelKillProcess 控件关闭进程

B. 软件类型可选择 Excel 或 WPS

C. 无论打开一个或多个文件，均不需要指定 Excel 文件对象别名

D. 关闭 Excel 时为了保存文件，可以在【关闭工作簿】控件中选择"是否保存"参数，或先添加【保存工作簿】控件

5. 下列对获取网页表格控件描述正确的是（　　）。

A. 网页中的表格都能获取文本

B. 可以指定数量获取文本

C. 翻页获取时，为了网页加载完成，可设置翻页时间间隔

D. 不支持分页数据获取

二、多选题

1. 以下关于文件处理命令的功能描述，正确的有（　　）。

A. 支持 Windows 系统中目录和文件的创建、删除、改名、拷贝、移动等操作

B. 支持压缩或解压目录和文件

C. 支持读文件，如 PDF 等格式

D. 支持写文件，如 PDF, html 等格式

2. （　　）属于变量的类型。

A. Boolean　　　　　　　B. Number　　　　　　　C. String　　　　　　　D. Object

3. RPA 在网页中可以实现（　　）功能。

A. 获取网页文本　　　　　　　　　　B. 关闭网页

C. 获取网页表格内容　　　　　　　　D. 鼠标单击网页元素

三、判断题

1．WeAutomate Studio 工具安装时没有导入许可证也可以正常使用。　　　（　　）

2．WeAutomate Studio 提供了 Excel 处理命令集，能对 Excel 进行多种操作，开发者可直接调用，极大地简化操作流程；但不支持借助于 VBA 或 Python 程序对 Excel 文档进行处理。　　　（　　）

3．循环控制可区分为固定循环次数循环和无固定循环次数的循环。　　　（　　）

4．WeAutomate Studio 打开网页控件的属性设置，目标 URL 可以直接输入网址。

（　　）

5．获取网页文本信息控件可用于检测判定上一步操作之后的页面是否加载渲染成功，若获取到跳转后的页面元素文本信息，则表示页面加载成功，会开始执行下一个步骤。

（　　）

第四章
财务机器人在数据采集中的应用与开发

 案例引入

反诈信息录入机器人

近年来,随着我国信息网络技术快速发展,以电信网络诈骗为代表的新型网络犯罪持续高发多发。为坚决遏制我国电信网络诈骗犯罪快速上升势头,各地区相关部门多措并举,在电信网络诈骗治理工作中取得了实效。根据公安部公布的统计数据,2022年全国共破获电信网络诈骗案件46.4万起,同比上升5%。

为了能及时挽回人民群众的损失,需要办案民警在电信网络诈骗案件中尽快完成调证、冻结涉案账号、追踪资金流向等工作。其中,调证申请工作是电信网络诈骗案件调查开始时的一个重要环节,办案民警需要先根据笔录信息完善《调取证据通知书》和《呈请调取证据报告书》。随后办案民警提请审批,并在得到批复后将文书上传至省内系统及国家反诈大数据平台。调证申请涉及市级、省级和国家部的系统,而系统之间不完全互联互通,需要人工跨系统重复录入相同的信息。一个案件涉及的信息量大,包括案件编号、发生时间、行政区划、发案地点、案情描述、损失金额、涉案类别、涉案账号等。因此,整个录入过程重复繁琐且易耗时,影响调证申请的时效。

RPA技术能够有效解决调证申请工作中以上的业务痛点。通过反诈信息录入机器人辅助民警录入案件信息,可以有效提升调证申请工作的效率。反诈信息录入机器人操作流程如下:

(1)民警在省防控补录平台中录入案件信息。

(2)输入案件编号,启动反诈信息录入机器人。

(3)反诈信息录入机器人根据案件编号获取相对应的案件信息。

(4)反诈信息录入机器人自动登录国家反诈平台,同步录入数据。

应用反诈信息录入机器人的公安局负责人介绍道:"以前单个案件录入需要耗费10分钟,而反诈信息录入机器人只需2分钟便能轻松录入完成,效率提升5倍。得益于工作效率的提升,我们当月的结案率也提高了30%,累计挽回了500万元的经济损失。"

电信网络诈骗团伙的作案手段和套路在不断升级和变化,其更具有隐蔽性和迷惑性,给人民群众的财产安全带来巨大损害。RPA数字机器人将持续发挥自身技术优势,助力公安局共同守好群众的"钱袋子"。

资料来源:挽回500万元经济损失! 华为数字机器人助力守好群众的"钱袋子"[EB/OL]. (2022-05-31)[2022-05-31]. https://https://mp. weixin. qq. com/s/c9Mi_9E3ITVx83q1PH3nEg.

★案例思考

1. 党的二十大报告指出,国家安全是民族复兴的根基,社会稳定是国家强盛的前提。必须坚定不移贯彻总体国家安全观,把维护国家安全贯穿党和国家工作各方面全过程,确保国家安全和社会稳定。现代通信技术和互联网技术不断革新,给人们的生产生活带来了很大便利。同时,不法分子利用电信手段实施诈骗犯罪的手法也在不断翻新。电信网络诈骗不但使受害者蒙受财产甚至人身损失,而且会破坏国家安全和社会稳定。请根据本案例思考,如何运用 RPA 等信息技术提升技术防范能力打击电信网络诈骗。

2. 诈骗犯罪分子都是利用受害人趋利避害和轻信麻痹的心理,诱使受害人上当而实施诈骗犯罪活动。请思考如何在日常生活和工作中加强防范意识以免上当受骗。

案例背景

第一节　案例背景

A 集团成立于 1982 年,是一家以地产为主、多元业务协同发展的综合性企业集团。经过 30 多年的发展,A 集团已形成地产、生活、环保、科技与资本五大产业集团并行运营的格局,并拥有一家上市公司。截至 2022 年年底,A 集团总资产规模超过 3 000 亿元,业务覆盖国内外 200 多个城市,员工人数超过 80 000 人。

A 集团顺应时代发展,根据自身业务扩展的需要开展财务管理转型工作,于 2019 年决定在集团内部实施财务共享服务模式。多年以来,A 集团财务信息化实现了"集团管控＋分散处理＋业财集成"的管理和业务处理模式。在这一模式下,A 集团建立财务共享服务中心的初期便开展财务组织架构优化工作,从而有效提升财务运营效率、降低人力支出成本并且规避财务风险。为了使集团各层级能够快速适应财务共享服务系统,A 集团通过流程再造将内部财务组织彻底拆分重组,为财务共享服务中心设立了全新的财务组织架构,由集团控股财务部直接管理。

财务组织架构调整之后,A 集团控股财务部专注于集团内公司全面预算管理、资金集中管理、资本运作和会计政策制定等集团层面管理职能,并对财务共享服务中心提供指导。分、子公司财务部专注于本单位预算管理、资金管理、成本管理和经济活动分析等管理职能。财务共享服务中心则将各产业集团的财务核算、资金结算、费用报销等业务集中统一处理,实现对财务业务的标准化管理。财务共享服务中心建设成型后,A 集团控股财务部将大量的财税数据进行整合集中处理,使得部分财务业务操作在信息技术支持下能够实现自动化。在此基础上,A 集团通过大数据信息技术对财务数据信息进行大数据挖掘、自动统计分析应用等,实现数据价值最大化。

财务组织一直都非常重视数据采集,准确、高效地采集内外部、多样化、多层次的数据,是充分发挥财务职能的前提条件。随着 A 集团财务职能向着支持企业经营管理进行转型和变革,A 集团控股财务部关注的数据不再局限于 A 集团内部的数据,数据采集范围也随之扩展。为此,A 集团首席财务官万宏召开了一次集团财务部门会议。

万宏发言:"我们集团控股财务部专注于集团公司全面预算管理、资金集中管理、资本运作和会计政策制定等集团层面管理职能。因此,要不断提高对集团内外部的数据采集、分析和处理能力,不断改善财务部的业务洞察能力。将来我们不仅要对集团内部信息系统的数据进行全面采集,而且要对集团外部数据进行全面采集。大家有什么好的意见和建议?"

集团控股财务部经理李婷随后发言:"我们财务部要想从数据中获得洞见支持决策,就需要建立更为广泛的数据连接。因此,我们需要面向外部数据源,如网页、应用程序、开放型数据库等,采集我们集团信息体系范围外的其他数据。这些外部数据包括客情、竞情、行情、国情等,如客户与竞争对手的股票信息、行业报告、客户画像数据、竞争对手最新产品数据、国家相关政策数据等。这样可以从实际的市场、行业、国情之中,以微观视角看经营状况,从宏观视角把握发展动向。"

万宏指出:"这些外部数据大多散落在互联网网页、各大机构的开放型数据库及外部开放型平台中。数据类型多样,内容庞杂,虽然其蕴含的价值不菲,但是如果我们把时间都花在数据采集工作中了,哪里还有时间来开展更有价值的财务工作? 我们的职能不只是生成反映过去的财务数据,财务存在的价值是获得实时数据,然后帮助管理者及时作出决策。"

李婷回答:"我们现在处于数字经济时代,针对不同的外部数据源需要采取对应的高效智能的数据采集技术。最近我们财务部的程芸一直在研究如何利用财务机器人技术进行数据采集。程芸,你来介绍一下具体情况。"

程芸回答:"我们财务部正与信息技术部门进行紧密的合作,有不少人在学习华为RPA技术。我们可能无法编写复杂的软件,但学习了财务机器人的基本原理后,已经基本清楚如何运用 RPA 技术进行一些简单的数据采集工作。这样一来,可以有效提升我们财务部的工作效率和数字化能力,把我们财务人员从简单重复的操作中解放出来,更多地投入到高价值工作中,为管理层提供深度经营分析,支撑企业管理决策。例如,获取上市公司股票信息的步骤通常是简单重复的操作,我们通过财务机器人可以高效获取股票信息,对股票的最新价、涨跌幅、成交量、振幅、最高价、最低价、换手率、市盈率、市净率等数据进行分析,为使用者提供投资的若干方向性的思路和选择依据。此外,通过财务机器人还可以高效获取行业研究报告信息,对行业的生存背景、产业政策、产业布局、产业生命周期、竞争态势、市场进入与退出的难度及市场的成长性进行分析,为企业提供若干方向性的思路和选择依据。"

万宏最后说:"程芸,股票信息获取机器人和行业报告下载机器人就交给你负责设计、开发了。"

第二节　股票信息获取机器人

学习目标

☆ **知识目标**

1. 熟悉获取网页表格、打开 Excel、写入范围等操作控件的使用

【源代码】股票信息获取机器人

2. 了解股票信息获取业务流程中的痛点

☆ **技能目标**

1. 进行股票信息获取机器人的流程设计

2. 运用控件进行股票数据获取机器人的程序开发

☆ **素养目标**

1. 培养创新思维和全局观念

2. 培养发现问题、分析问题、解决问题的能力

一、股票数据获取机器人设计

根据上一节案例背景，A集团控股财务部想要实时关注上市公司的情况，对相关企业、行业和宏观经济进行了解，从而帮助集团进行投资管理和决策。在信息数据大爆炸的时代，如何才能高效获取股票信息，通过研究和评估过去、现在的数据，作出明智的决策呢？

（一）业务流程及痛点分析

财务人员获取股票信息需要手动打开股票相关网页，找到指定板块或者行业，复制信息并粘贴到文档中。由于行业相关上市公司数量很多，网页通常页数较多，复制和粘贴操作繁琐。随着A集团业务规模的不断扩大，需要大量获取相关上市企业的信息，每次操作的内容和流程趋于一致，流程较为繁琐，需要耗费大量人力资源。

股票信息获取人工流程，如图4-1所示。

重复复制粘贴工作

图 4-1　股票信息获取人工流程

股票信息获取人工流程步骤如下：

（1）手动打开股票信息网址（东方财富网）。

（2）手动点击进入目标股票板块。

（3）手动新建Excel文件。

（4）手动复制查询的每一页股票信息。

（5）手动粘贴每一页股票信息保存到Excel文件中。

（二）自动化流程

为了解决手动复制股票信息工作的繁琐、耗时较长、效率较低等问题，A集团控股财务部程芸设计了股票获取信息机器人，实现股票信息获取自动化，极大地提升了股票信息获取的效率。

股票信息获取自动化流程,如图 4-2 所示。

图 4-2　股票信息获取自动化流程

股票信息获取自动化流程步骤如下:

(1) 机器人打开股票信息网址(东方财富网)。

(2) 机器人点击进入目标股票板块抓取页面股票信息。

(3) 机器人将抓取的股票信息写入 Excel 文件中。

(三) 控件准备

股票信息获取机器人会运用到的控件,如表 4-1 所示。

表 4-1　活动控件

序号	控件名称	控件图标	控件功能
1	打开网页	openurl - 打开网页 网页地址 谷歌浏览器	根据网站地址打开浏览器
2	获取网页表格	getTable - 获取网页表格 目标元素	读取网页表格中的内容
3	打开 Excel 文件	excelApplicationScope - 打… Excel文件路径 Excel文件对象别名	打开指定 Excel 文件
4	写入区域	excelWriteRange - 写入区域 Excel对象 起始位置 数据	将提取到的数据从起始单元格开始,写入指定 Excel 文件中

（续表）

序号	控件名称	控件图标	控件功能
5	关闭 Excel 工作簿	excelCloseWorkbook - 关闭… Excel对象 ⌄	关闭指定 Excel 文件

（四）股票信息获取流程图设计

1. 流程图设计

根据股票信息获取自动化流程，可以在 WeAutomate Studio 中设计流程图，如图 4-3 所示。

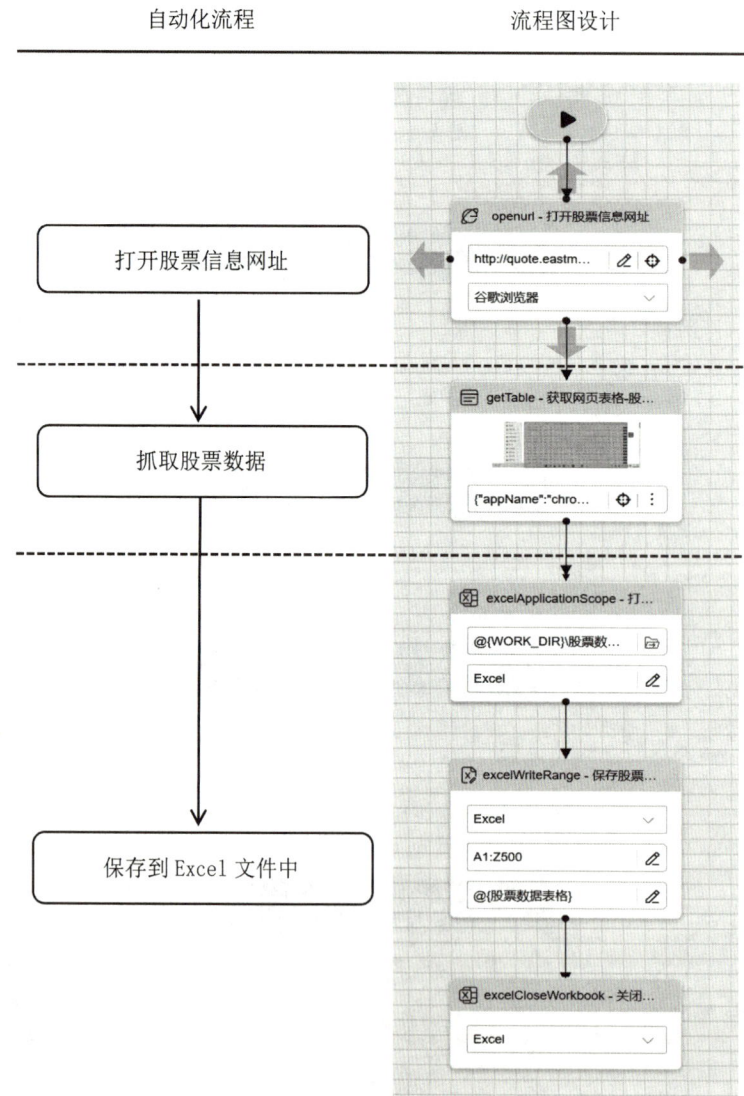

图 4-3　股票信息获取流程图

2. 流程图设计中的变量和文件

股票信息获取流程图设计中各个控件涉及的变量和文件,如图 4-4 所示。

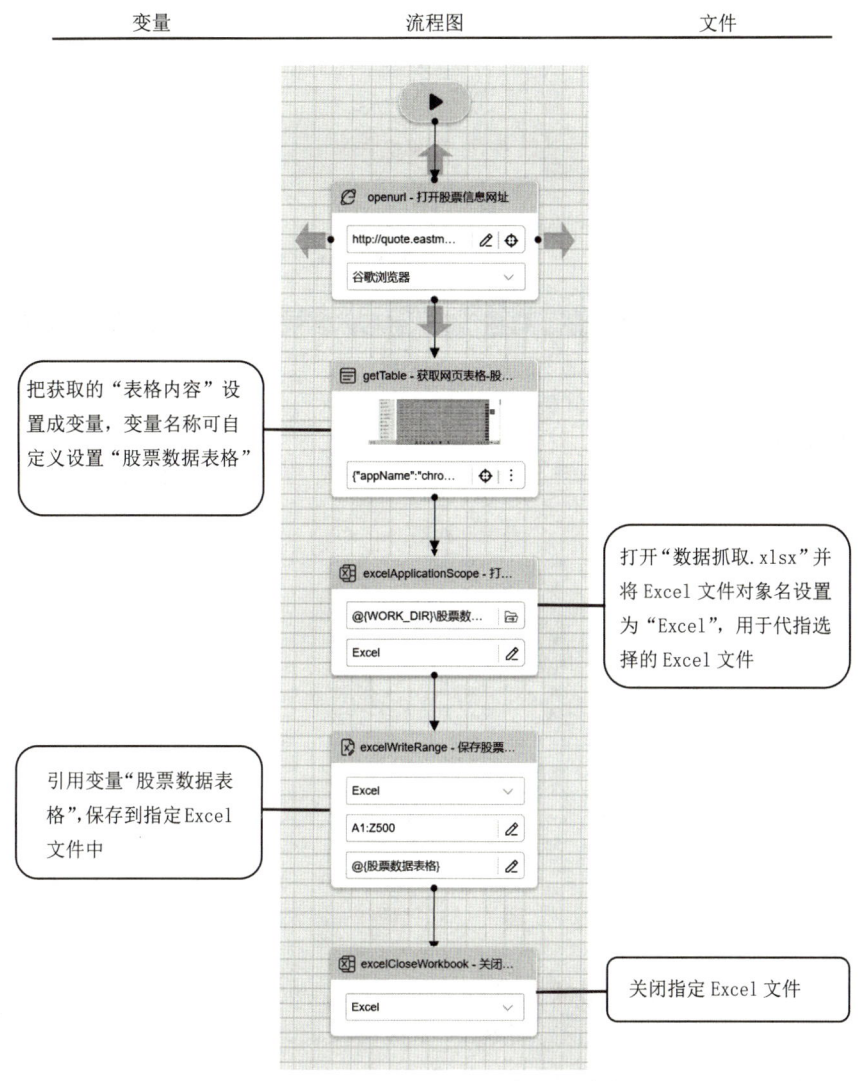

图 4-4　股票信息获取流程设计中的变量和文件

二、股票数据获取机器人开发

(一) 开发操作准备

1. 创建文件夹

在 C 盘创建一个文件夹,命名为"RPA",如图 4-5 所示。

2. 使用浏览器打开网站

使用谷歌浏览器打开股票网站,网址为"http://quote. eastmoney. com/center/ gridlist. html#kcb_board",如图 4-6 所示。

图 4-5　创建文件夹

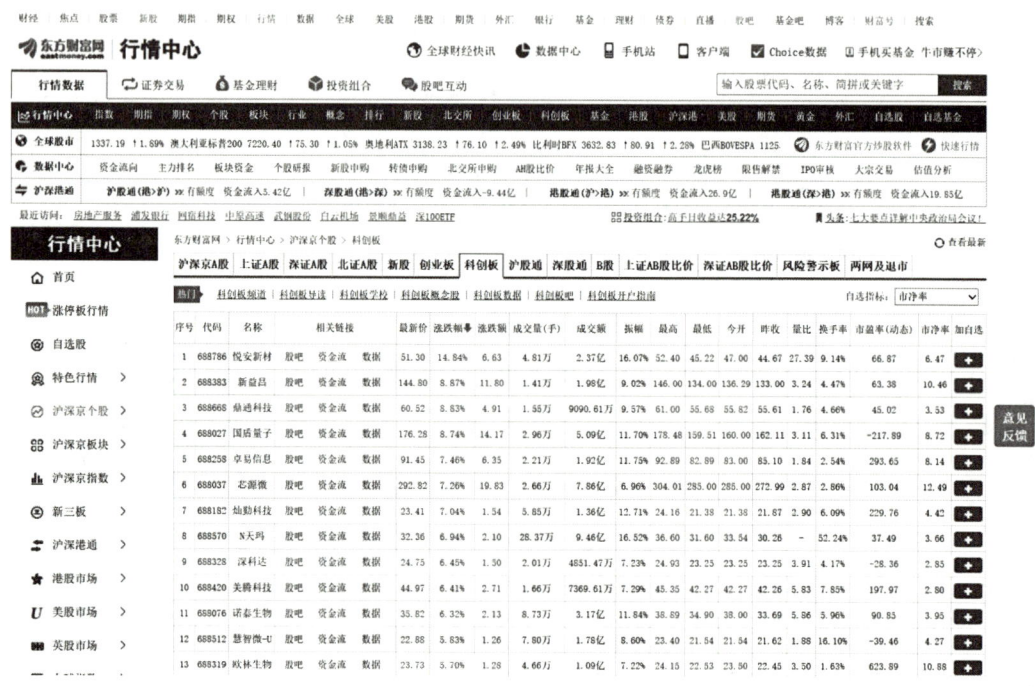

图 4-6　股票网站

（二）创建股票信息获取机器人流程

1. 启用 WeAutomate Studio 并创建项目

（1）启用 WeAutomate Studio，单击【开始】按钮，点击【新建项目】按钮，如图 4-7 所示。

图 4-7　股票信息获取机器人创建步骤一

（2）在【项目名称】中输入"gupiao"，【保存路径】指定为【C:\RPA】，点击【创建】按钮，完成项目的创建，如图 4-8 所示。

图 4-8　股票信息获取机器人创建步骤二

（3）在 RPA 项目根目录文件夹新建 Excel 文件，并命名为"数据抓取"，如图 4-9 所示。

名称	修改日期	类型	大小
bak	2022-08-18 10:43	文件夹	
history	2022-08-12 14:22	文件夹	
Input	2022-07-21 10:04	文件夹	
Lib	2022-08-18 10:43	文件夹	
Output	2022-08-12 14:22	文件夹	
Pic	2022-08-18 10:43	文件夹	
Project	2022-07-21 10:04	文件夹	
ScreenShot	2022-07-21 10:04	文件夹	
readme_en_US.txt	2022-01-12 18:36	文本文档	1 KB
readme_zh_CN.txt	2022-01-12 18:36	文本文档	1 KB
Robot.xml	2022-08-18 10:49	XML 文档	1 KB
股票信息抓取应用场景.rpa	2022-08-18 10:49	RPA 文件	1 KB
数据抓取.xlsx	2022-08-12 14:41	Microsoft Excel ...	70 KB

图 4-9　新建"数据抓取"Excel 文件

2．打开股票信息网址

（1）在【控件】输入"打开网页"，将控件拖至画布中。

（2）【控件描述】输入"打开股票信息网址"。

（3）【网页地址】输入股票信息网址（东方财富网）："http://quote.eastmoney.com/center/gridlist.html#kcb_board"。

（4）【浏览器类型】为"谷歌浏览器"。

（5）连接活动控件【活动开始】，如图4-10所示。

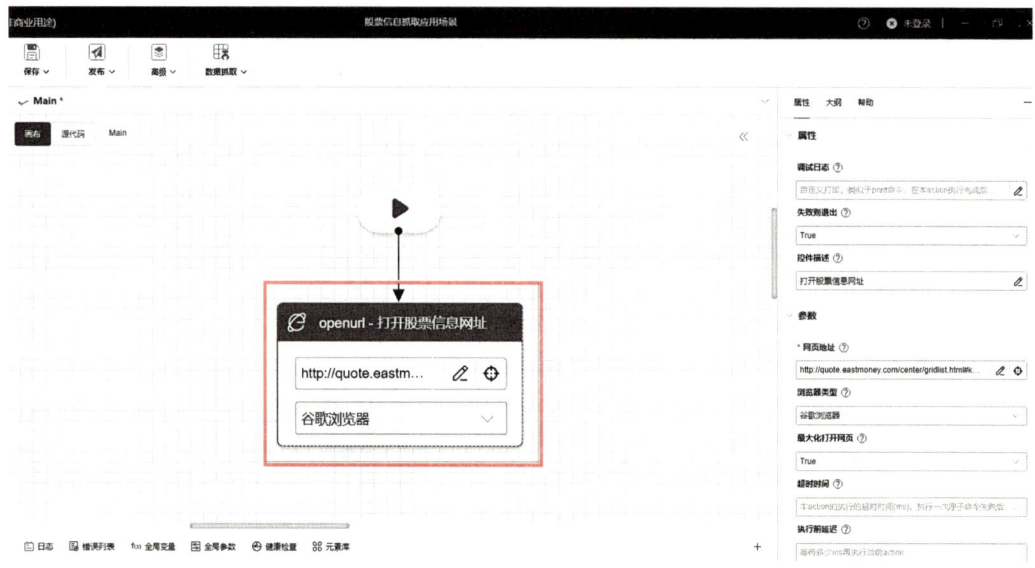

图4-10 【打开股票信息网址】界面

3．抓取股票信息

（1）在【控件】输入"获取网页表格"，将控件拖至画布中。

（2）【控件描述】输入"获取网页表格-股票数据"。

（3）【失败则退出】选择"False"。

（4）【表格数据】修改为"股票数据表格"。

（5）【将返回值转换为】选择"list"。

（6）连接活动控件【打开股票信息网址】，如图4-11所示。

> **温馨提示**：变量名称可自定义设置为"股票数据表格"。

（7）点击【目标元素】控件拾取网页目标元素，框选"整个股票信息表格"，将列表信息存储于此变量中，如图4-12所示。

（8）点击【下一页按钮】控件拾取网页目标元素"下一页"，该操作是为了依次获取所有页面的股票信息。下一页后延迟为停留在页面的时间，输入"1000"即在该页面停留1秒（1 000毫秒＝1秒），如图4-13所示。

图 4-11　【获取网页表格】界面

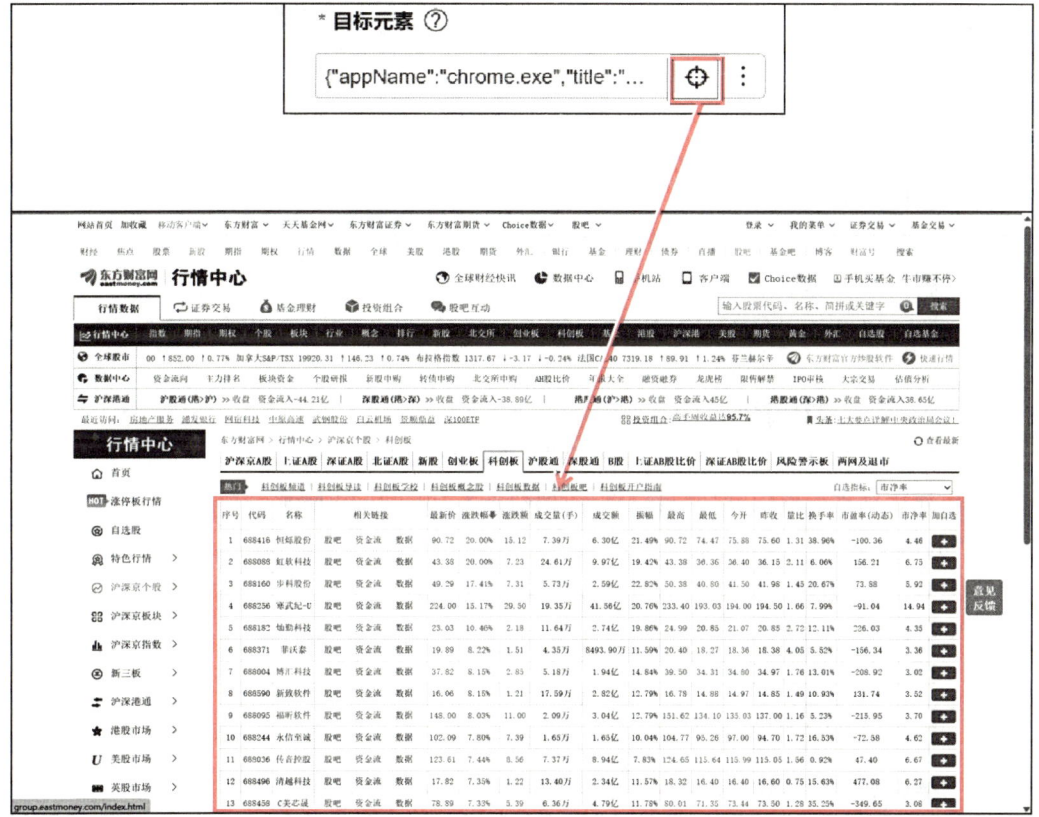

图 4-12　拾取界面

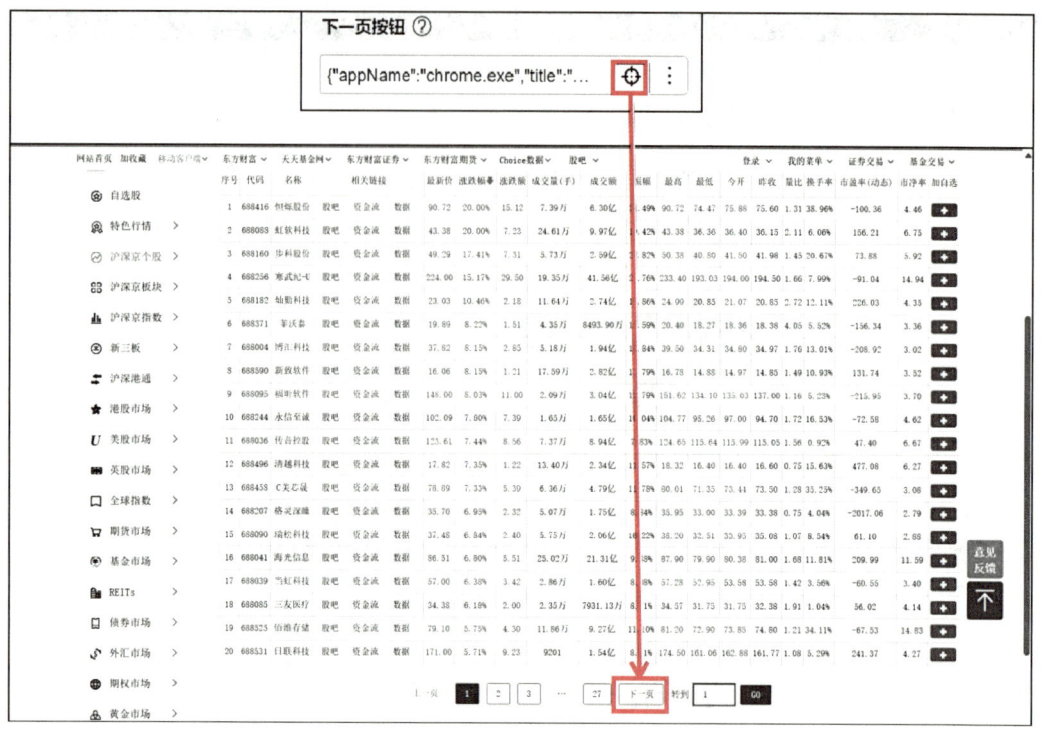

图 4-13　下一页拾取界面

4. 保存股票信息

1) 打开 Excel 文件

(1) 在【控件】输入"打开 Excel 文件",将控件拖至画布中。

(2)【控件描述】输入"打开 Excel 文件"。

(3)【Excel 文件对象别名】输入"Excel",名称可自定义设置,用于代指选择的 Excel 文件。

(4)【软件类型】选择"Excel"。

(5)【Excel 文件路径】选择之前创建的文件:"数据抓取.xlsx"。

(6) 连接活动控件【获取网页表格-股票数据】,如图 4-14 所示。

2) 股票信息写入 Excel 范围

(1) 在【控件】输入"写入区域",将控件拖至画布中。

(2)【控件描述】输入"保存股票信息"。

(3)【Excel 对象】选择"Excel"。

(4)【目标范围】输入"A1:Z500"。

> **温馨提示:**目标范围 A1:Z500 表示 A1 到 Z500 之间形成的矩形区域内所有的单元格。

(5)【输入内容】输入引用变量"@{股票数据表格}"。

(6) 连接活动控件【打开 Excel 文件】,如图 4-15 所示。

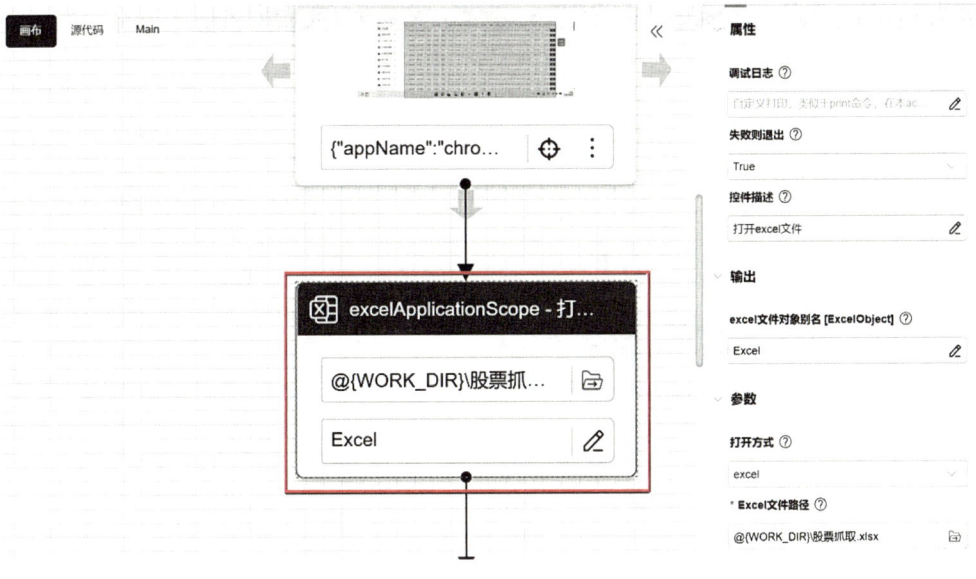

图 4-14　打开 Excel 文件界面

图 4-15　保存股票信息界面

3）关闭 Excel 文件

（1）在【控件】输入"关闭工作簿"，将控件拖至画布中。

（2）【控件描述】输入"关闭工作簿"。

（3）【Excel 对象】选择"Excel"。

（4）【保存文件】选择"True"。

（5）连接活动控件【保存股票信息】，如图 4-16 所示。

温馨提示：打开工作簿和关闭工作簿需要同时存在于一个流程中才能正常运作。

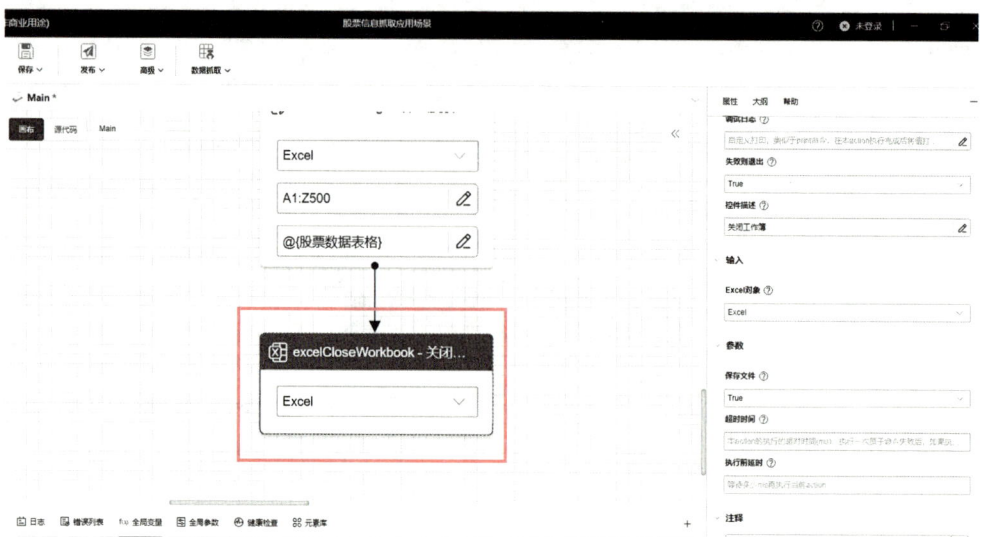

图 4-16 关闭工作簿界面

三、股票信息获取机器人测试

将开发完成的股票信息获取机器人在平台进行运行测试，测试步骤如下。

（一）检查核对

打开"C：\RPA\gupiao\数据抓取.xlsx"，显示 Sheet1 为空表，关闭该文件。

（二）运行机器人

打开 WeAutomate Studio，点击【设计】中的【运行】按钮，运行股票信息获取机器人。

（三）运行完毕

运行结束后，重新打开"C：\RPA\gupiao\数据抓取.xlsx"，Sheet1 中显示获取的 300 条股票数据，如图 4-17 所示。

图 4-17 数据抓取获取成功界面

四、股票信息获取机器人应用

根据股票业务场景,抓取股票有效数据,按分析指标对股票市场进行分析并完成分析报告。

(一)抓取数据

抓取某板块股票有效数据并保存到指定文件中。

(二)分析数据

根据表4-2所列指标对股票市场进行分析,并完成300~500字分析报告。

表4-2 股票分析指标

序号	分析指标	备注
1	交易量排名前10企业	分析一周数据
2	交易价格排名前10企业	分析一周数据
3	涨幅排名前10企业	分析一周数据

五、股票信息获取机器人小结

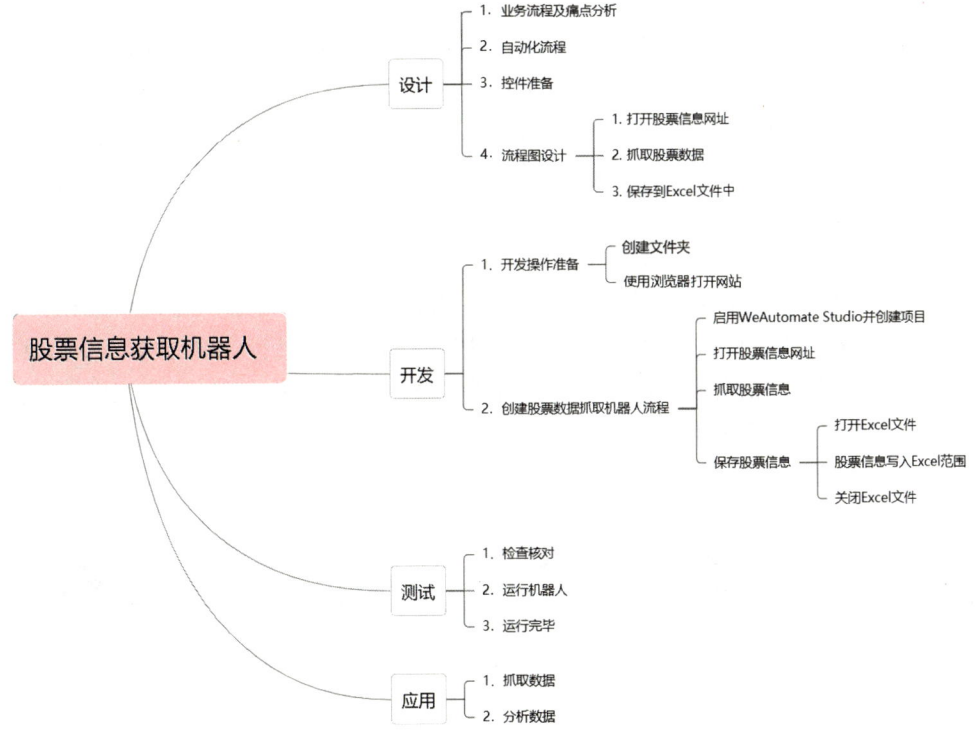

第三节　　行业报告下载机器人

 学习目标

☆ **知识目标**

1. 熟悉输入对话框、在网页中输入文本、获取网页表格等操作控件的使用
2. 了解行业报告下载业务工作中的痛点

☆ **技能目标**

1. 能够归纳总结行业报告下载机器人的流程设计
2. 掌握控件进行行业报告下载机器人的程序开发

☆ **素养目标**

1. 强化学生的职业素养
2. 能够通过对行业前景的分析,激发创新创业的信心和能力

一、行业报告下载机器人设计

高效获取行业研究报告信息,对行业的生存背景、产业政策、产业布局、产业生命周期、竞争态势、市场进入与退出的难度及市场的成长性进行分析,能够为企业提供战略管理的思路和依据,从而避免发生"方向性"的错误。因此,A集团控股财务部需要定期下载行业报告对房地产等行业进行深入研究,从而提高财务部门的业务洞察能力,从宏观视角把握企业发展动向。

(一)业务流程及痛点分析

传统行业报告下载的操作过程,需要人工打开研报客网页,输入关键词搜索相关行业信息后,将一条条信息复制并粘贴到创建的文档中。由于行业相关报告数量较大较多,人工重复性地复制查询信息和粘贴报告将会占用大量的工作时间,且易出错,工作效率低。

行业报告下载人工流程如4-18所示。

重复复制粘贴工作

图 4-18　行业报告下载人工流程

行业报告下载人工流程步骤如下:

(1)手动打开研报客网页。

（2）手动输入查询关键词。

（3）手动新建 Excel 文件。

（4）手动复制查询每一条行业报告信息。

（5）手动粘贴每一条行业报告信息并保存到 Excel 文件中。

（二）自动化流程

为了解决手动复制行业报告下载流程中繁琐、耗时较长、效率较低等问题，A 集团控股财务部程芸设计了行业报告下载机器人，实现行业报告下载自动化，极大地提升了行业报告下载的效率。

行业报告下载自动化流程，如图 4-19 所示。

图 4-19　行业报告下载自动化流程

行业报告下载自动化流程步骤如下：

（1）机器人打开研报客网页。

（2）对话框输入并查询关键词。

（3）机器人点击进入相关行业研究报告。

（4）机器人将抓取的行业研究报告信息写入 Excel 文件中。

（三）控件准备

行业报告下载机器人会运用到的控件，如表 4-3 所示。

表 4-3　活动控件

序号	控件名称	控件图标	控件功能
1	打开网页	openurl - 打开网页 网页地址 谷歌浏览器	根据网站地址打开浏览器
2	输入对话框	system.simpleDialog - 输入… Please enter a value	弹出输入对话框，进行询问
3	在网页中输入文本	type - 在网页中输入文本 输入位置 输入内容	输入文本，可先清空后再输入

序号	控件名称	控件图标	控件功能
4	获取网页表格	 getTable - 获取网页表格 目标元素	读取网页表格中的内容
5	结束 Excel 进程	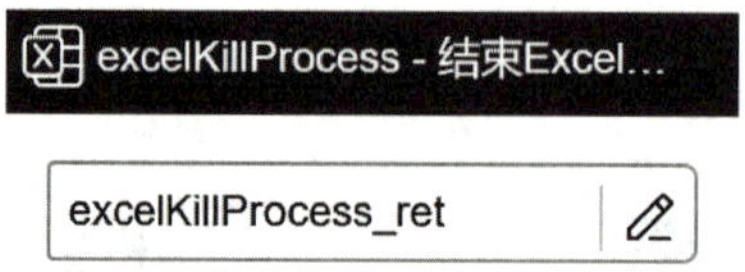 excelKillProcess - 结束Excel... excelKillProcess_ret	强制结束 Excel 进程，关闭系统中所有正在被打开的工作簿
6	打开 Excel 文件	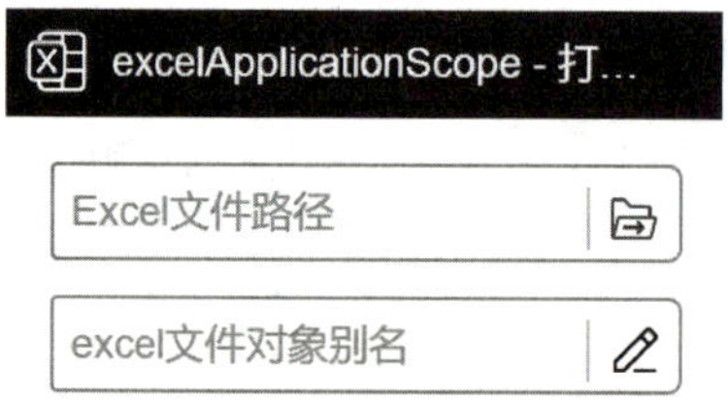 excelApplicationScope - 打... Excel文件路径 excel文件对象别名	打开指定 Excel 文件
7	写入区域	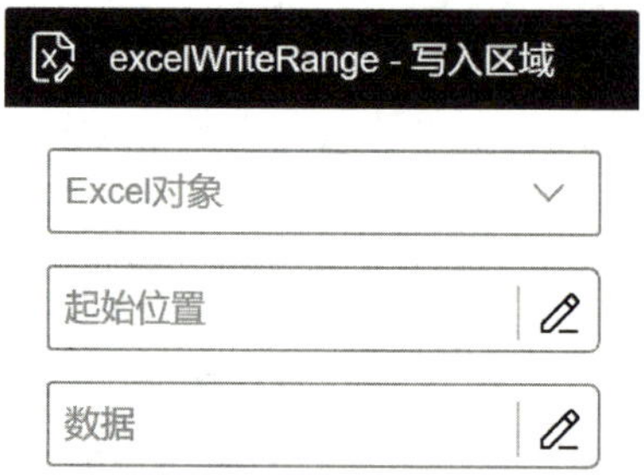 excelWriteRange - 写入区域 Excel对象 起始位置 数据	将提取到的数据从起始单元格开始，写入指定 Excel 文件中
8	关闭 Excel 工作簿	 excelCloseWorkbook - 关闭... Excel对象	关闭指定 Excel 文件
9	关闭网页窗口	 close - 关闭网页窗口 目标页面	关闭网页窗口

（四）行业报告下载流程图设计

1. 流程图设计

根据行业报告下载自动化流程，可以在 WeAutomate Studio 中设计流程图，如图 4-20 所示。

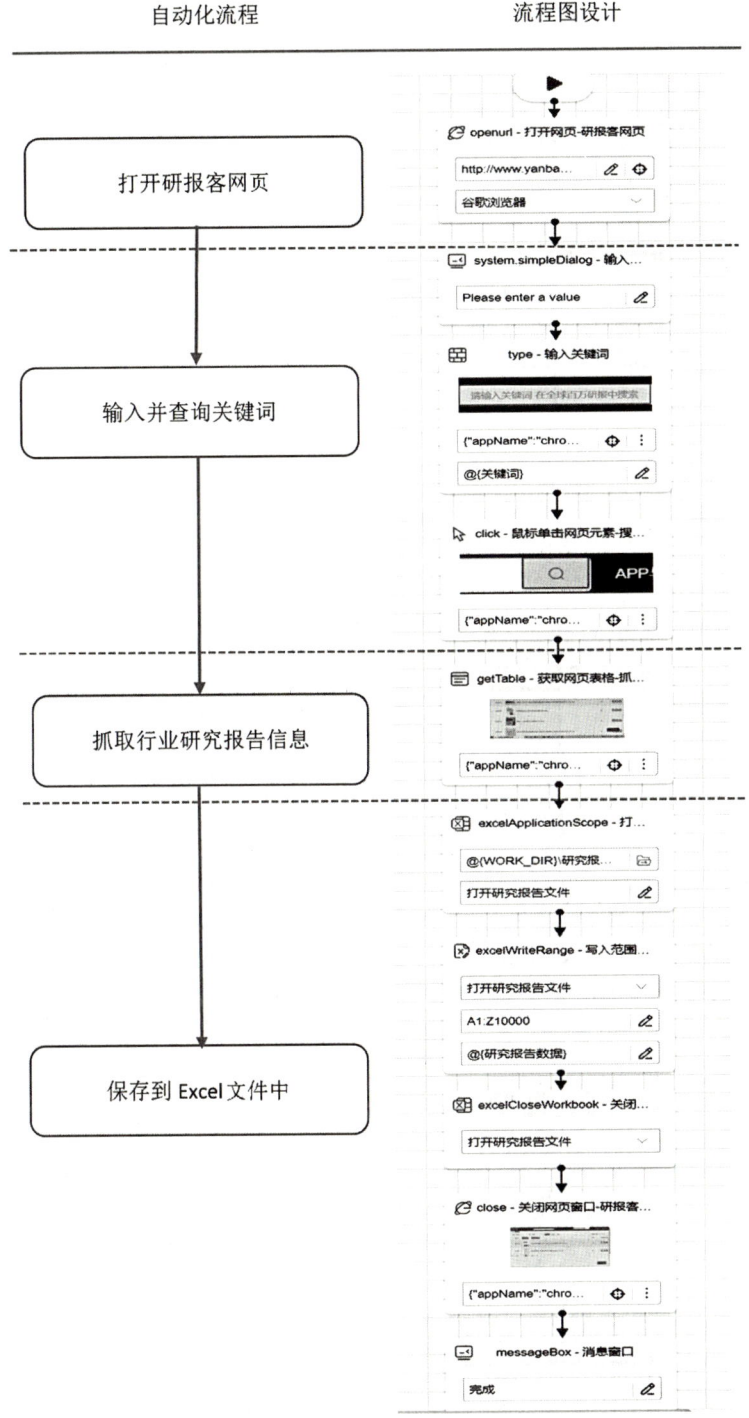

图 4-20 行业报告下载流程图

2. 流程图设计中的变量和文件

行业报告下载流程图设计中各个控件涉及的变量和文件，如图 4-21 所示。

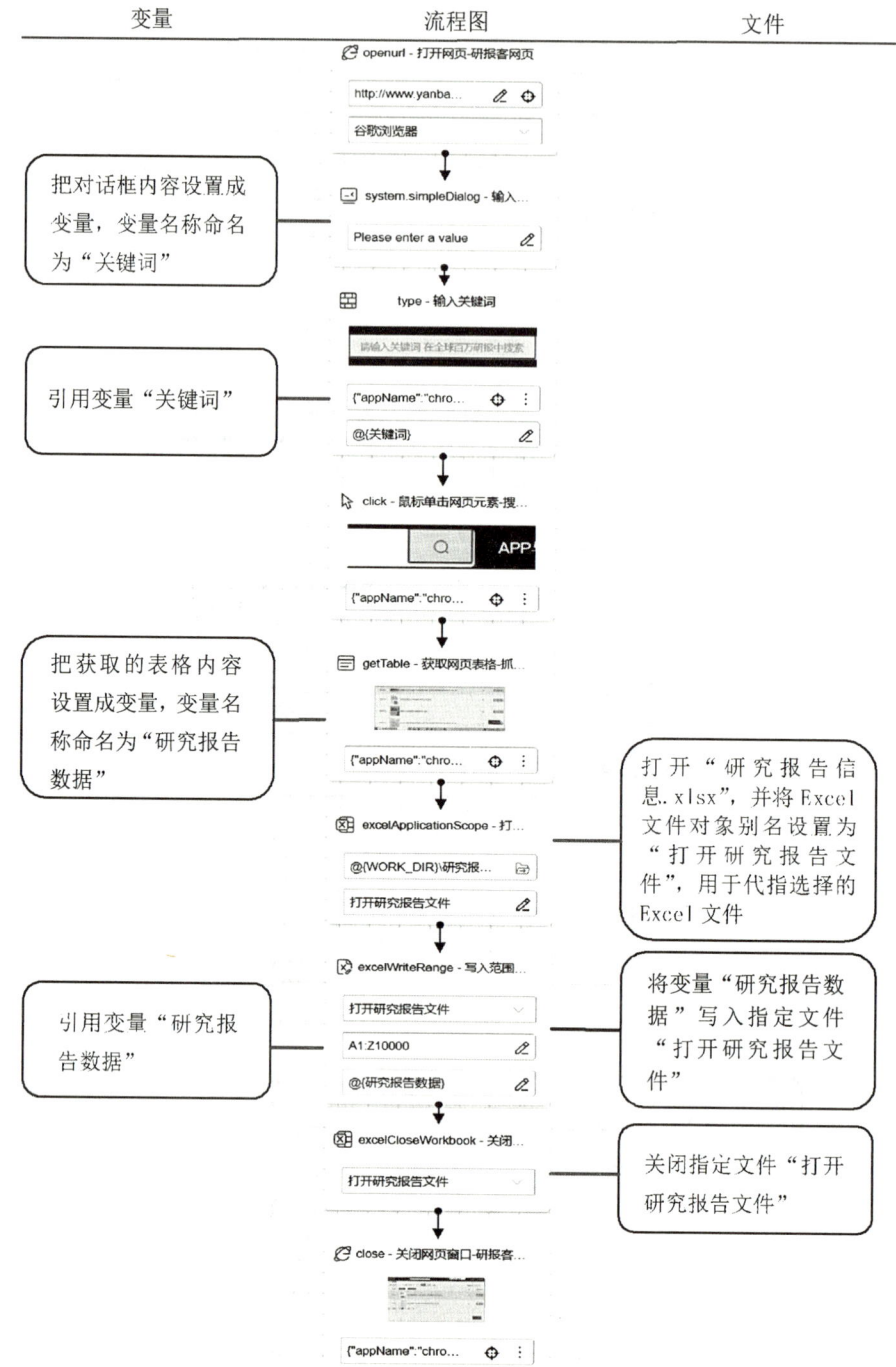

图 4-21 行业报告下载流程设计中的变量和文件

二、行业报告下载机器人开发

(一) 开发操作准备

在 C 盘创建一个文件夹，命名为"RPA"，如图 4-22 所示。

图 4-22　创建文件夹

（二）创建行业报告下载机器人流程

1. 启用 WeAutomate Studio 并创建项目

（1）启用 WeAutomate Studio，单击【开始】按钮，点击【新建项目】按钮，如图 4-23 所示。

图 4-23　行业报告下载机器人创建步骤一

（2）在【项目名称】中输入"hangye"，【保存路径】指定为【C:\RPA】，点击【创建】按钮，完成项目的创建，如图 4-24 所示。

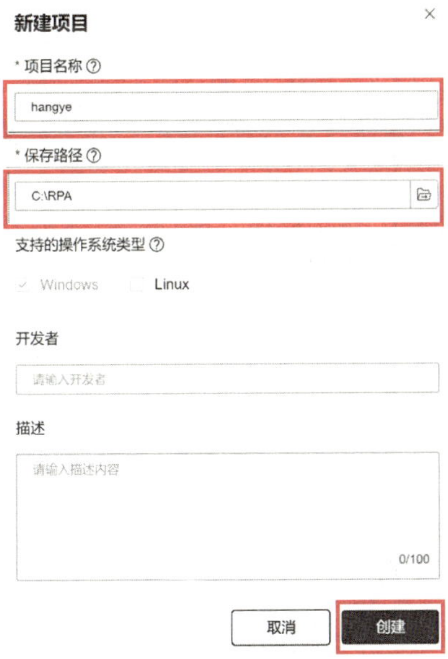

新建项目　　　　　　　　　　　　×

* 项目名称 ⑦

　hangye

* 保存路径 ⑦

　C:\RPA

支持的操作系统类型 ⑦

　✓ Windows　☐ Linux

开发者

　请输入开发者

描述

　请输入描述内容

　　　　　　　　　　　　　　　0/100

　　　　　　取消　　　创建

图 4-24　行业报告下载机器人创建步骤二

（3）在 RPA 项目根目录文件夹新建 Excel 文件，并命名为"研究报告信息"，如图 4-25 所示。

	名称	修改日期	类型	大小
	bak	2023/5/8 15:46	文件夹	
	history	2023/5/8 11:41	文件夹	
	Input	2023/5/8 11:05	文件夹	
	Lib	2023/5/8 10:56	文件夹	
	Output	2023/5/8 11:41	文件夹	
	Pic	2023/5/8 11:05	文件夹	
	Project	2023/5/8 10:56	文件夹	
	ScreenShot	2023/5/8 11:30	文件夹	
	hangye	2023/5/8 15:47	RPA 文件	1 KB
	readme_en_US	2022/12/2 10:59	文本文档	1 KB
	readme_zh_CN	2022/12/2 10:59	文本文档	1 KB
	Robot	2023/5/8 15:47	XML 文档	1 KB
	研究报告信息	2023/5/8 16:02	Microsoft Excel 工...	7 KB

图 4-25　新建"研究报告信息"Excel 文件

2. 打开研报客网页

（1）在【控件】输入"打开网页"，控件拖至画布中。

（2）【网页地址】输入研报客网址"http://www.yanbaoke.com/index"。

（3）【浏览器类型】为"谷歌浏览器"。

（4）连接活动控件【活动开始】，如图 4-26 所示。

图 4-26　【打开研报客网页】界面

3. 抓取行业研究报告信息

1）输入对话框

（1）在【控件】输入"输入对话框"，将控件拖至画布中。

（2）【输出】设置变量为"关键词"。

（3）【输入标签内容】默认为"Please enter a value"。

（4）连接活动控件【打开网页】，如图 4-27 所示。

> **温馨提示：**本案例中查询关键词输入"房地产"。

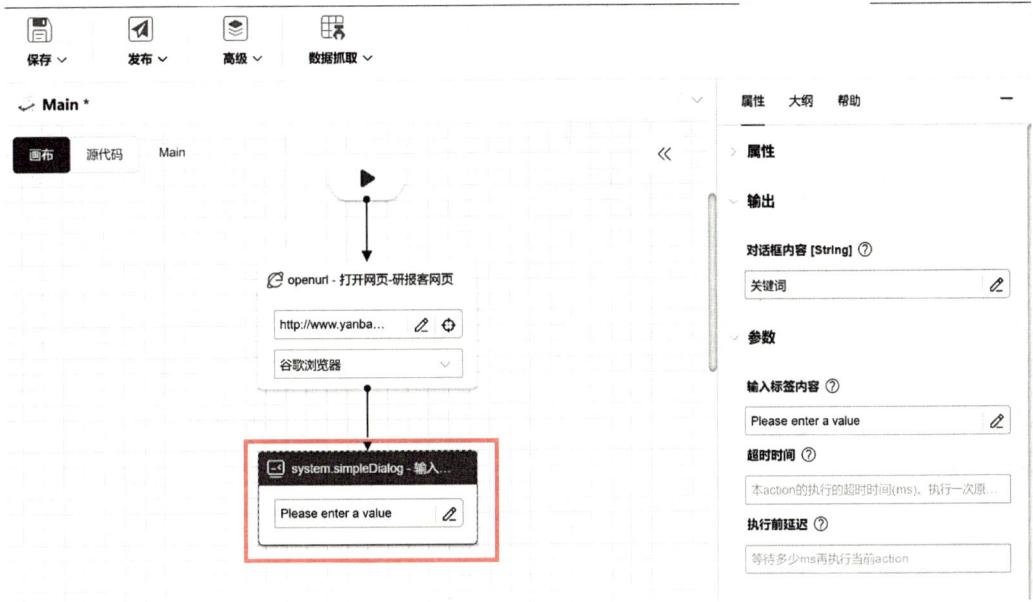

图 4-27　【输入对话框】界面

2）在网页中输入文本

（1）在【控件】输入"在网页中输入文本"，将控件拖至画布中。

（2）【控件描述】输入"输入关键词"。

（3）点击【输入位置】控件拾取网页目标元素，框选"关键词搜索框"。

（4）【输入内容】引用变量"@{关键词}"。

（5）连接活动控件【输入对话框】，如图 4-28 所示。

3）鼠标单击网页元素

（1）在【控件】输入"鼠标单击网页元素"，将控件拖至画布中。

（2）点击【目标元素】控件拾取网页目标元素，框选"搜索键"。

（3）连接活动控件【在网页中输入文本】。

4）获取网页表格

（1）在【控件】输入"获取网页表格"，将控件拖至画布中。

（2）【表格数据】获取的网页表格数据保存到变量，自定义变量"研究报告数据"。

（3）【将返回值转换为】选择"list"。

（4）连接活动控件【鼠标单击网页元素】，如图 4-29 所示。

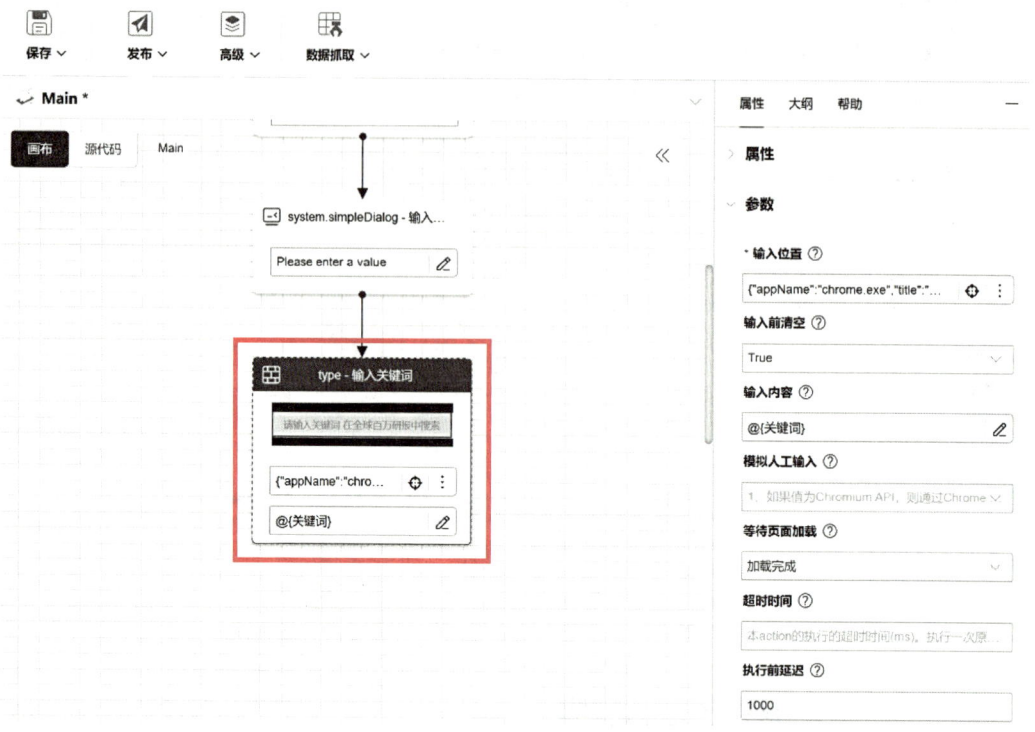

图 4-28 【在网页中输入文本】界面

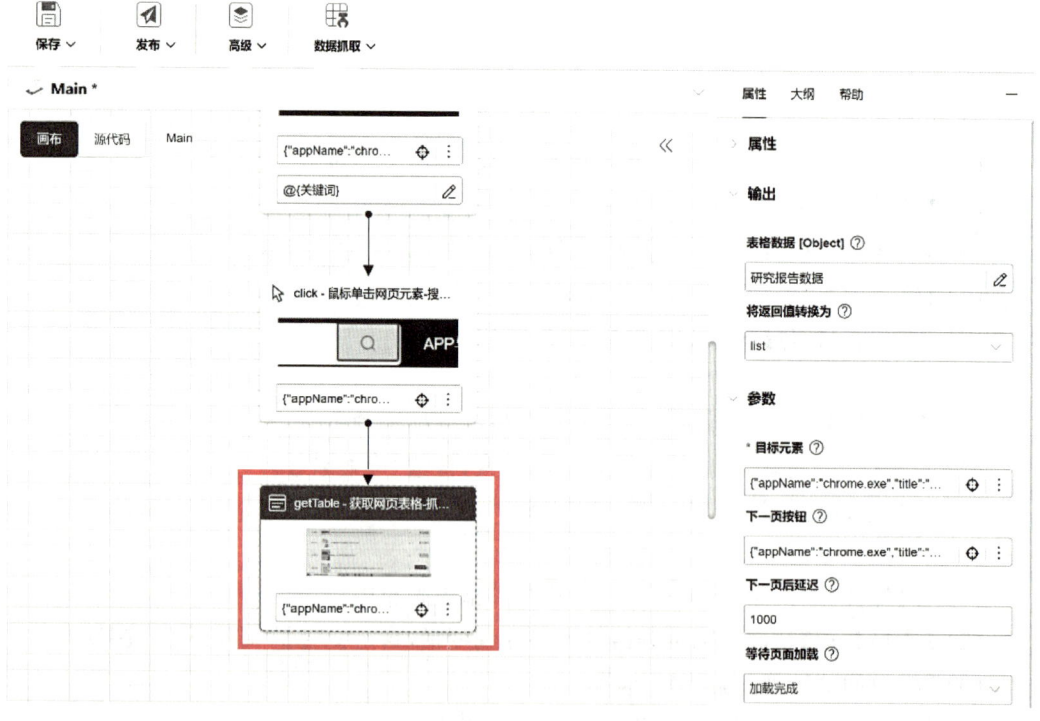

图 4-29 【获取网页表格】界面

（5）点击【目标元素】控件拾取网页目标元素，框选"整个行业报告表格"，列表信息存储于变量"研究报告数据"中。

（6）点击【下一页按钮】控件拾取网页目标元素"下一页"，该操作是为了依次获取所有页面的行业信息。下一页后延迟为停留在页面的时间，输入1 000秒即在该页面停留1秒（1 000毫秒＝1秒），如图4-30所示。

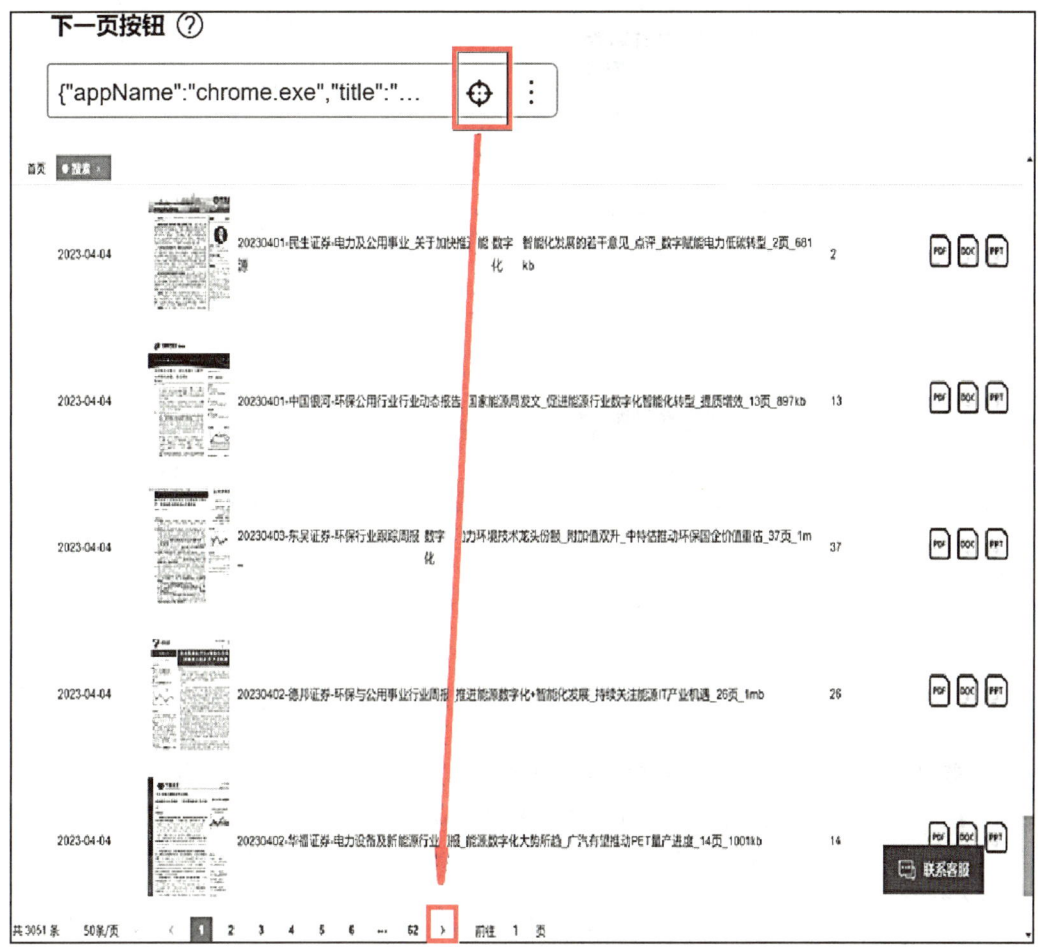

图4-30　【下一页按钮】拾取界面

4. 保存行业报告信息

1）打开 Excel 文件

（1）在【控件】输入"打开 Excel 文件"，将控件拖至画布中。

（2）【Excel 文件对象别名】输入"打开研究报告文件"，名称可自定义设置，用于代指选择的 Excel 文件。

（3）【打开方式】选择"Excel"。

（4）【Excel 文件路径】选择之前创建的文件"研究报告信息.xlsx"。

（5）【Sheet 页名称】选择"sheet1"。

（6）连接活动控件【获取网页表格】，如图 4-31 所示。

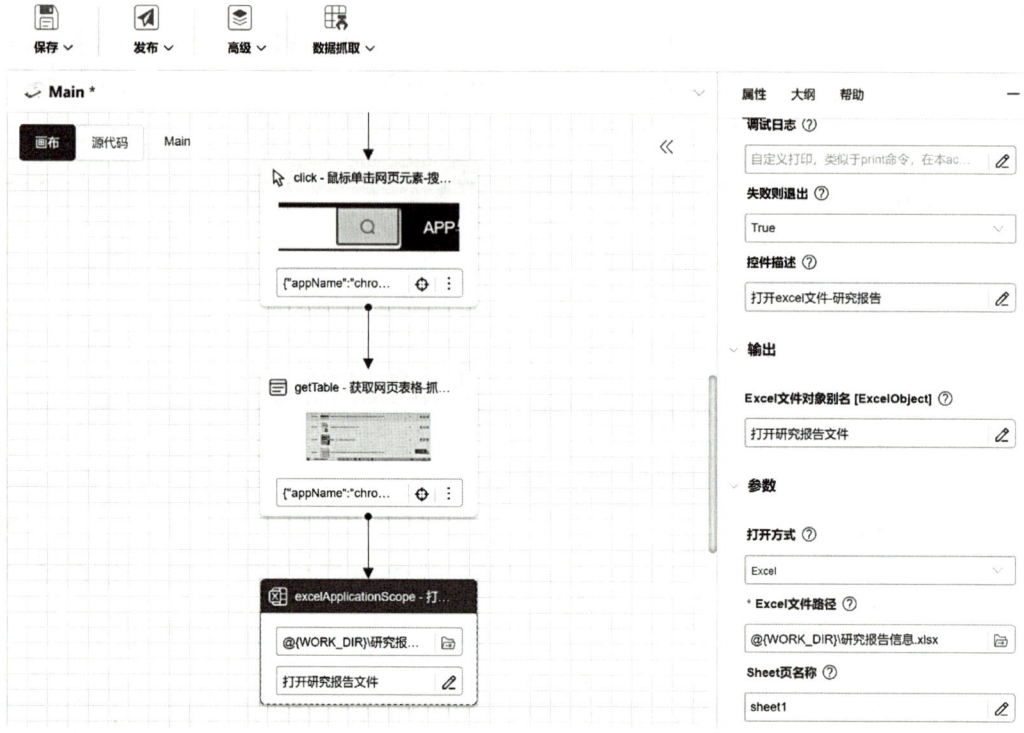

图 4-31　打开 Excel 文件界面

 **知识拓展**

若出现打开 Excel 文件失败的情况，可使用以下三个控件来解决此类问题：
【结束 Excel 进程】—【打开 Excel 文件】—【关闭工作簿】

2）写入 Excel 区域

（1）在【控件】输入"写入区域"，将控件拖至画布中。

（2）【控件描述】输入"写入范围单元格-研究报告数据"。

（3）【Excel 对象】选择"打开研究报告文件"。

（4）【Sheet 页名称】选择"sheet1"。

（5）【起始位置】输入"A1：Z1000"。

（6）【数据】引用变量"@{研究报告数据}"。

（7）连接活动控件【打开 Excel 文件】，如图 4-32 所示。

> **温馨提示**：目标范围 A1：Z1000 表示 A1 到 Z1000 之间形成的矩形区域内所有的单元格。

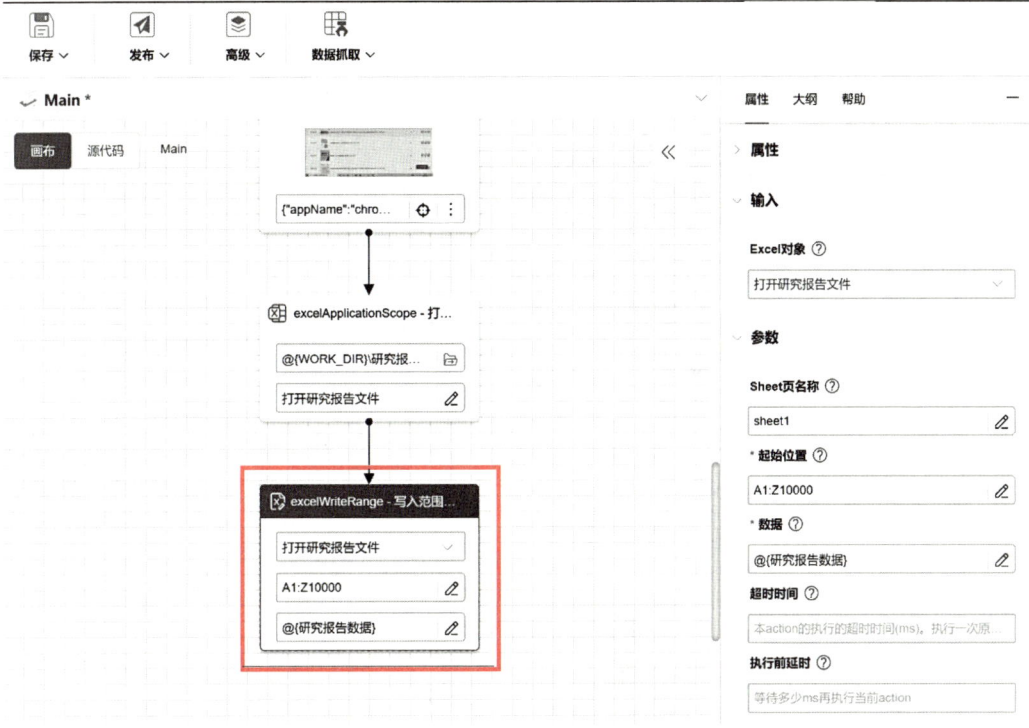

图 4-32　【写入区域】界面

3）关闭 Excel 文件

（1）在【控件】输入"关闭工作簿"，将控件拖至画布中。

（2）【Excel 对象】选择"打开研究报告文件"。

（3）【保存文件】选择"True"。

（4）连接活动控件【写入区域】。

4）关闭网页窗口

（1）在【控件】输入"关闭网页窗口"，将控件拖至画布中。

（2）点击【目标页面】控件拾取目标元素，框选"整个网页"。

（3）连接活动控件【关闭 Excel 文件】。

5）消息窗口

（1）在【控件】输入"消息窗口"，将控件拖至画布中。

（2）【消息窗口】输入"完成"，提示程序运行完毕，如图 4-33 所示。

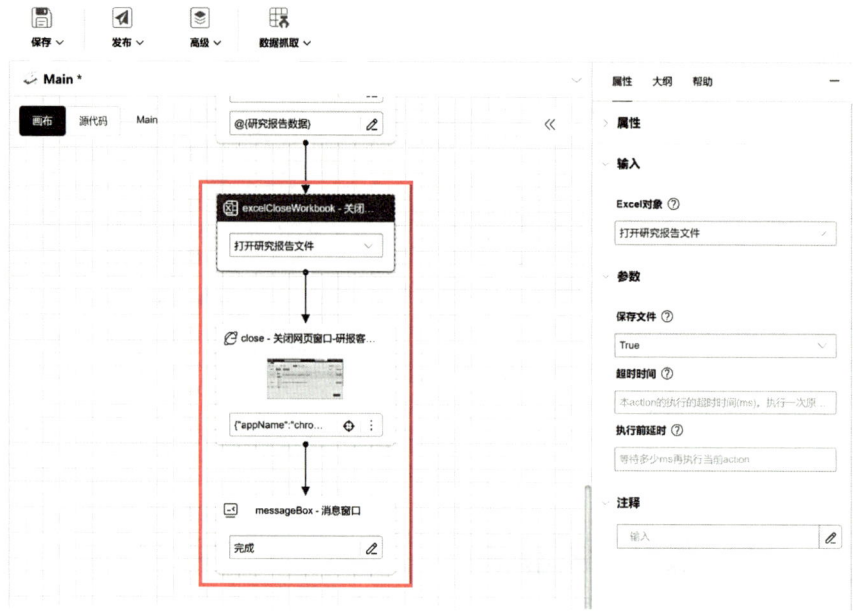

图 4-33 【关闭网页】界面

三、行业报告下载机器人测试

将开发完成的行业报告下载机器人在平台进行运行测试,测试步骤如下。

（一）检查核对

打开"C:\RPA\hangye\研究报告信息.xlsx",显示 Sheet1 为空表,关闭该文件。

（二）运行机器人

打开 WeAutoate Studio,点击【设计】中的【运行】按钮,运行行业报告下载机器人。

（三）运行完毕

运行结束后,重新打开"C:\RPA\hangye\研究报告信息.xlsx",Sheet1 中显示获取的房地产行业报告数据,如图 4-34 所示。

图 4-34 行业报告下载成功界面

四、行业报告下载机器人应用

根据行业报告下载业务场景,获取行业报告有效数据,按不同行业现状和未来前景进行分析并完成分析报告。

(一)抓取数据

查询 2～3 个不同行业的有效报告数据并保存到指定文件中。

(二)分析数据

根据下载的行业报告进行分析,并完成 300～500 字的分析报告。

五、行业报告下载机器人小结

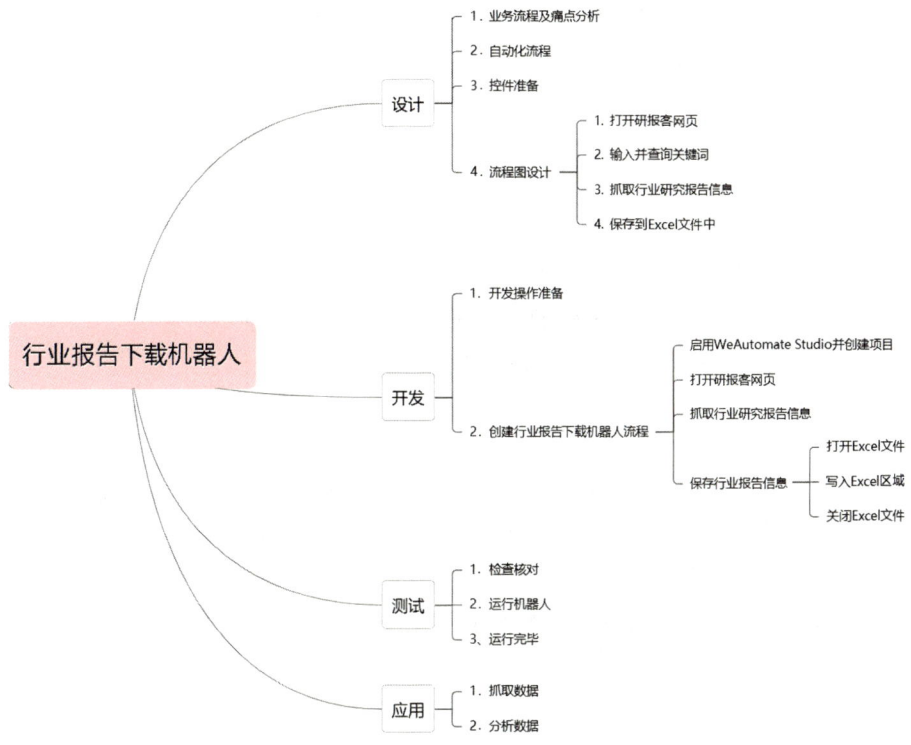

测 试 题

一、单选题

1. 以下不属于 RPA 抓取股票信息自动化流程步骤的是（　　）。

A. 打开股票信息网址　　　　　　　　B. 保存至 Excel 文档

C. 抓取整个信息表格　　　　　　　　D. 手动复制查询的股票信息

2. 打开指定网页时，想要判断网页是否已经打开可以使用（　　）控件。

A. 网页元素是否存在　　　　　　　　B. DoWhile 条件循环

C. 打开网页　　　　　　　　　　　　D. 鼠标单击网页元素

3. 以下说法中错误的是（　　）。

A. 股票是一种有价证券

B. 股票代表着其持有者对股份公司的所有权

C. 股票是股份公司资本的构成部分，不可以进行转变

D. 股票是股份公司在筹集资本时向出资人发行的股份凭证

4. 打开新的网页可以通过（　　）控件实现。

A. 打开网页　　　　　　　　　　　　B. 打开浏览器

C. 页面前进　　　　　　　　　　　　D. 刷新页面

5. 在行业报告下载机器人流程设计中，以下（　　）步骤不属于该机器人的流程。

A. 打开网址　　　　　　　　　　　　B. 抓取行业报告信息表格

C. 查看查询的报告信息　　　　　　　D. 保存至 Excel 文件中

6.【输入对话框】控件生成的变量类型是（　　）。

A. Boolean　　　　　　　　　　　　　B. String

C. Number　　　　　　　　　　　　　D. Object

二、多选题

1. 抓取行业研究报告信息需要关注（　　）方面。

A. 产业政策　　　　　　　　　　　　B. 行业背景

C. 市场成长性　　　　　　　　　　　D. 产业生命周期

2. 人工抓取股票信息会存在（　　）痛点问题。

A. 工作价值低　　　　　　　　　　　B. 工作量大

C. 耗费时间短　　　　　　　　　　　D. 重复性高

3. 下列选项中，属于华为 RPA 工具的变量类型的有（　　）。

A. DataFrame　　　　　　　　　　　B. String

C. Object　　　　　　　　　　　　　D. Number

4. 以下关于网页自动化控件的使用,表述正确的有(　　　)。

A. click 控件:模拟人工点击,若设置为 True 时,可以看到鼠标的操作轨迹

B. getTable 控件:当获取多页表格数据时,如果获取数据不完整,可能是网速原因导致元素未加载完成,可视网络情况设置"下一页后延迟"等待元素加载完成

C. type 控件:可以选择"等待页面加载完成"为"complete",再输入文本内容

D. 可用于检测判定页面是否加载渲染成功,若获取到跳转后的页面元素文本信息,则表示页面加载成功

三、判断题

1. 抓取股票信息时需要人工逐页复制股票数据,并保存至 Excel 文件中,当股票数据量较大时,复制粘贴的工作中会消耗大量时间。　　　　　　　　　　　　(　　　)

2. 打开网页控件属性中目标 url 中不需要填写对应的协议,如 http,https,file 等,可以直接输入网址。　　　　　　　　　　　　　　　　　　　　　　　　(　　　)

3. 获取网页表格控件是获取表格中的数据;获取多页表格数据时,如果获取数据不完整,可能是网络原因导致元素未加载完成,请视网络情况设置"下一页后延迟"参数等待元素加载完成。　　　　　　　　　　　　　　　　　　　　　　　　(　　　)

4. 当获取报告数据量比较大的时候,不断地进行信息的复制粘贴形成了获取行业研究报告信息的痛点问题。　　　　　　　　　　　　　　　　　　　　　　(　　　)

5. 当使用【关闭网页窗口】控件关闭网页时,不需要识别网页的元素即可关闭。
　　　　　　　　　　　　　　　　　　　　　　　　　　　　　　　　(　　　)

第五章

财务机器人在项目实施中的应用与开发

 案例引入

数字机器人助力国有企业数字化转型

作为我国国民经济的重要支柱,国有企业是国有经济发挥主导作用的骨干力量,也是我国经济发展的稳定器和火车头。2020 年 8 月,国资委发布《关于加快推进国有企业数字化转型工作的通知》,对国有企业加快数字化转型进行专项部署,明确国有企业数字化转型的基础、方向、重点和举措,强调国有企业需主动把握和引领新一代信息技术变革趋势,引领和带动我国经济在这轮转型变革中占据国际竞争制高点。

数字机器人作为数字化转型的重要组成部分,也是数字化转型落地的有力引擎,通过构建"人机协作"的业务模式,提质增效,助力打造数字竞争新优势,如图 5-1 所示。

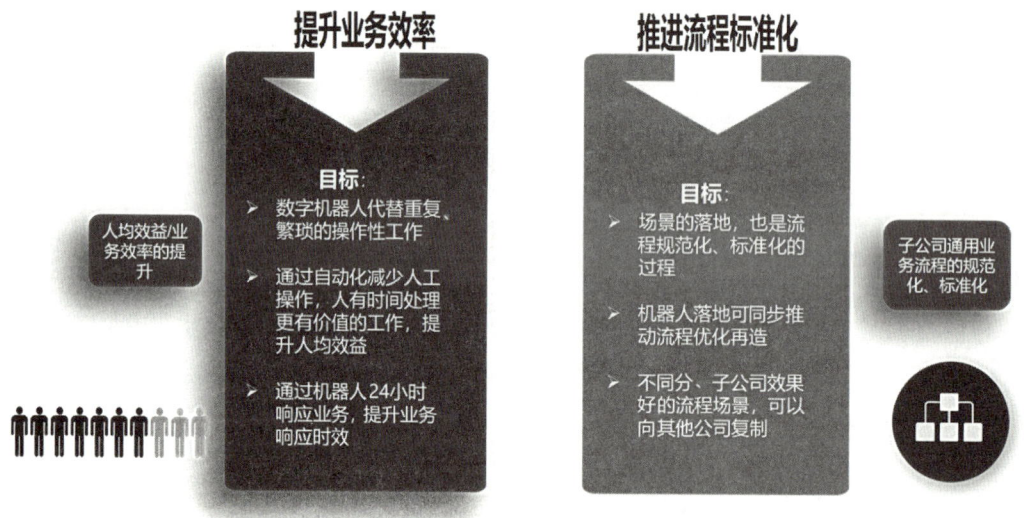

图 5-1 数字机器人助力打造数字竞争新优势

国药控股股份有限公司(以下简称国药控股)于 2003 年 1 月在上海成立,2009 年 9 月在香港上市(01099.HK)。其旗下包含国药集团药业股份有限公司(国药股份,600511.SH)、国药集团一致药业股份有限公司(国药一致,000028.SZ)两家 A 股上市公司,共有

千余家分、子公司。现已成为中国药品、医疗保健产品、医疗器械的龙头分销商和零售商，以及领先的供应链服务提供商。国药控股在 2021 年《财富》中国 500 强中位列第 22 位。

2019 年，国药控股开始探索数字机器人技术，多家分、子公司共计实施了两百多个业务流程的落地试点，存在业务场景分散、机器人资源无法共享、业务流程不统一等问题。为了解决前期试点中的一些问题，打通资源共享，统一优化业务流程，实现运营与业务深度融合的数字化，国药控股于 2022 年围绕客户、数据、业务等重点要素，梳理业务流程，规划并建设了国内医药行业首个数字机器人能力中心平台，如图 5-2 所示。

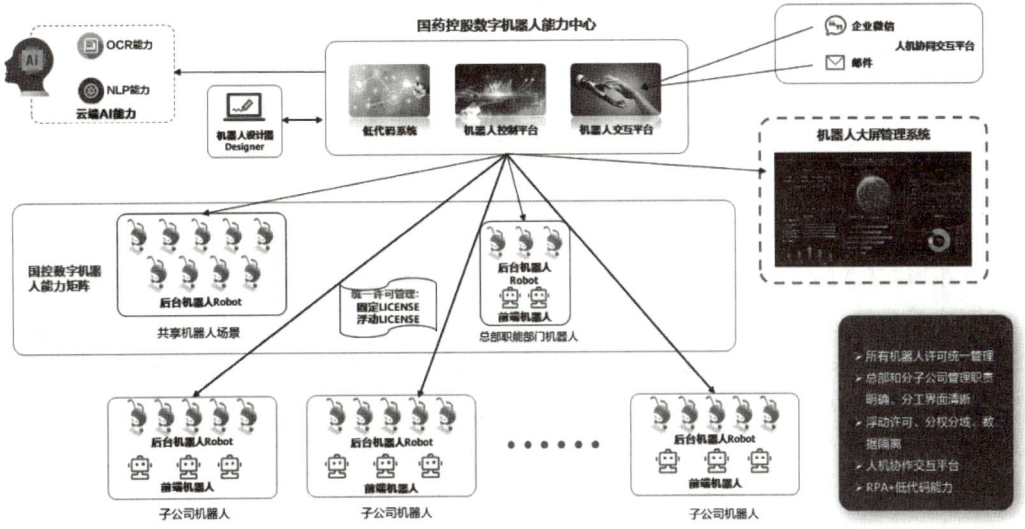

图 5-2　国药控股数字机器人能力中心平台

该平台上线后，可满足集团上千家分、子公司的自动化应用需求。国药控股全级次公司可共用通用场景业务流程，统一集约化共享数字机器人资源。此外，国药控股数字机器人能力中心平台可全面支撑集团共性化场景及分、子公司的个性化场景。共性场景流程由总部统一构建，所有分、子公司均可使用；个性化场景流程由分、子公司个性化定制，共享总部机器人能力资源。

国药控股各分、子公司业务发展历史不尽相同，导致相同的业务场景仍存在较多的流程差异。数字机器人落地的过程，也是分、子公司通用场景规范化、标准化的过程，促进了国药控股业务流程的优化统一。国药控股数字机器人能力中心平台上线后，机器人业务场景效率最高可提升 25 倍，平均提升效率 10 倍，有效释放数字动能。

高质量发展是我国产业经济的指导方向，数字化转型是企业实现高质量发展、提质增效的重要路径，数字机器人作为数字化转型的驱动因子之一，必然在不断探索实践中发挥越来越重要的作用。未来，数字机器人将持续发挥技术优势，助力国药控股向全级次公司推广更多的数字机器人通用场景，在实现数字机器人资源共享的基础上，同步发挥分、子公司的创新能力，满足业务的个性化业务流程需求，进一步推进产业数字化转型升级。

资料来源：国药控股上线行业首个数字机器人能力中心［EB/OL］.（2023-01-13）［2023-01-13］. https://mp.weixin.qq.com/s/s-LO79YhBzXRPfNqPuPXJQ.

★案例思考

党的二十大报告指出，加快发展数字经济，促进数字经济和实体经济深度融合，打造具有国际竞争力的数字产业集群。2022年1月16日出版的《求是》杂志发表习近平总书记重要文章《不断做强做优做大我国数字经济》。文章指出，"我们要站在统筹中华民族伟大复兴战略全局和世界百年未有之大变局的高度，统筹国内国际两个大局、发展安全两件大事，充分发挥海量数据和丰富应用场景优势，促进数字技术和实体经济深度融合，赋能传统产业转型升级，催生新产业新业态新模式，不断做强做优做大我国数字经济。"这不仅对企业数字化，也对财务数字化提出了新要求。请根据本案例思考，如何运用RPA等信息技术推进企业数字化转型？

案例背景

<h2>第一节　案例背景</h2>

A集团控股财务部自主设计开发财务机器人，能够自动、高效获取上市公司股票信息和行业研究报告信息。财务机器人的使用提升了财务部的工作效率和数字化能力，把财务人员从简单的数据采集工作中解放出来，更多地投入到高价值的工作中。因此，A集团首席财务官万宏决定将RPA技术在财务部门中大规模运用，并在集团管理层会议中作出提议。

万宏发言："在不断变化的外部环境和内部组织变革需求的推动下，财务必须实现数字化转型，满足当下和未来企业经营需求。我们集团的财务部门现有员工2 400人，实时处理全国6 000家门店、1 700余家公司的财务工作。目前存在的主要问题是：第一，财务人员日常工作重复性高、内容枯燥，导致财务人员缺乏工作积极性，工作效率低；第二，很多财务基础工作主要依赖于人工作业，消耗了大量人力和时间，无形中增加了企业的人力成本；第三，相比于自动化处理，人工处理的出错率更高。因此，我们需要通过提高财务的数字化和自动化水平来解决上述痛点。随着集团财务部门在数字化转型中积极采用数字化技术，和IT部门的紧密合作变得至关重要。财务部需要重新审视自己的员工与当前流程，以及可以数字化和自动化的工作任务。财务团队不用去处理那些重复的、规则固定的、繁琐的流程作业，由财务机器人来完成。因此，我提议加大投资，在财务工作中广泛应用机器人流程自动化和人工智能等数字化技术。"

在接下来的发言中，A集团IT部门的首席信息官乔亚介绍了A集团的财务系统架构，如图5-3所示。

乔亚指出："目前集团的财务系统架构在解决刚才万总提出的财务问题时面临两个问题。第一个问题是系统集成困难、业务出错率较高。我们集团使用的财务平台、会计核算系统与集团内部其他系统没有集成，对接起来较复杂；同时，数据需要跨越多个系统和岗位进行传输，导致跨系统、跨岗位的数据在手工处理时存在较高的错误率及一定的沟通成本。第二个问题是数据非结构化、信息反馈滞后。财务部门每天都会生成和处理大量的数据，但是，集团内部和外部的大量原始数据没有进行数字化、结构化，数据的汇总和统计分析往往滞后，无法实时反馈信息。

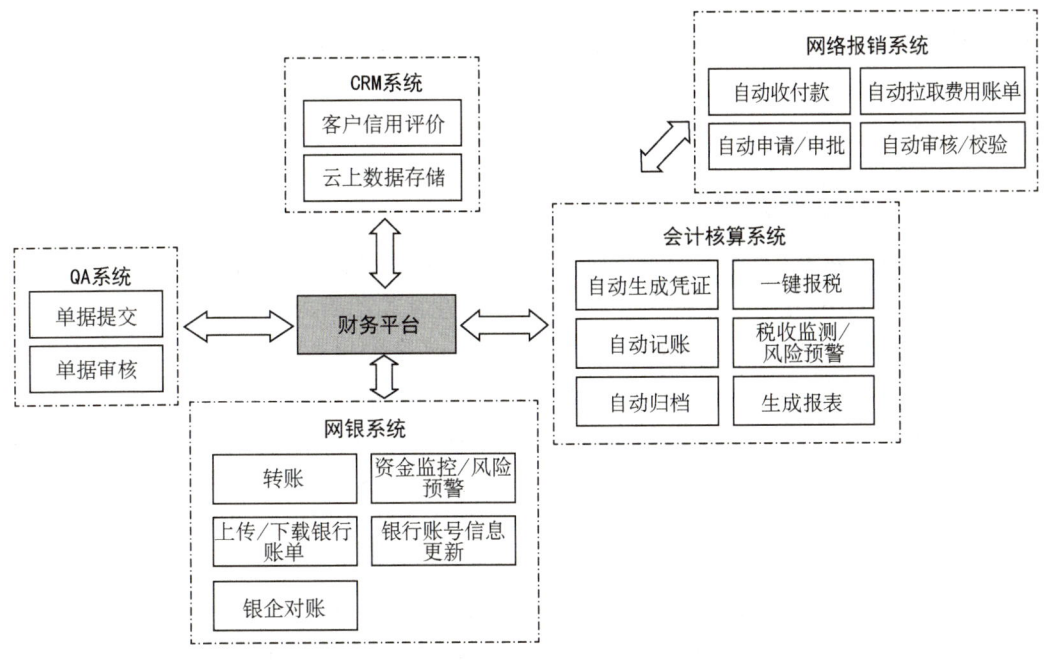

图5-3 A集团财务系统架构

过去我们提升财务工作效率的方式主要是增加人力或采用传统的模式开发财务软件。但是前者会增加成本，后者的系统升级周期长，往往业务模式已经发生改变，系统还没有开发上线。因此，企业难以兼顾成本与效率。在这种情况下，采用财务机器人具备以下三点好处：第一，业务处理效率高、成本低。财务机器人可以不间断且快速地处理大量重复的工作，比传统手工操作更为高效；相比于财务信息系统，采购和升级、实施和运维的成本更低，并且后续的替换较为容易。第二，自动联接多个业务系统，准确率高。财务机器人能自动操作整个业务流程，联通多个异构系统，反应速度快、准确率高，能够较大程度地消除人为因素的不利影响，且整个操作过程有完整、全面的追踪记录，降低了业务风险。第三，有助于财务实现流程优化。财务机器人能够将工作流程模块化，当遇到影响效率的阻碍点时，可以利用技术手段解决问题，在完整的业务流程中起到替代人工操作、自动执行命令的作用，从而实现流程优化。

集团控股财务部前期已经开始探索数字机器人技术，实施了两个财务机器人的试点工作。试点效果还是不错的，但是存在业务场景分散、机器人资源无法共享等问题。为了解决前期试点中的一些问题，打通资源共享，统一优化业务流程，实现业财深度融合的数字化，我建议结合集团财务共享建设，在集团现有财务系统架构中利用数字机器人技术替代人工重复操作，减少人力成本、提高效率、降低操作风险，形成集团统一的数字机器人能力中心平台，对集团各级财务部门提供服务和支持，提高全集团财务数字化水平。"

万宏随后补充："我们集团建设财务共享的主要目的之一，就是通过集中化、规模化、标准化的财务流程，优化提高业务处理的准确性和效率，从而提升集团整体效益。目前，财务共享服务中心有大量具有明确规则的标准化流程，为财务机器人提供了大展拳脚的空间。反过来,财务机器人的应用又将大大提升财务共享服务中心的服务效率和服务质量,将财务人员从大量、重复且机械化的工作中解放出来,得以从事更具价值和创造性的工作。因此,我同意乔总的意见,在现有的财务共享服务中心架构基础上嵌入 RPA 技术,使原有的财务系统能够实现流程自动化,提高财务工作效率,确保财务工作质量,降低公司的经营成本,助力集团完成数字化转型。"

最后,A 集团总经理王梦发言:"两位的意见我完全赞同。其实不只财务,其他部门也会存在类似的业务痛点。我们集团是一家综合性企业集团,业务覆盖国内外 200 多个城市,员工人数超过 80 000 人。在这背后,有大量财务员工承担着费用报销、会计核算、资金管理、纳税申报等方面的财务处理工作。其中,有大量数据采集和处理工作横跨多家业务中心、多个业务部门,占用了财务人员大部分的工作时间。人工处理这些业务不仅费时费力,而且会降低员工的满意程度,由此产生的效率和成本问题一直让集团头疼。因此,我们集团始终在寻求使用自动化、智能化的方式去辅助甚至代替员工,帮助集团达到降本增效的目的。我希望财务部门与 IT 部门紧密合作,成立新的技术团队和业务团队,对 RPA 技术在我们集团的适用性、业务流程转型路径进行深入调研,制定科学的 RPA 项目实施方案,确保财务机器人的顺利上线,使财务人员从日常繁重的事务性工作中解脱出来,将精力更多地投放在财务分析和财务管理等高价值创造的工作领域。在财务机器人项目成功的基础上,将来还要形成集团统一的数字机器人能力中心平台,在其他典型的业务场景中全面使用 RPA 技术完成重复性工作,减少人力成本、提高效率、降低操作风险,对集团各业务提供服务和支持,提高全集团数字化水平。"

本节练习

根据以上案例背景,我们需要思考以下问题:

1. A 集团财务工作中有哪些业务痛点?

2. 财务机器人在 A 集团是否适用?请从财务系统架构、财务组织架构和财务流程等方面进行分析。

3. 财务机器人在 A 集团的财务数字化转型中将达到哪些预期效果?

4. A 集团财务机器人全面上线之后,财务人员需要做哪些方面的转型?

5. 在 A 集团的其他部门中,RPA 机器人还可能有哪些应用场景?

第二节   **财务机器人项目实施概况**

学习目标

☆ **知识目标**

1. 了解企业费用报销的基本流程

2. 掌握 RPA 在费用报销项目实施中的意义

☆ **技能目标**

1. 能够识别费用报销流程中的痛点

2. 能够正确进行流程筛选与分析

3. 能够进行 RPA 优化设计

☆ **素养目标**

1. 树立全局意识和整体观念

2. 培养独立思考能力和分析能力

一、财务机器人项目背景

A 集团的财务机器人项目旨在提高目前财务共享服务中心的自动化、智能化水平。财务机器人尽量不改变现有共享服务的组织构架。财务机器人项目通过运用 RPA 技术提高数字化能力，完善管理制度以规范统一业务流程，精简团队人数以降低运营成本，提高服务效率及稳定性，最终实现财务共享服务中心降本增效的目标，同时助力企业数智化转型升级。

A 集团作为大型综合性企业集团，建立财务共享服务中心的主要目的之一，就是通过集中化、规模化、标准化的财务流程优化提高业务处理的准确性和效率，从而提升集团整体效益。其中，应用最广泛、业务量最大的业务流程主要是应收账款、应付账款、费用报销以及税务管理等流程。但是，财务共享服务中心在实际运营中出现了人力成本逐年增长、差错风险较高和服务效率较低等几个方面的问题。出现这些问题主要有两个原因，一是现有流程设计不合理；二是信息系统自动化程度不够，信息系统无法与外部系统集成，人工流程过多。跨部门的沟通和审核进一步导致了差错率高、效率低下。例如，在现有流程下还需要人工填报纳税申报表、人工审核查验员工报销、手工应收对账等。

因此，A 集团希望通过财务机器人项目降低人工成本，提升工作效率。RPA 机器人主要被用于处理简单、重复且具有一定规律的工作。在应收账款、应付账款、费用报销、税务管理等主要业务流程中，费用报销具有发生频次高、单笔报销金额小、发票数量多、耗费人力多、涉及人员不固定等特点，非常适用于 RPA 技术。接下来，本书将以费用报销端到端业务流程自动化为例介绍 RPA 项目实施过程。

二、费用报销项目实施过程

(一) 业务分析

1. 现有费用报销业务流程梳理

通过深入研究 A 集团现行费用报销业务实际情况，结合费用报销业务日常工作事项，可以梳理出现有人工操作流程，如图 5-4 所示。

A 集团费用报销业务量很大，人员覆盖范围广泛，报销费用种类繁杂，主要包含办公用品、交通费（机票、火车票、出租车等）、住宿费、餐费、业务招待费等。在费用报销端到端业务流程中，存在大量跨地区、跨部门、跨系统的交互任务。同时 A 集团对于业务招待等

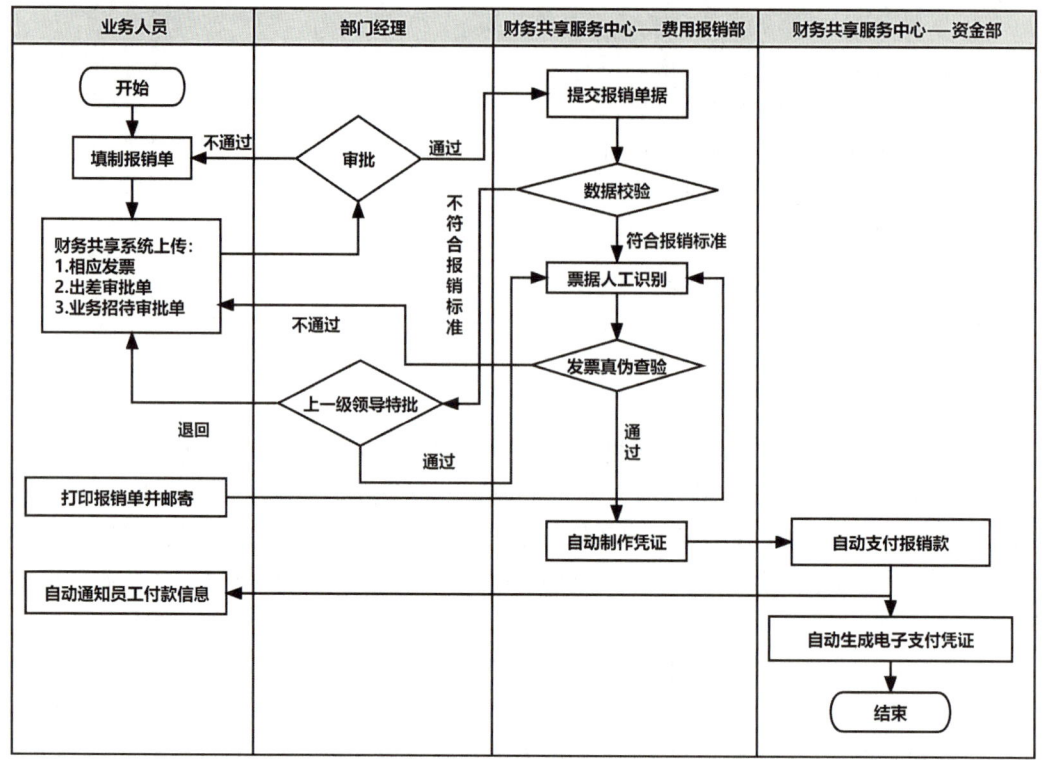

图 5-4　费用报销业务人工操作流程

费用报销业务的合规要求非常严格,在报销费用时需要人工校验数据,并核对发票真伪。费用报销业务人工操作流程基本可以分为以下四个阶段。

1) 报销提交

员工提交费用报销申请,在财务共享系统中逐一按照费用项目填写,并以拍照或扫描的方式上传对应的发票、小票清单、出差审批单、业务招待审批单等附件。

2) 报销审批

部门经理在员工提交费用报销申请后登录财务共享系统,对报销申请进行业务审批。通过部门经理审批的报销申请流转至财务共享服务中心,未通过审批的报销申请则退回报销申请人。

3) 报销审核

审批通过的报销单据提交至财务共享中心后,财务人员进行下一步的财务审核。若财务审核未通过则将报销申请退回至申请人修改、补充后再提交审核。通过财务审核的报销申请方可被录入财务系统并制作相关会计凭证。

4) 定期排款

对已入账的报销申请,根据其所在公司的情况定期安排付款。

2. 企业需求及解决方案

1) 企业各层面需求

通过对现有费用报销业务流程进行梳理,可以挖掘出公司管理、财务人员、业务人员三个层面的需求,如图5-5所示。

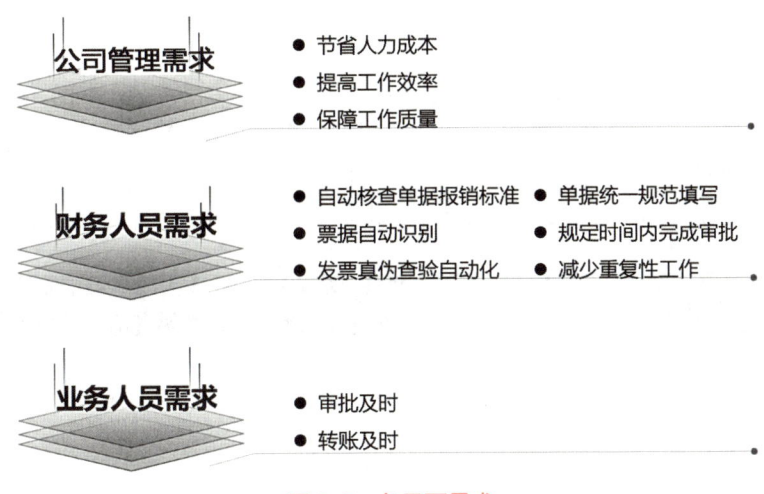

图5-5　各层面需求

2)解决方案

对各个层面的需求,分析解决方案如下:

(1)公司管理需求层面,可以通过以下方式实现:①降薪;②延长工作时长;③设立奖惩方案;④增设员工福利制,留住人才,减少招聘成本的支出;⑤引进机器人流程自动化(RPA)技术。

(2)财务人员需求层面,可以通过以下方式实现:①聘请专职人员,从事重复性的工作内容;②合理安排工作内容,提高员工的个人成就感;③引进机器人流程自动化(RPA)技术。

(3)业务人员需求层面,可以通过以下方式实现:①财务人员加快审批效率;②财务人员加快转账效率;③引进机器人流程自动化(RPA)技术,通过RPA满足业务人员的报销及时收款的需求。

经过对比分析发现,财务机器人流程自动化能解决企业各层面的需求,优点如下:

(1)错误率低。员工长时间进行系统操作,容易因疲劳、疏忽等情况形成错误操作,而RPA技术可以降低操作风险。财务机器人的自动执行可以提高工作效率,规避因人为错误而导致的返工,准确率可达100%。

(2)降本增效。财务机器人可以节省大量人力和时间,使员工的工作重心能转移到具有更高附加值的工作上去。

(3)及时性得到保障。财务机器人每周定时自动处理相关工作,可24小时运行,保证业务提交和结果反馈的及时性。

(4)可追溯记录。财务机器人工作的每个步骤都被监控和记录,可以作为审计证据,满足法律及合规的要求。另外,保存全面、细致的工作记录也有助于改进企业的流程。

(二)财务机器人的优化设计

企业推动和实现费用报销业务的机器人流程自动化,主要分为启动与调研阶段、规划与设计阶段、实施与运营阶段,如图5-6所示。

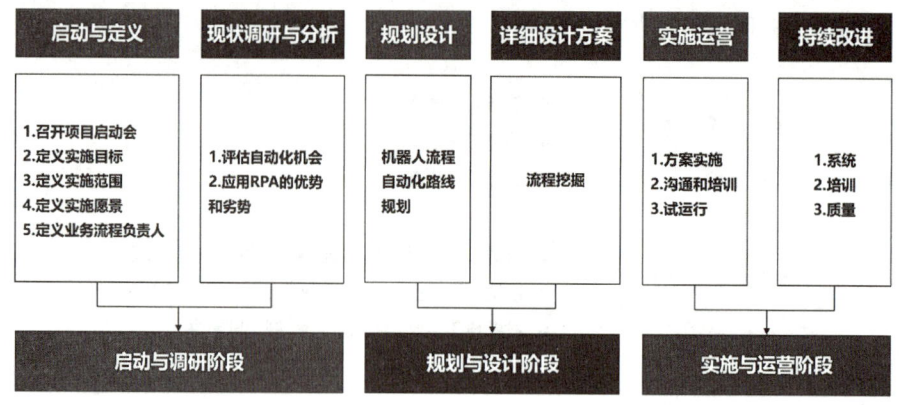

图 5-6　RPA 机器人项目优化设计

1. 启动与定义

企业应当召开费用报销业务流程自动化启动会,并明确以下内容:

(1) 实施目标:通过机器人流程自动化(RPA)处理费用报销业务。

(2) 实施范围:A 集团控股财务部。

(3) 实施愿景:转变业务模式,节约人力,提高员工的工作满意度。

(4) 业务流程负责人:财务部经理。

2. 现状调研与分析

1) 评价指标及评分标准设置

根据业务需要,从流程管理、信息系统、质量管理、效率管理四大维度全面梳理公司业务,设计出 RPA 实施费用报销业务流程的 13 个功能需求的具体评估度量指标,制订评分结果等级为 1～4 级:第 1 级评分为 0～30 分,考虑业务发展现状和技术应用趋势,需要优先优化的功能需求;第 2 级评分为 30～50 分,功能需求重要性水平较高,现有的经济业务管理基本满足重要需求;第 3 级评分为 50～70 分,功能需求优化的重要性水平一般,在资源允许的条件下,对其进行优化;第 4 级评分为 70～100 分,现有的功能需求较为完备,优化的重要性和紧迫性相对较低。具体评分标准如表 5-1、表 5-2 所示。

表 5-1　评价维度指标

评价维度	功能需求	指标度量
流程管理	业务流程标准化	经济业务流程执行是否按照流程执行规范实施统一的执行标准(100 分)
	业务流程自动化	对可替换、重复简单的业务流程是否进行自动化管理(100 分)
流程管理	业务风险管控	各个业务流程的风险管控是否能有效控制风险,制定有效的风险管控预警措施(100 分)
信息系统	系统环境完善程度	① 实施财务共享服务中心前,已具备成熟的 ERP 系统(50 分) ② 拥有功能完善的 IT 信息化应用平台(50 分)
	系统功能完备性	费用报销、应收应付核心业务等系统功能是否完备
	系统稳定性	信息系统是否稳定,是否进行日常检查与维护

（续表）

评价维度	功能需求	指标度量
质量管理	影像扫描退单率	当月不合格影像数÷当月扫描总张数×100%（当月退单率20%以内80分，20%～40%为60分，40%～100%为0分）
	票据识别准确率	当月识别错误票据数÷当月票据总数×100%（当月识别错误率20%以内80分，20%～40%为60分，40%～100%为0分）
	单据审批准确率	当月错误单据数÷当月审核总单数×100%（当月审核错误率20%以内80分，20%～40%为60分，40%～100%为0分）
	付款准确率	当月付款错误数量÷当月付款总笔数×100%（当月付款错误率20%以内80分，20%～40%为60分，40%～100%为0分）
效率管理	发票真伪查验效率	取得查验结果时间－发票查验开始时间（当月每超时1单，扣0.5分，满分100，扣完为止）
	付款效率	付款确认时间－付款办理时间（每月每超时1单，扣0.5分，满分100分，扣完为止）
	报销数据校验效率	校验完成时间－任务分配时间（当月每超时1单，扣0.5分，满分100分，扣完为止）

表5-2 评价需求等级

分值（分）	需求等级	需求等级含义
0～30	第1级	需要优先优化的功能需求
30～50	第2级	较为重要的功能需求
50～70	第3级	一般的功能需求
70～100	第4级	相对较低的功能需求

2）功能需求评分及需求等级确定

全面梳理A集团相关业务，对四大维度的功能需求具体评分，分数越低代表此需求越急需解决，如表5-3所示。

表5-3 A集团需求等级确定

评价维度	功能需求	分数（分）	需求等级
流程管理	业务流程标准化	80	第4级
	业务流程自动化	20	第1级
	业务风险管控	29	第1级
信息系统	系统环境完善程度	75	第4级
	系统功能完备性	80	第4级
	系统稳定性	85	第4级

（续表）

评价维度	功能需求	分数（分）	需求等级
质量管理	影像扫描退单率	60	第3级
	票据识别准确率	45	第2级
	单据审批准确率	68	第3级
	付款准确率	60	第3级
效率管理	发票真伪查验效率	43	第2级
	付款效率	68	第3级
	报销数据校验效率	27	第1级

表5-3评分显示，业务流程自动化、业务风险管控、报销数据校验效率、票据识别准确率和发票真伪查验效率均分低于50分，需求等级为1～2级，属于需要优先优化和较为重要的功能需求。

3．财务机器人的设计

通过功能需求评分及需求等级确定，在费用报销业务中适用于机器人流程自动化的业务环节包括报销数据校验、票据识别和发票真伪查验环节。具体业务处理内容包括核对费用报销数据是否符合报销标准、票据识别准确性和发票真伪查验时效等，如表5-4所示。

表5-4　费用报销业务处理内容

财务处理业务	机器人流程自动化业务环节	业务处理内容
费用报销业务	报销数据校验	核对费用报销数据是否符合报销标准
	票据识别	票据识别准确性
	发票真伪查验	发票真伪查验时效

以上适用于机器人流程自动化的业务环节，主要存在人工审核较多导致效率低下的问题，借助RPA技术可以在费用报销业务流程中实现报销数据自动化校验、火车票智能识别和发票真伪自动网上查验，大幅度提高费用报销流程的质量和效率。费用报销业务经RPA优化后的流程如图5-7所示（其中黑色文本框为经RPA优化的步骤）。

与图5-4费用报销业务人工操作流程相比，在经RPA优化后的费用报销流程中，员工仍通过财务共享系统提交报销申请，在选择具体的报销项目时须提交相关票据扫描件。部门经理审批后，财务机器人核对费用报销数据是否符合报销标准。对于不符合报销标准的情况需向上一级领导特批，符合报销标准的票据再由财务机器人进行OCR扫描，自动识别票据中的结构化数据，进行发票真伪自动查验。发票查验通过后，财务共享服务中心接收票据原件，并检查票据完整性。票据全部通过查验后自动生成凭证，按照报销款支付周期批量进行记账和支付操作。

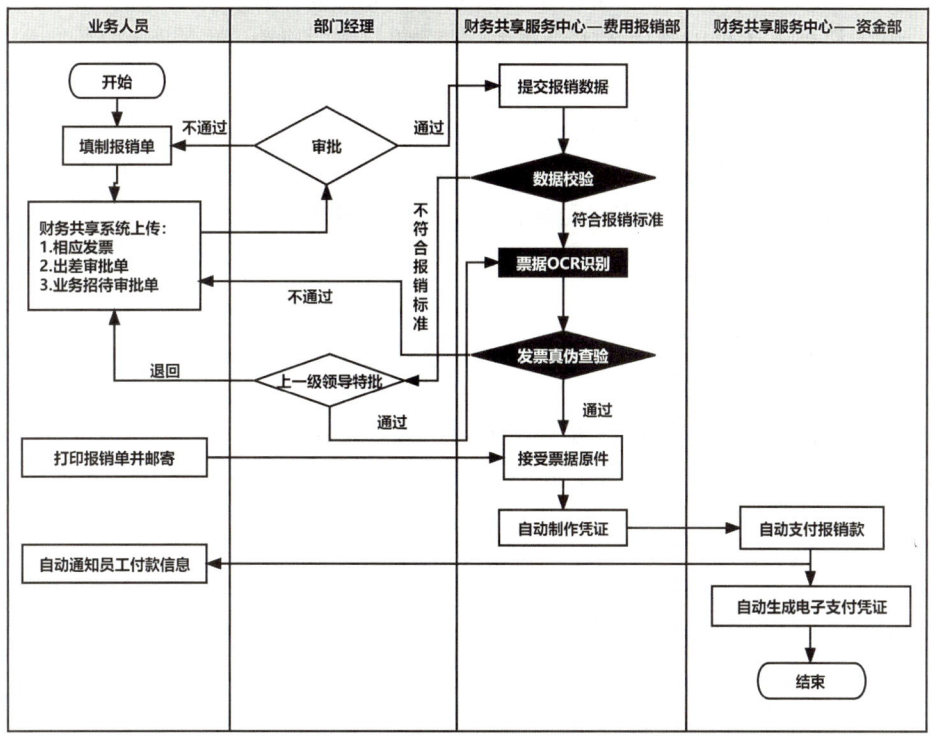

图 5-7　优化后的费用报销流程图

4. 机器人流程自动化(RPA)规划路线

(1) 团队组建：确认团队负责人和团队成员，并明确各岗位工作职责。

(2) 拟定 RPA 设计方案：主要包括适用于 RPA 的流程业务、开发周期、交付节点等。

(3) 开发费用报销机器人：按照既定的流程任务开发费用报销数据校验、火车票智能识别和发票真伪查验机器人。

(4) 测试验证：将开发好的机器人进行反复测试，以确保机器人能够正常运行。

(5) 部署交付：将开发好的机器人进行部署并对相关岗位人员进行培训，确保其能够运用机器人协助其工作。

5. 实施与运营

(1) 人员培训：对相关岗位人员进行培训。

(2) 部署和交付：部署机器人并交付给相应的岗位人员。

(3) 试运行：进一步验证机器人流程自动化是否适用于 A 集团。

(4) 收集建议与反馈：收集使用者反馈的建议，对财务机器人做进一步的优化。

(5) 优化和改进：以使用者为中心，对机器人做进一步的优化，提升使用者的满意度。

(三) 实施建议及保障措施

1. 实施建议

1) 加强费用报销业务流程管理

基于财务共享系统实施费用报销的 RPA 项目，不仅可以使报销流程管理更加规范,同时还可以通过借助财务机器人辅助财务人员进行审核处理,大大降低工作的繁琐程度。财务机器人还可以避免人工操作失误,降低一定的风险,使企业风险管理能力得到提升。

2）加强对报销数据的整理和有效应用

企业内部数据来源广泛,分布在多个系统和文件中,一个数据可能拥有多个入口,因此需要对数据进行标准化处理和规范化治理,这也是数据产生价值的前提。

2. 保障措施

1）制度保障

规定可以实现简易报销流程的场景、报销流程中审批人的权限和次序。

2）人员保障

为了实现优化方案的落地,需要建立科学的人才培养机制,对岗位人员进行业务培训,提高岗位人员意识和业务操作水平,为 A 集团费用报销管理优化实施提供人员保障。

3）数据保障

制订标准化的数据管理机制,全面梳理费用报销的数据流程,并保存好相关数据,建立标准确保费用报销审批环节的准确性。

三、费用报销财务机器人项目实施效果

1. 提高费用报销合规管理水平

在费用报销的合规审查中,原来进行费用报销审核的财务人员花费大量精力进行发票真伪查验,实施 RPA 自动化流程后,可以由财务机器人自动登录发票查验系统、输入发票号码、反馈发票真伪。在费用报销的内部合规审查中,A 集团对费用报销标准进行了严格规定。RPA 将费用报销数据与公司合规文档进行相互连接、自动校验,提高了费用报销的合规性,也提高了费用报销的效率。财务机器人对费用报销全流程进行无死角监督,减少了个人舞弊风险,提升了合规管理水平。

2. 提高费用报销的效率与质量

在 RPA 自动化流程中,员工提交费用报销申请后,费用报销数据校验和发票查验通过后,才将票据原件寄给财务共享服务中心。优化后的报销审核周期可缩短到 2 天。未来完全实现发票电子化、票据无纸化后,这一周期将进一步缩短。此外,财务机器人还提高了票据识别准确率,降低了审核错误率。

3. 降低财务的人力资源成本

通过财务机器人优化费用报销流程,财务共享服务中心费用报销部门的流程自动化程度达到 86%,从事费用报销的财务人员从之前的 23 人减少到 9 人,降低了财务部门的人力资源成本。

第三节　费用报销数据校验机器人

学习目标

☆ **知识目标**

1. 熟悉读取 Excel 到表格、按行遍历表格、分割字符串等操作控件的使用

2. 了解费用报销数据校验业务工作中的痛点

☆ **技能目标**

1. 梳理费用报销数据校验的业务流程

2. 设计费用报销数据校验机器人流程

3. 运用控件进行费用报销数据校验机器人的开发

☆ **素养目标**

1. 强化学生钻研 RPA 流程设计的职业素养

2. 培养学生的实操能力和解决问题的能力

一、费用报销数据校验机器人设计

（一）业务背景

费用报销是会计人员日常处理的工作之一，因为规范性强、重复度高、操作难度小，费用报销凭证占到了会计凭证量的 70% 以上。费用报销只有处理规范，基础账务工作的质量才能够得到足够的保障。企业为规范公司经费开支，会自行规定费用报销制度。其费用报销种类繁多，通常包括交通费、差旅费、通信费、办公费、业务招待费等。本节以业务招待费为例介绍费用报销数据校验机器人的设计和开发。在 A 集团，通常仅限经理级以上人员及业务部销售人员有权支配业务招待费，集团对外发生的业务招待费可按招待对象级别、招待对象类型判断标准进行合规控制。

（二）业务流程及痛点分析

A 集团财务校验的费用报销数据由财务共享系统自动生成。传统的费用报销数据校验操作，需要人工打开费用单据审核信息表，同时打开业务招待费报销标准，将每一条信息进行计算对比。对符合报销标准的，登记为同意，表示审核通过；对不符合报销标准的，登记为不同意，表示审核不通过。由于费用报销数据量较大，重复性的校验信息将会占用大量的工作时间，不仅容易出错，而且工作效率低。

费用报销数据校验人工流程，如图 5-8 所示。

费用报销数据校验人工流程步骤如下：

（1）打开费用单据审核信息表。

（2）查看报销申请详情。

（3）打开业务招待费报销标准，并计算对比。

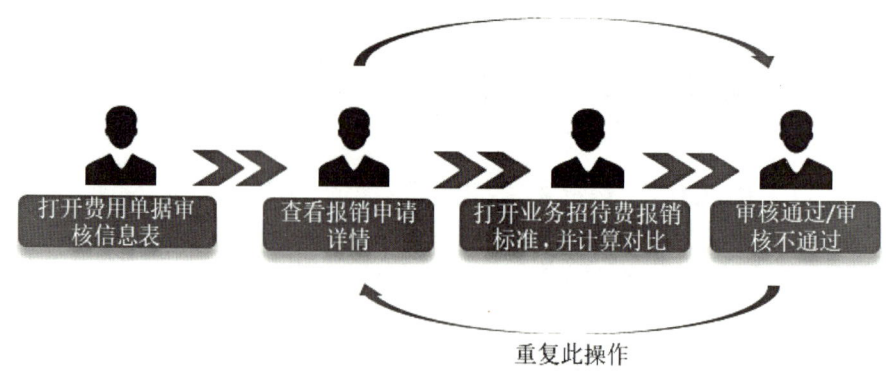

图 5-8 费用报销数据校验人工流程

（4）人工审核每一条报销信息并将审核结果登记入 Excel 文件中。

（三）自动化流程

为了解决人工费用报销数据校验流程中繁琐、耗时较长、效率较低等问题，A 集团设计了费用报销数据校验机器人来解决这个问题。财务机器人可以实现费用报销数据校验自动化，极大地提升了费用报销数据校验的效率。

费用报销数据校验自动化流程，如图 5-9 所示。

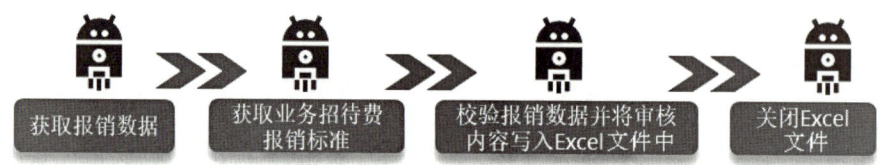

图 5-9 费用报销数据校验自动化流程

费用报销数据校验自动化流程步骤如下：

（1）机器人获取报销数据。

（2）机器人获取业务招待费报销标准。

（3）机器人校验报销数据并将审核内容写入 Excel 文件中。

（4）机器人关闭 Excel 文件。

（四）控件准备

费用报销数据检验机器人会运用到的控件，如表 5-5 所示。

表 5-5 活动控件

序号	控件名称	控件图标	控件功能
1	读取 Excel 到表格	pandas.readExcel - 读取exc... Excel文件路径 Sheet名称 readExcel_ret	读取 Excel 文件内容到 DataFrame 表格

（续表）

序号	控件名称	控件图标	控件功能
2	按行遍历表格	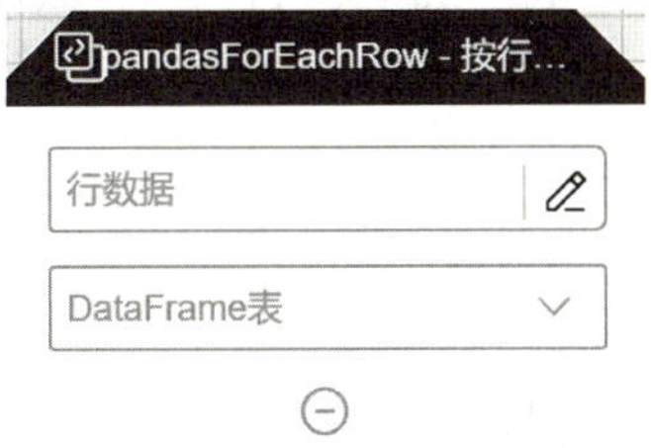 pandasForEachRow - 按行… / 行数据 / DataFrame表	循环遍历表格每一行
3	运行 python 表达式	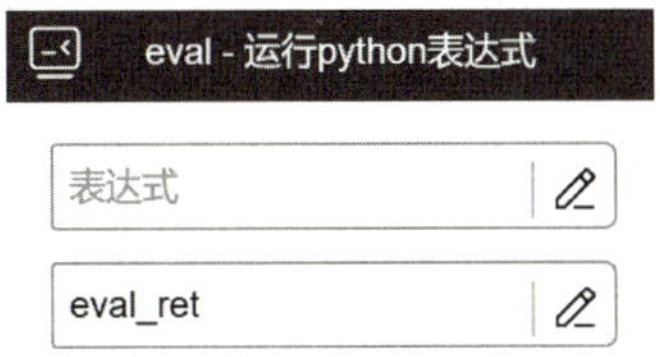 eval - 运行python表达式 / 表达式 / eval_ret	运行一个 python 表达式，并返回表达式的结果，如果表达式本身没有结果，则返回 None
4	功能块	 Block - 功能块 / block / 双击编辑	1. 表示一段处理逻辑，方便流程管理。 2. 内部可以包含其他任意控件
5	打开 Word 文档	 word.applicationScope - 打… / 文档路径	打开指定 Word 文档
6	读取文本	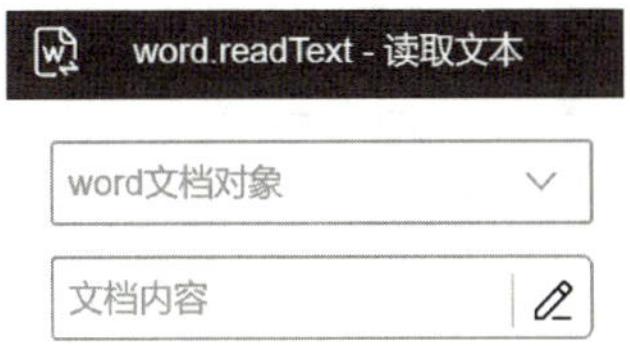 word.readText - 读取文本 / word文档对象 / 文档内容	读取指定的 Word 文档数据
7	分割字符串	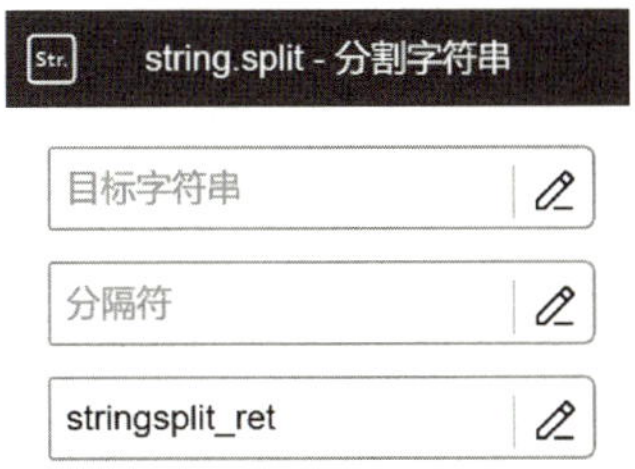 string.split - 分割字符串 / 目标字符串 / 分隔符 / stringsplit_ret	根据指定的字符分割字符串，返回一个列表

（续表）

序号	控件名称	控件图标	控件功能
8	变量赋值	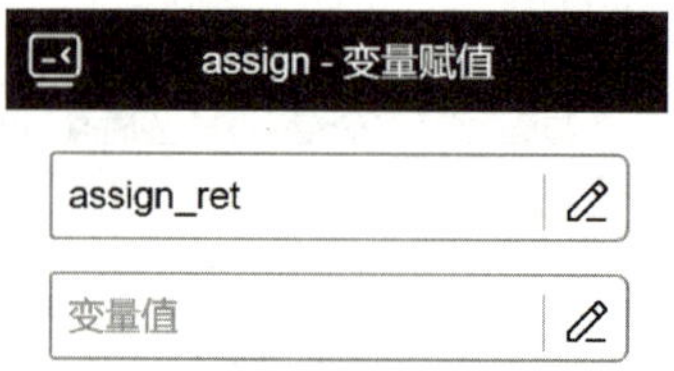 assign - 变量赋值 assign_ret 变量值	给变量赋值，python 基本数据类型字面值形式
9	消息窗口	 messageBox - 消息窗口 消息框内容	在页面弹出一个窗口显示输入的数据
10	条件分支	 If - 条件分支 条件表达式	该控件分为两个分支：Do 分支和 Else 分支，条件满足时执行 Do 分支，否则执行 Else 分支
11	写入单元格	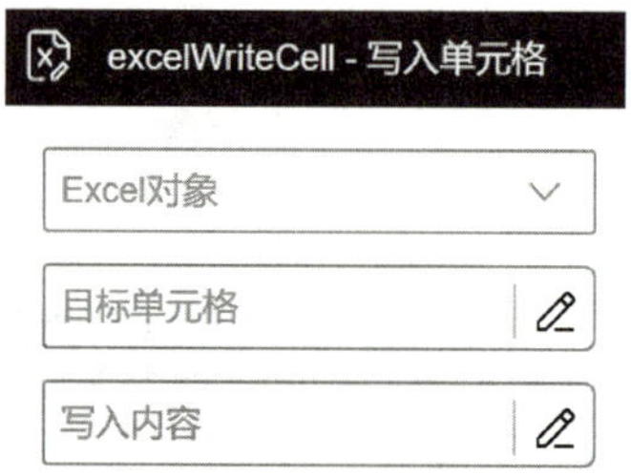 excelWriteCell - 写入单元格 Excel对象 目标单元格 写入内容	将文本或者公式写入单元格
12	关闭 Word 文档	 word.closeApplication - 关闭... word文档对象	关闭并保存 Word 文档

（五）费用报销数据校验流程图设计

1. 流程图设计

根据费用报销数据校验自动化流程，可以在 WeAutomate Studio 中设计流程图，如图 5-10 所示。

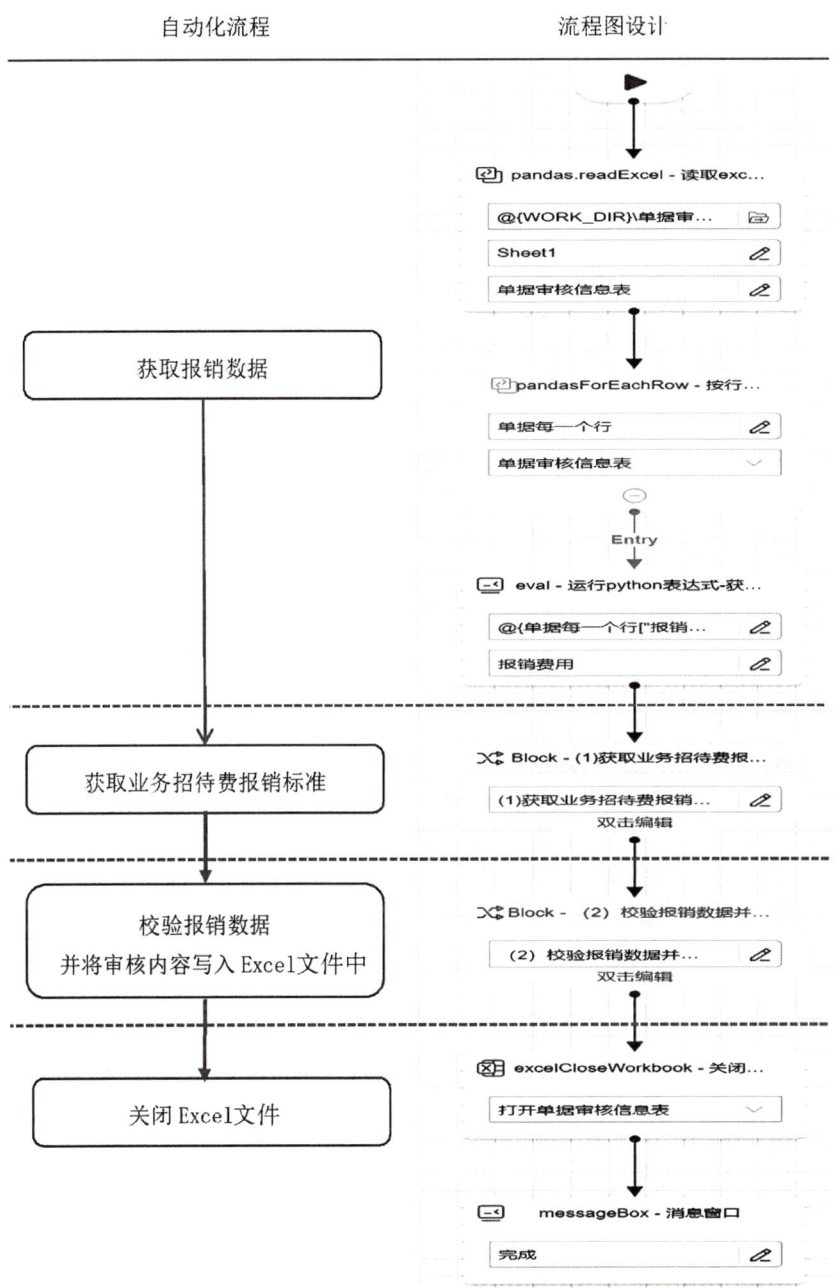

图 5-10 费用报销数据校验流程图

2. 流程图设计中的控件功能

1）主流程中的控件功能

在流程图设计中，主流程使用的活动控件功能如图 5-11 所示。

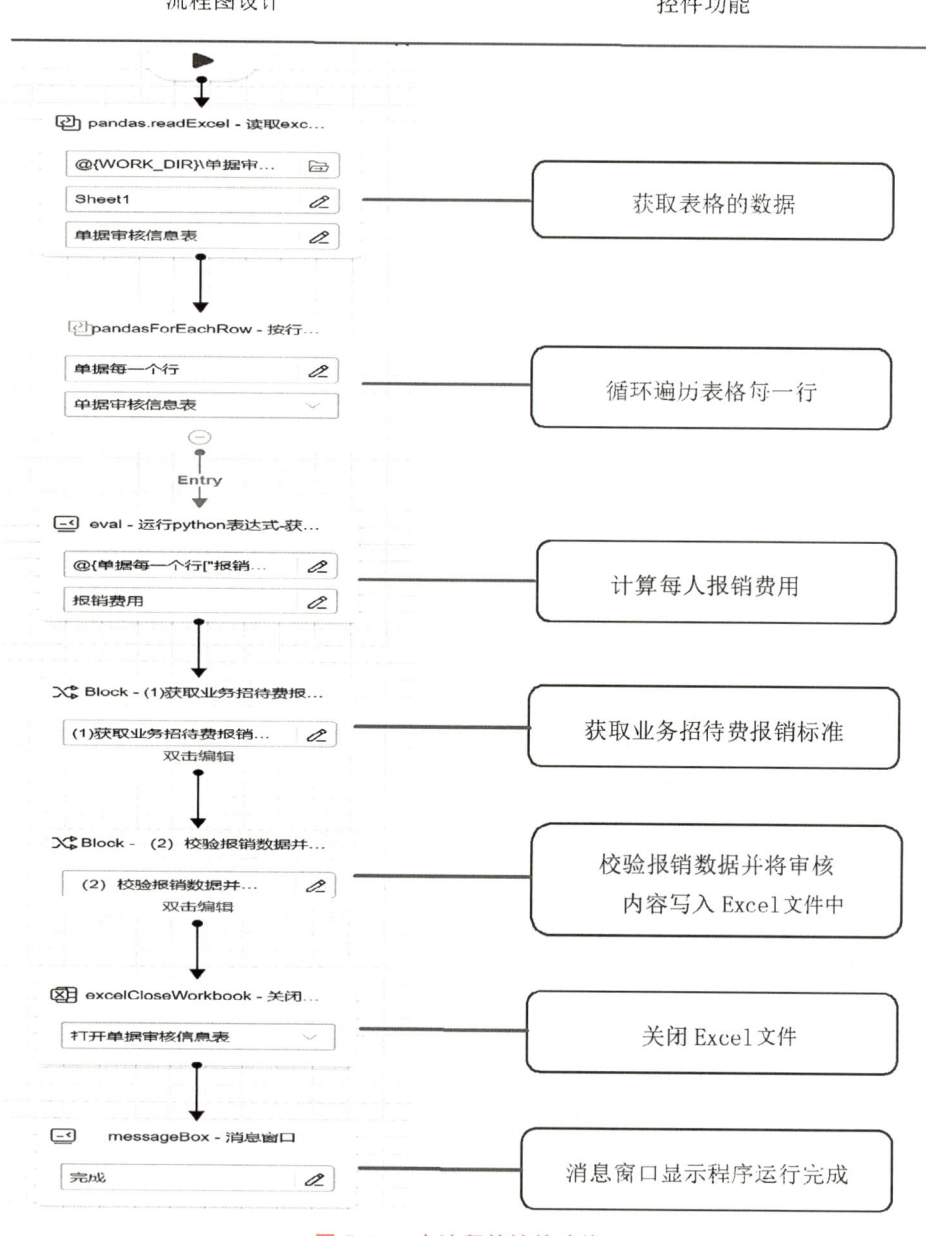

图 5-11　主流程的控件功能

2）Block-（1）获取业务招待费报销标准的控件功能

在 Block-（1）获取业务招待费报销标准的流程图设计，其使用的活动控件功能如图 5-12 所示。

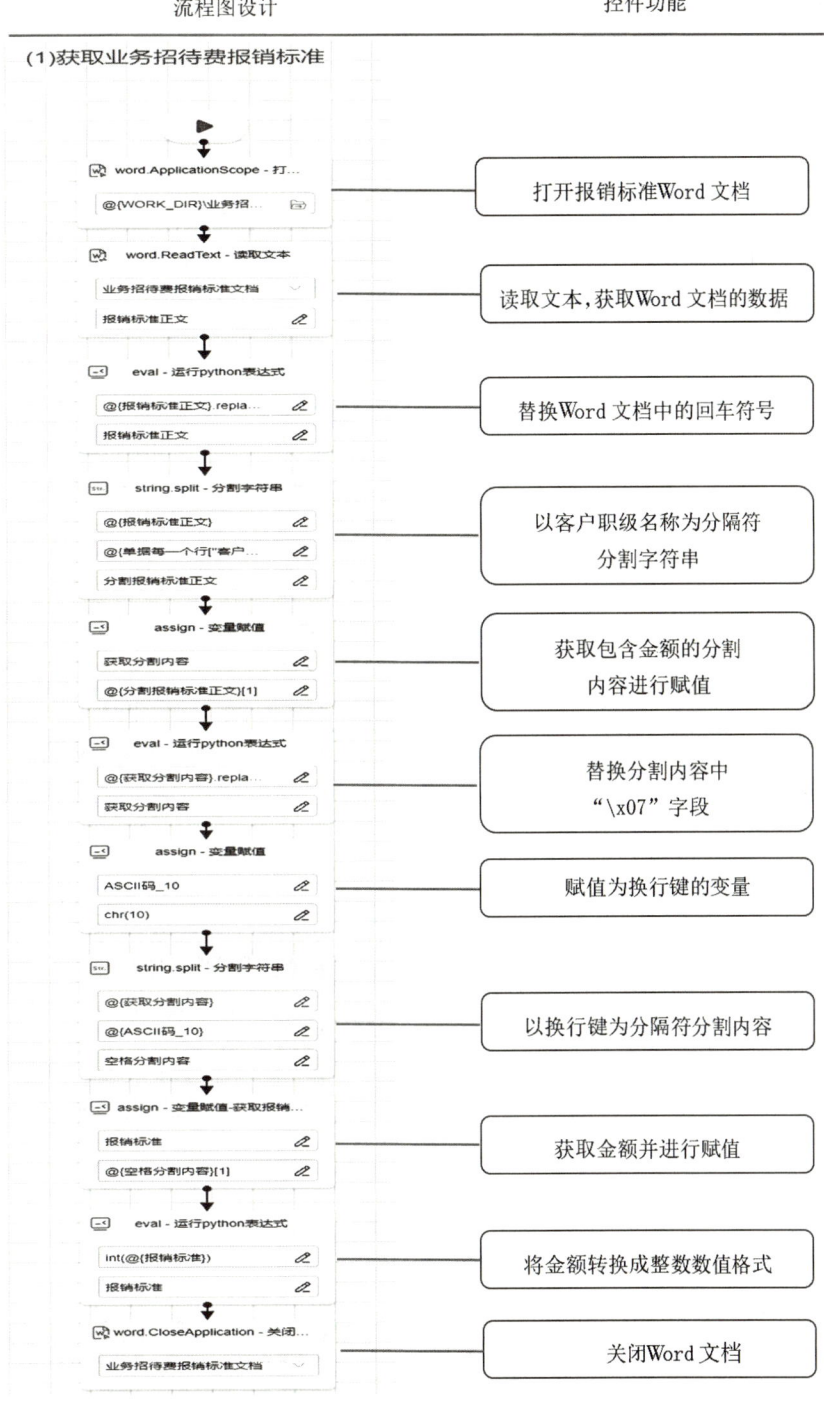

图 5-12 Block-(1)获取业务招待费报销标准中的控件功能

3）Block-(2)校验报销数据并将审核内容写入 Excel 文件的控件功能

在 Block-(2)校验报销数据并将审核内容写入 Excel 文件的流程图设计,其使用的活动控件功能如图 5-13 所示。

流程图设计 控件功能

(2) 校验报销数据并将审核内容写入Excel 文件

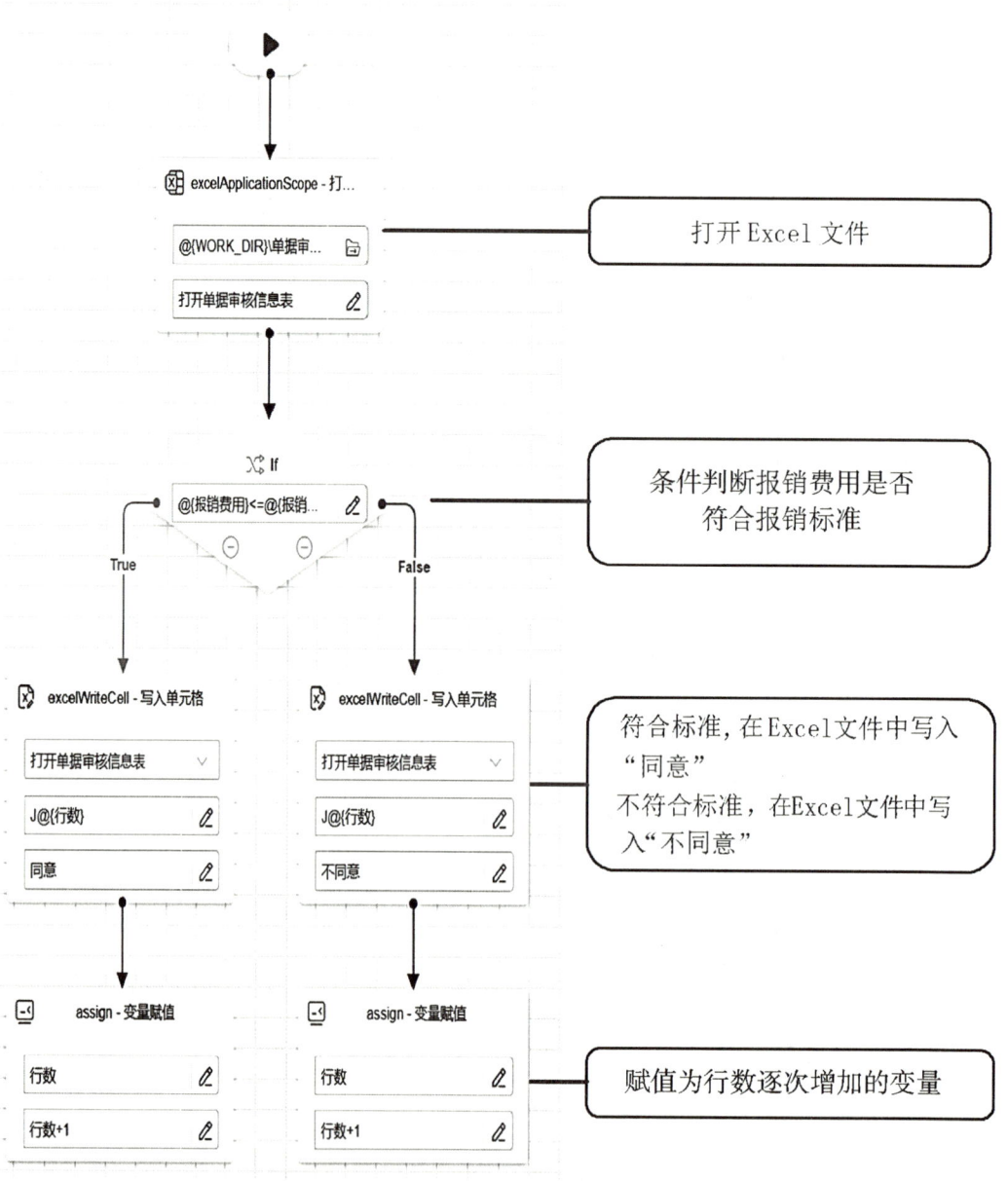

图 5-13 Block-(2)校验报销数据并将审核内容写入 Excel 文件的控件功能

二、费用报销数据校验机器人开发

（一）开发操作准备

1. 创建文件夹

在 C 盘创建一个文件夹，命名为"RPA"，如图 5-14 所示。

> 此电脑 › Windows-SSD (C:) ›

名称

Client.log

RPA

图 5-14　创建文件夹界面

2. 启用 WeAutomate Studio 并创建项目

（1）启用 WeAutomate Studio，单击【开始】按钮，点击【新建项目】按钮，如图 5-15 所示。

WeAutomate Studio　教育版（试用授权，仅用于非商业用途）　　　　hangye

打开项目　　导入项目　　仓库项目　　新建项目

最近编辑的项目

5　　hangye　　2023/05/08

　　　　3.1.2

图 5-15　费用报销数据校验机器人创建界面

（2）在【项目名称】中输入"feiyong"，【保存路径】指定为【C:\RPA】，点击【创建】按钮，完成项目的创建。

3. 确认业务资源文件

在新建的项目根目录中，找到业务资源文件，确认"单据审核信息"和"业务招待费报销标准"文件，这两个文件中提供了本案例所需要的业务数据，如图 5-16 所示。

（二）创建费用报销数据校验机器人流程

1. 读取单据审核信息表的数据

（1）在【控件】输入"读取 Excel 到表格"，将控件拖至画布中。

单据审核信息

业务招待费报销标准

□ 名称	修改日期	类型	大小
bak	2023/5/26 10:45	文件夹	
history	2023/5/26 10:46	文件夹	
Input	2023/5/25 14:31	文件夹	
Lib	2023/5/25 14:15	文件夹	
Output	2023/5/26 10:46	文件夹	
Pic	2023/5/25 14:15	文件夹	
Project	2023/5/25 14:31	文件夹	
ScreenShot	2023/5/25 14:15	文件夹	
readme_en_US	2022/12/2 10:59	文本文档	1 KB
readme_zh_CN	2022/12/2 10:59	文本文档	1 KB
Robot	2023/5/27 8:20	XML 文档	2 KB
单据审核信息	2023/5/26 10:46	Microsoft Excel 工…	12 KB
费用报销数据校验机器人之业务招待费	2023/5/27 8:20	RPA 文件	1 KB
业务招待费报销标准	2022/3/22 10:57	Microsoft Word 文档	29 KB

图 5-16　确认业务资源文件

(2)【控件描述】输入"读取 Excel 到表格-读取单据审核信息表"。

(3)【表格对象】修改为"单据审核信息表"。

(4)【Excel 文件路径】选择文件"@{WORK_DIR}\单据审核信息. xlsx"。

(5)【Sheet 名称】输入"Sheet1",如图 5-17 所示。

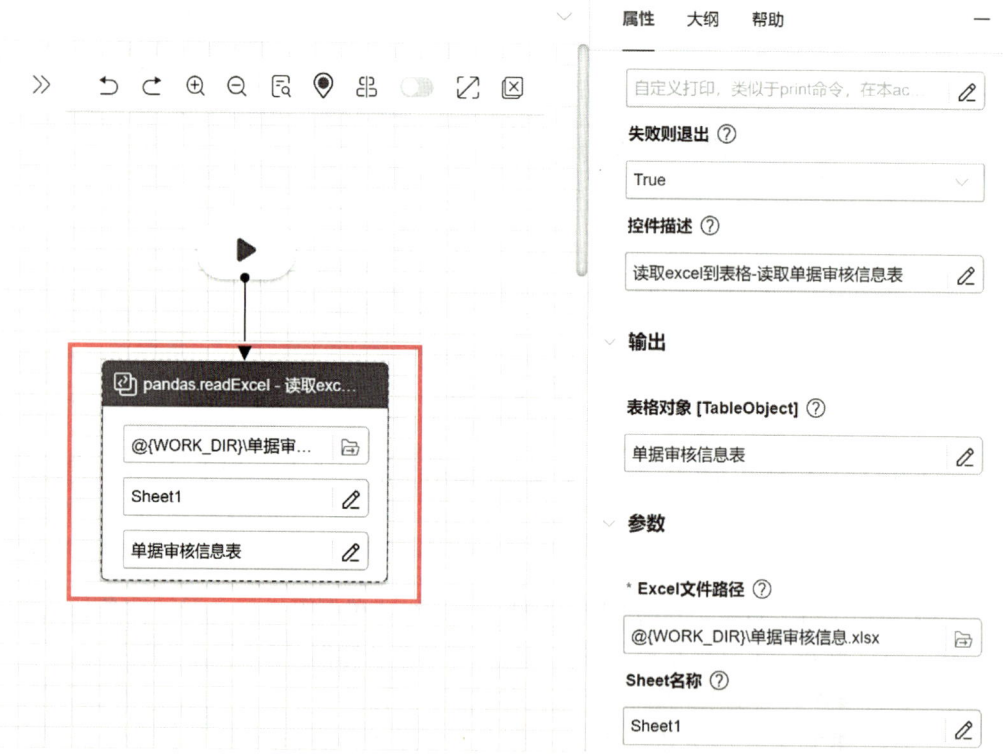

图 5-17　【读取单据审核信息表】界面

2. 循环遍历表格的每一行

（1）在【控件】输入"按行遍历表格"，将控件拖至画布中。

（2）【控件描述】输入"按行遍历表格-遍历表格每一行"。

（3）【行数据】输入"单据每一个行"，名称可自定义设置。

（4）【DataFrame 表】选择"单据审核信息表"，如图 5-18 所示。

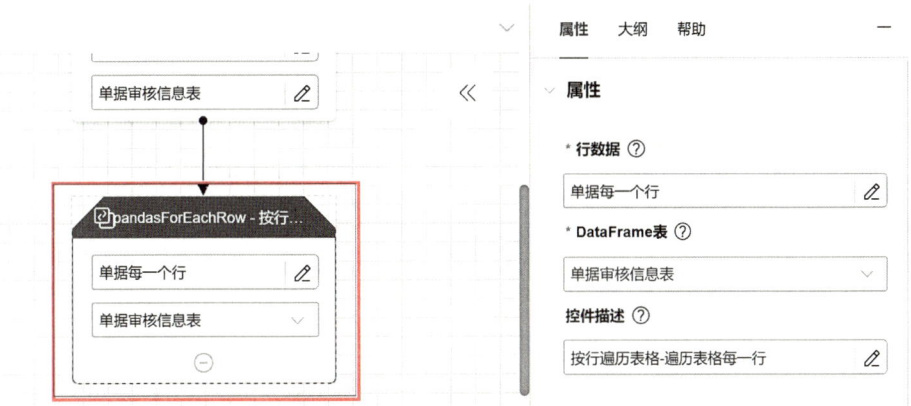

图 5-18　【循环遍历表格的每一行】界面

3. 计算每人报销费用

（1）在【控件】输入"运行 python 表达式"，将控件拖至画布中。

（2）【控件描述】输入"运行 python 表达式-获取每人报销费用"。

（3）【执行结果】内容修改为"报销费用"。

（4）【表达式】输入"@{单据每一个行["报销金额合计"]}/@{单据每一个行["宴请人数（含本人）"]}"，如图 5-19 所示。

图 5-19　【计算每人报销费用】界面

4. 获取业务招待费报销标准

1) 获取业务招待费报销标准功能块

（1）在【控件】输入"功能块"，将控件拖至画布中。

（2）【语句块名称】输入"(1)获取业务招待费报销标准"，设置完成后双击此功能块，进入编辑模式，如图 5-20 所示。

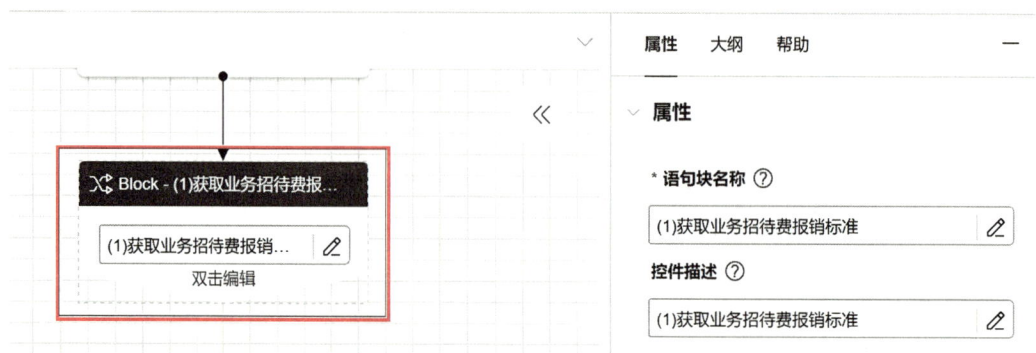

图 5-20 【获取业务招待费报销标准】功能块

知识拓展

功能块可封装多个控件，作为一个单元来完成特定的功能或者操作。

功能块在视觉上更加美观，也方便流程管理。

2) 打开业务招待费报销标准文档

（1）在【控件】输入"打开 Word 文档"，将控件拖至画布中。

（2）【Word 文档对象】修改为"业务招待费报销标准文档"，名称可自定义设置。

（3）【文档路径】选择"@{WORK_DIR}\业务招待费报销标准.docx"，如图 5-21 所示。

3) 读取报销文档数据

（1）在【控件】输入"读取文本"，将控件拖至画布中。

（2）【Word 文档对象】修改为"业务招待费报销标准文档"。

（3）【文档内容】输入"报销标准正文"，名称可自定义设置，如图 5-22 所示。

4) 替换 Word 文档中的回车符号

（1）在【控件】输入"运行 python 表达式"，将控件拖至画布中。

（2）【控件描述】输入"运行 python 表达式-替换 word 文档中的回车符号"。

（3）【执行结果】修改为"报销标准正文"。

（4）【表达式】输入"@{报销标准正文}.replace(chr(13),"")"，如图 5-23 所示。

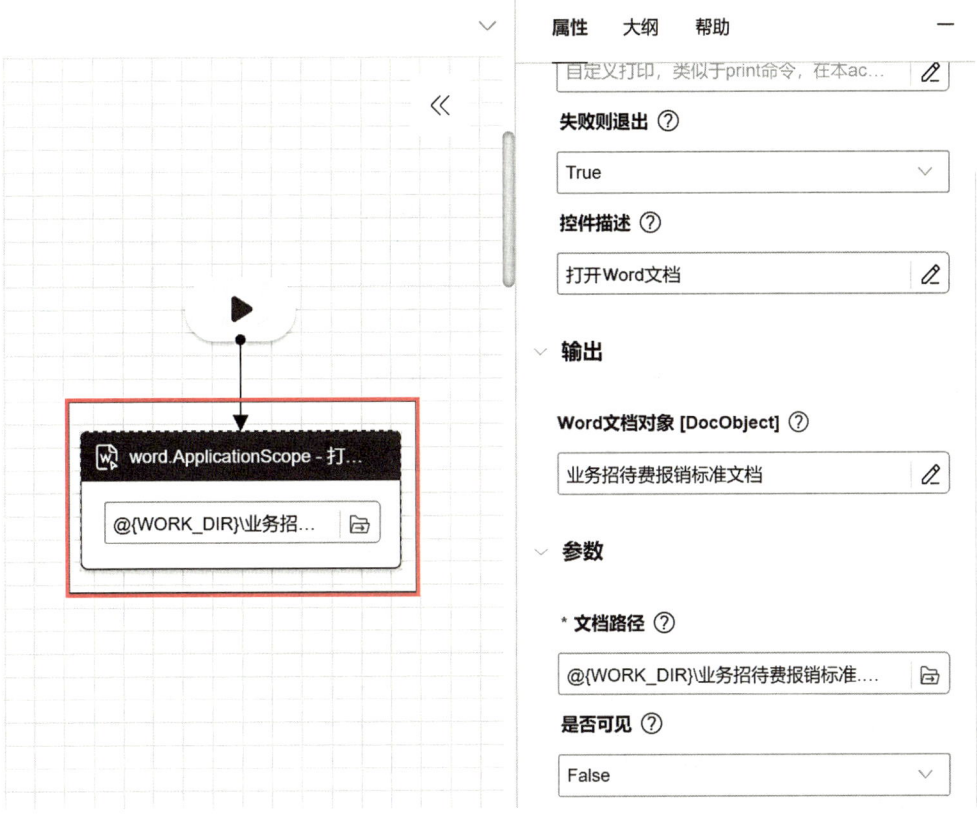

图 5-21 【打开业务招待费报销标准文档】界面

图 5-22 【读取报销文档数据】界面

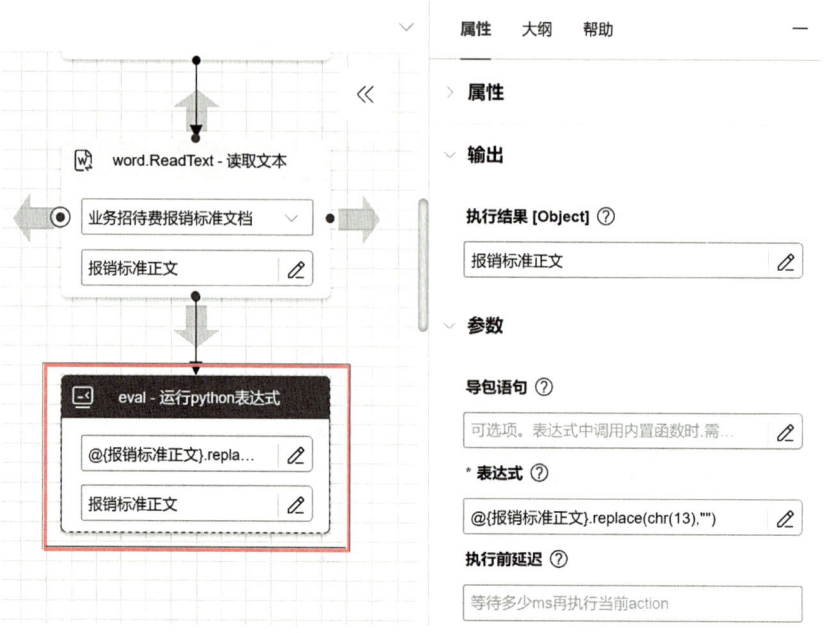

图 5-23 【替换 Word 文档中的回车符号】界面

5）以客户职级名称为分隔符分割

（1）在【控件】输入"分割字符串"，将控件拖至画布中。

（2）【字符串列表】修改为"分割报销标准正文"，名称可自定义设置。

（3）【目标字符串】输入"@{报销标准正文}"。

（4）【分隔符】输入"@{单据每一个行["客户职级"]}"，如图 5-24 所示。

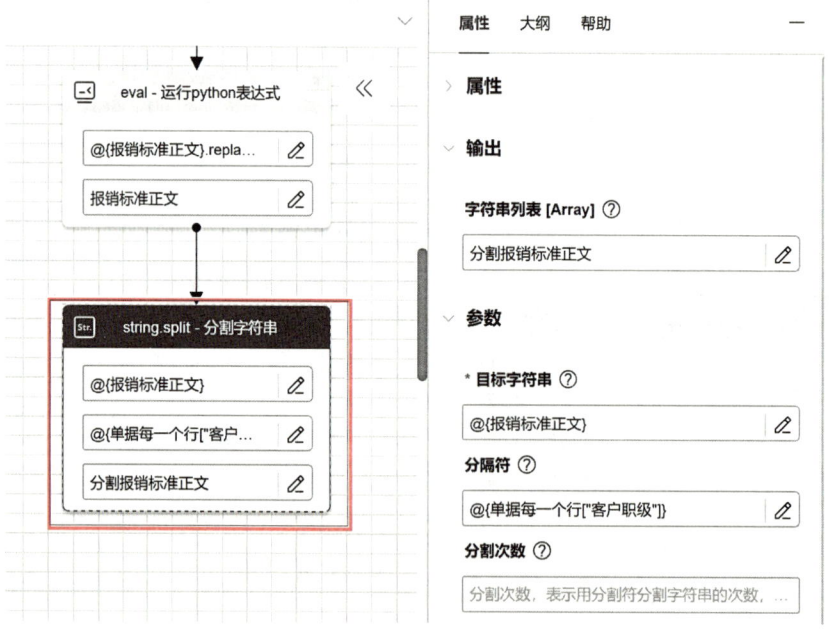

图 5-24 【以客户职级名称为分隔符分割】界面

6）获取包含金额的分割内容进行赋值

（1）在【控件】输入"变量赋值"，将控件拖至画布中。

（2）【变量名】修改为"获取分割内容"。

（3）【将输出类型转换为】默认为空。

（4）【变量值】输入"@{分割报销标准正文}[1]"，如图 5-25 所示。

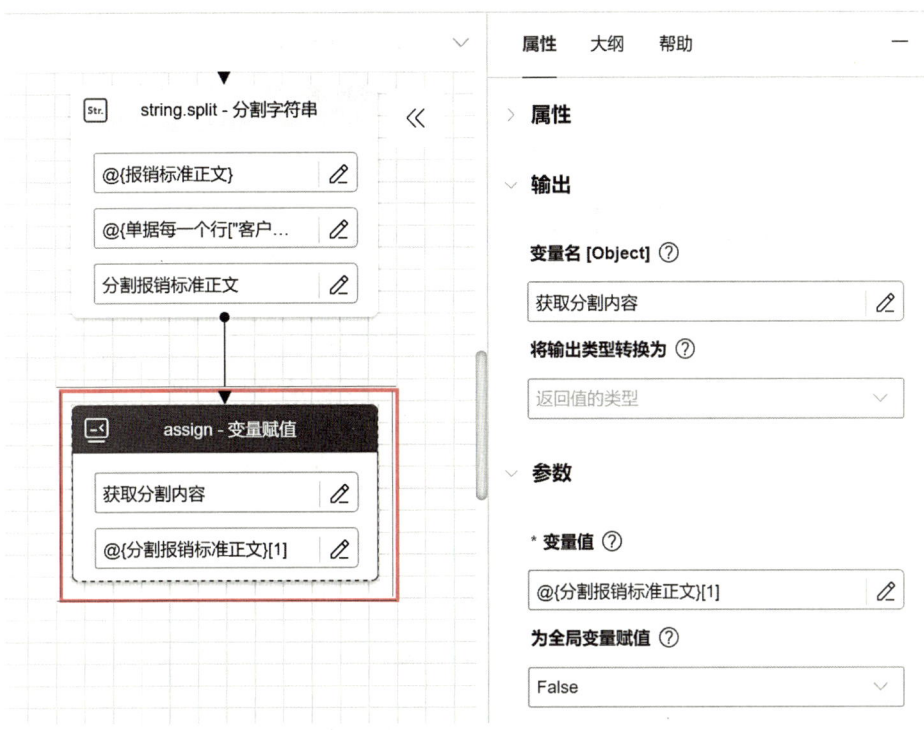

图 5-25　【获取包含金额的分割内容进行赋值】界面

7）替换分割内容中"\x07"字段

（1）在【控件】输入"运行 python 表达式"，将控件拖至画布中。

（2）【执行结果】修改为"获取分割内容"。

（3）【表达式】输入"@{获取分割内容}.replace("\x07","")"，如图 5-26 所示。

8）赋值为换行键的变量

（1）在【控件】输入"变量赋值"，将控件拖至画布中。

（2）【变量名】修改为"ASCII 码_10"。

（3）【将输出类型转换为】默认为空。

（4）【变量值】输入"chr(10)"，如图 5-27 所示。

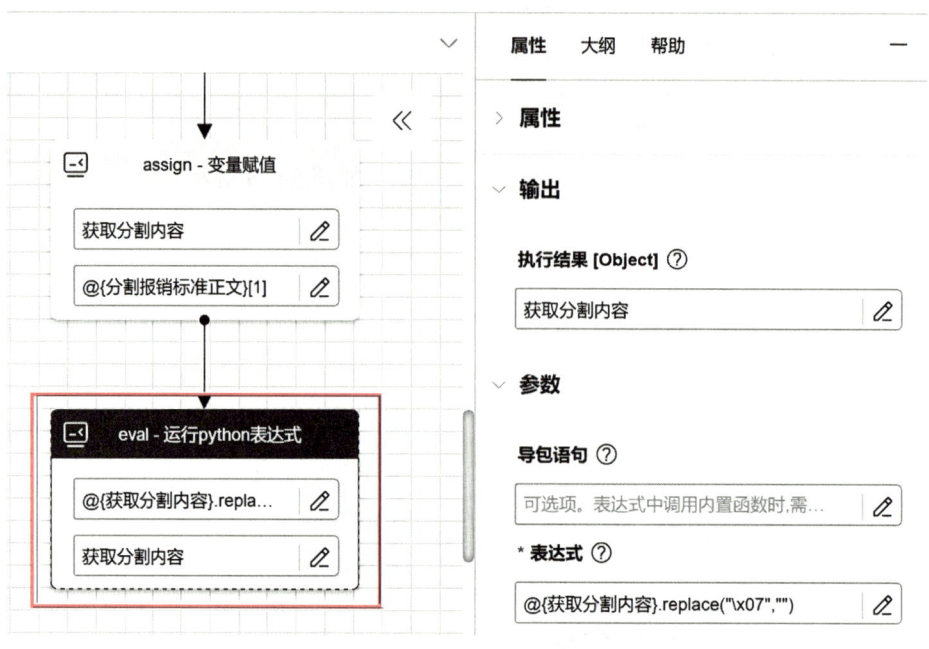

图 5-26 【替换分割内容中"\x07"字段】界面

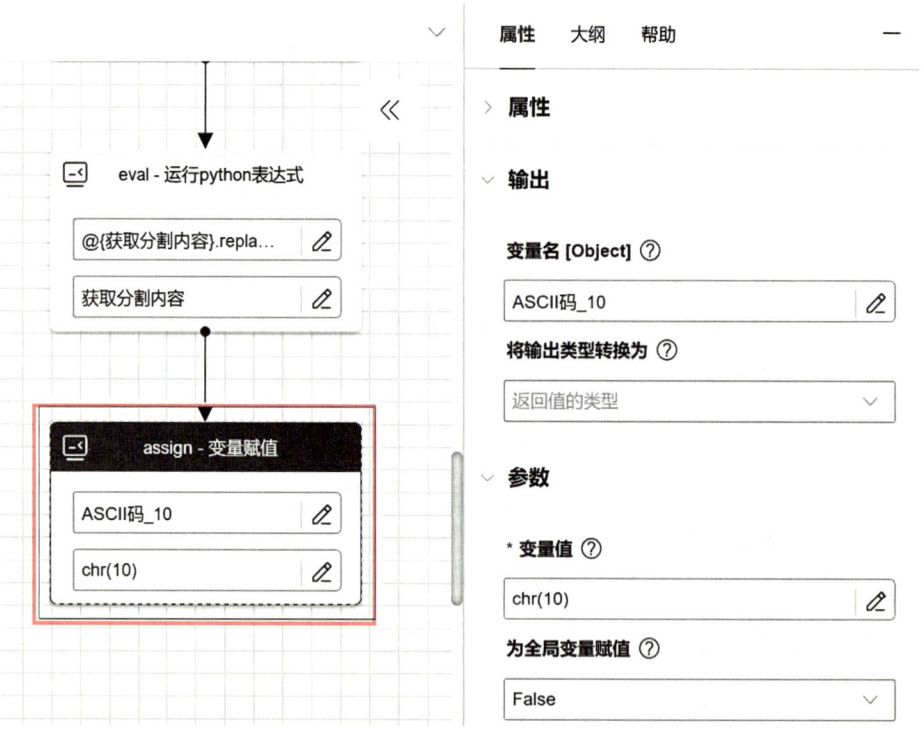

图 5-27 【赋值为换行键的变量】界面

9）以换行键为分隔符分割内容

（1）在【控件】输入"分割字符串"，将控件拖至画布中。

（2）【字符串列表】修改为"空格分割内容"，名称可自定义设置。

（3）【目标字符串】输入"@{获取分割内容}"。

（4）【分隔符】输入"@{ASCII 码_10}"，如图 5-28 所示。

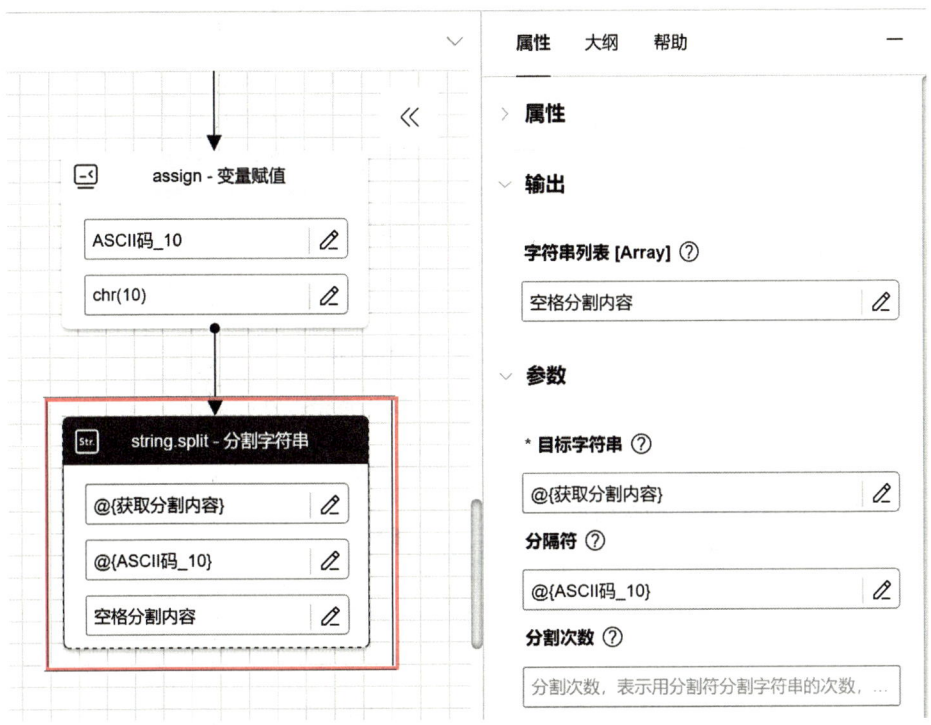

图 5-28　【以换行键为分隔符分割内容】界面

 知识拓展

　　Chr()是一个计算机科学中的函数或者命令，用于将一个 ASCII 码或 Unicode 编码的整数转换为对应的字符，如表 5-6 所示。

表 5-6　Chr( )转换为对应字符

二进制	十进制	十六进制	符号	解释
00001010	10	0A	LF	换行键
00001011	11	0B	VT	垂直制表符
00001100	12	0C	FF	换页键
00001101	13	0D	CR	回车键
00001110	14	0E	SO	移出
00001111	15	0F	SI	移入

10）获取金额并进行赋值

（1）在【控件】输入"变量赋值"，将控件拖至画布中。

（2）【控件描述】输入"变量赋值-获取报销标准"。

（3）【变量名】修改为"报销标准"。

（4）【将输出类型转换为】默认为空。

（5）【变量值】输入"@{空格分割内容}[1]"，如图 5-29 所示。

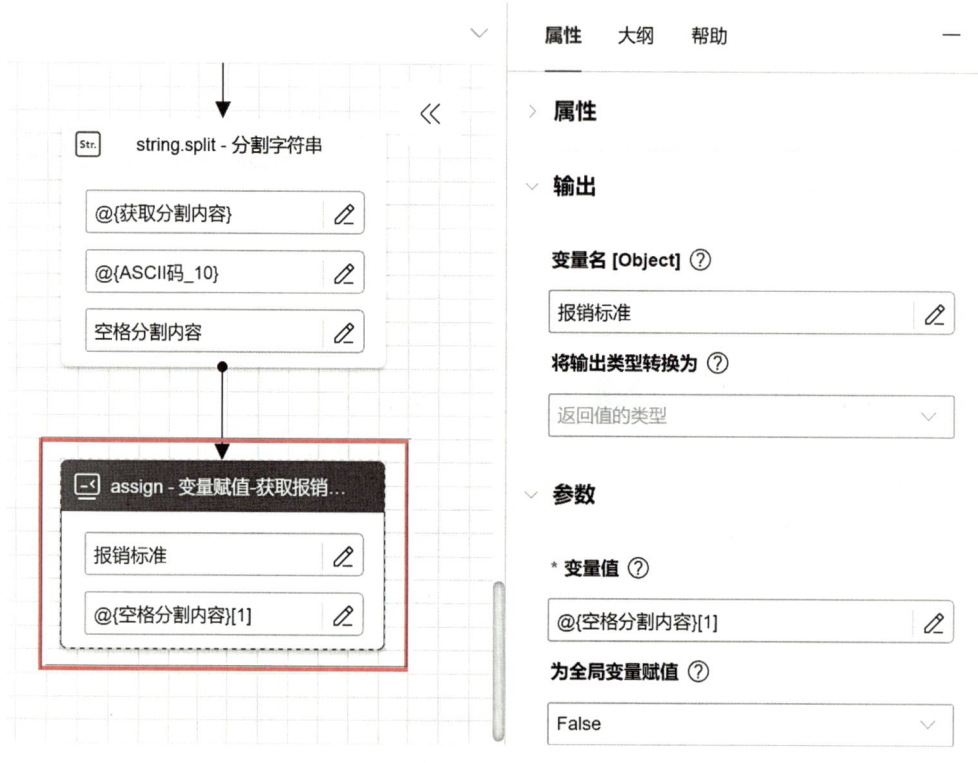

图 5-29 【获取金额并进行赋值】界面

11）将金额转换成整数数值格式

（1）在【控件】输入"运行 python 表达式"，将控件拖至画布中。

（2）【执行结果】修改为"报销标准"。

（3）【表达式】输入"int(@{报销标准})"，如图 5-30 所示。

12）关闭报销标准文档

（1）在【控件】输入"关闭 word"，将控件拖至画布中。

（2）【word 文档对象】选择"业务招待费报销标准文档"，如图 5-31 所示。

5. 校验报销数据并将审核内容写入 Excel 文件中

1）校验报销数据并将审核内容写入 Excel 功能块

（1）在【控件】输入"功能块"，将控件拖至画布中。

（2）【语句块名称】输入"(2)校验报销数据并将审核内容写入 Excel"，设置完成后双击此功能块，进入编辑模式，如图 5-32 所示。

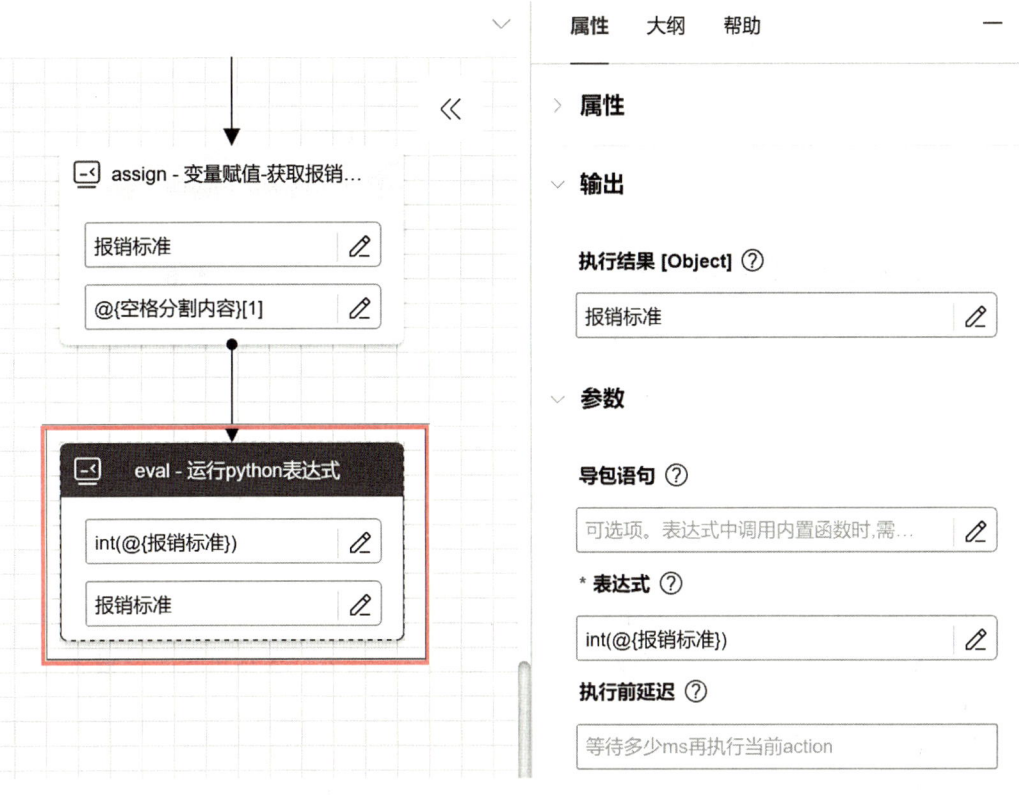

图 5-30　【将金额转换成整数数值格式】界面

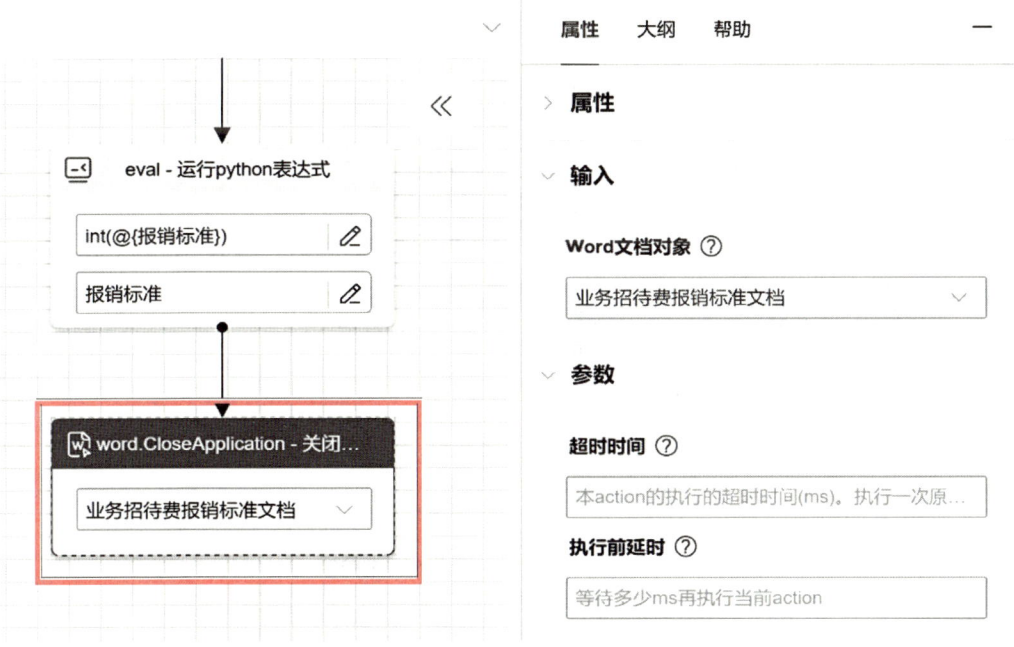

图 5-31　【关闭报销标准文档】控件

图 5-32 【校验报销数据并将审核内容写入 Excel】功能块

2）打开单据审核信息表

（1）在【控件】输入"打开 Excel 文件"，将控件拖至画布中。

（2）【Excel 文件对象别名】修改为"打开单据审核信息表"，名称可自定义设置，用于代指选择的 Excel 文件。

（3）【打开方式】选择"Excel"。

（4）【Excel 文件路径】选择文件"@{WORK_DIR}\单据审核信息.xlsx"，如图 5-33 所示。

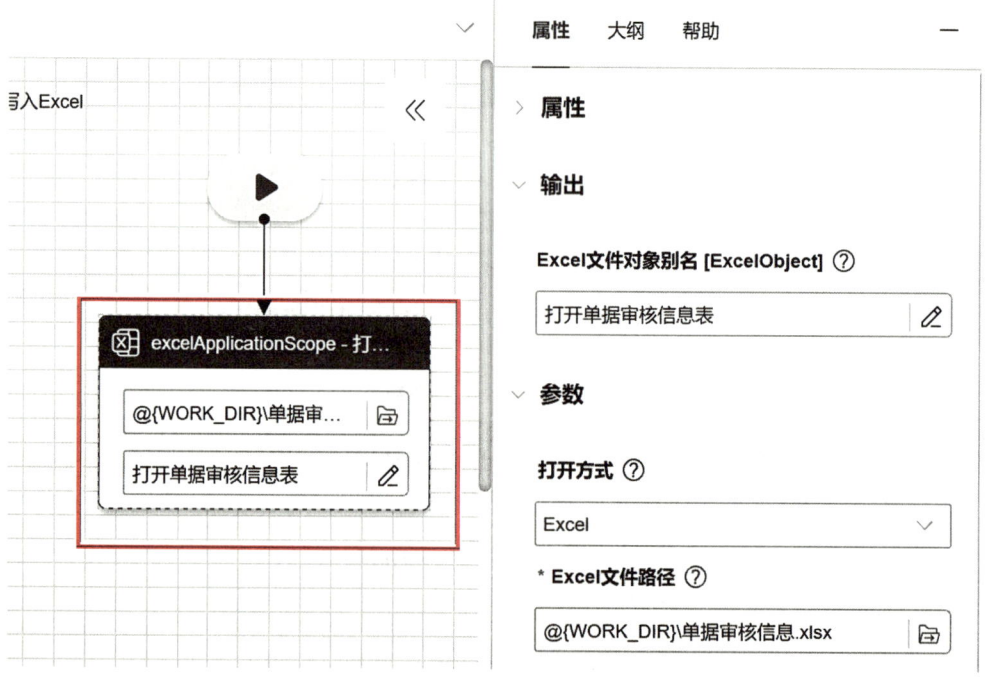

图 5-33 【打开单据审核信息表】界面

3）判断报销费用是否符合报销标准

（1）在【控件】输入"条件分支"，将控件拖至画布中。

（2）【条件表达式】输入"@{报销费用}<=@{报销标准}"，根据操作步骤2获取的结果判断，符合条件执行 True 分支，不符合条件则执行 False 分支，如图 5-34 所示。

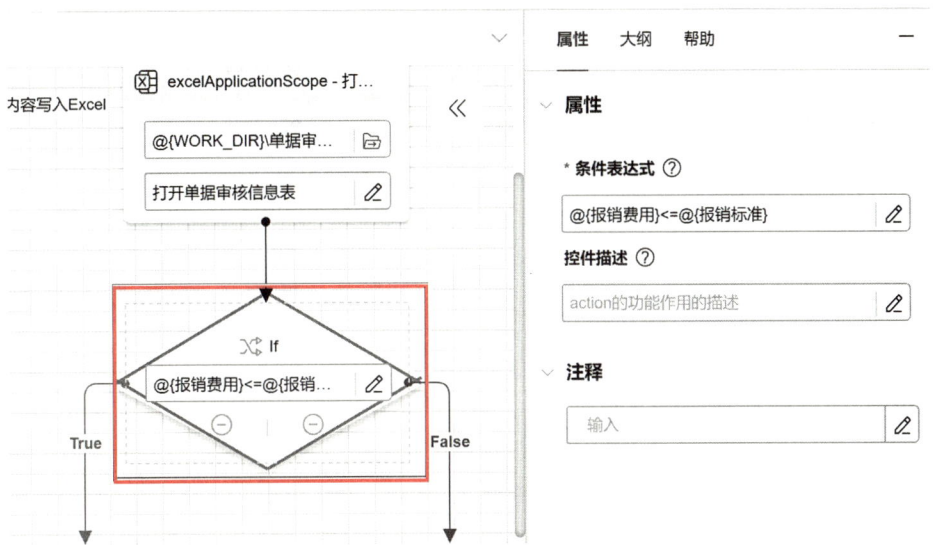

图 5-34　【判断报销费用是否符合报销标准】界面

4）审核内容写入 Excel 文件

（1）在【控件】输入"写入单元格"，将控件拖至画布 True 分支下。

（2）【Excel 对象】输入"打开单据审核信息表"。

（3）【Sheet 页名称】输入为空默认当前活动 Sheet。可指定要操作的 Sheet 页名称，不填则默认为当前活动 Sheet 页。

（4）【目标单元格】输入"J@{行数}"。

（5）【写入内容】输入"同意"，如图 5-35 所示。

（6）在【控件】输入"写入单元格"，将控件拖至画布 False 分支下。

（7）【Excel 对象】输入"打开单据审核信息表"。

（8）【Sheet 页名称】输入为空，则默认当前活动 Sheet 页。

（9）【目标单元格】输入"J@{行数}"，变量"行数"在全局变量中的设置如图 5-36 所示。

（10）【写入内容】输入"不同意"。

5）赋值为行数逐次增加的变量

（1）在【控件】输入"变量赋值"，将控件拖至画布 True 分支中。

（2）【变量名】修改为"行数"。

（3）【将输出类型转换为】默认为空。

（4）【变量值】输入"行数＋1"，如图 5-37 所示。

（5）在【控件】输入"变量赋值"，将控件拖至画布 False 分支中。

（6）【变量名】内容修改为"行数"。

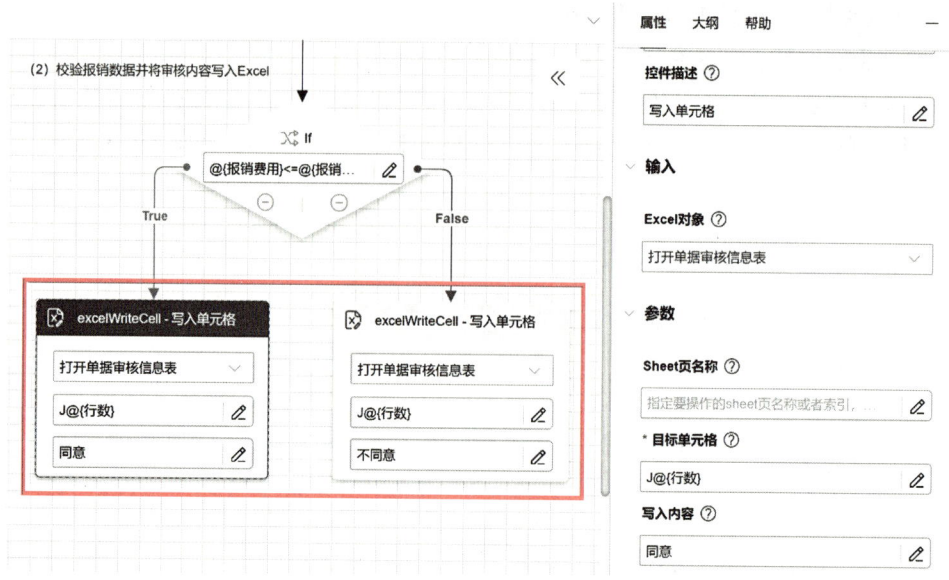

图 5-35 【审核内容写入 Excel】界面

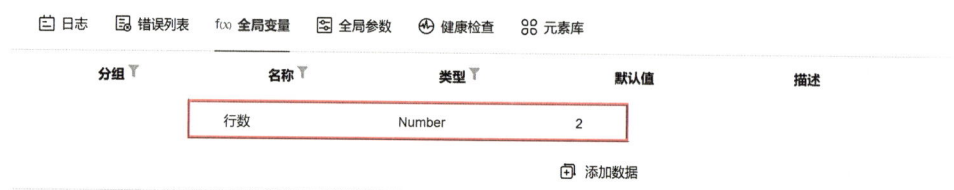

图 5-36 变量"行数"在全局变量中的设置

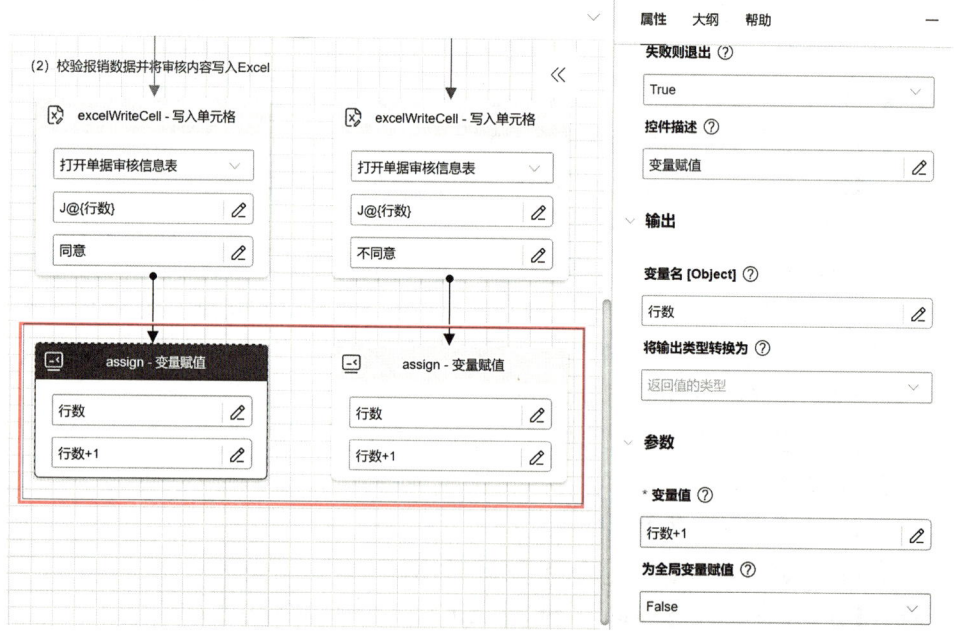

图 5-37 【变量赋值】界面

（7）【将输出类型转换为】默认为空。

（8）【变量值】输入"行数＋1"。

6. 保存并关闭 Excel 文件

（1）在【控件】输入"关闭工作簿"，将控件拖至画布中。

（2）【Excel 对象】选择"打开单据审核信息表"。

（3）【保存文件】选择"True"，如图 5-38 所示。

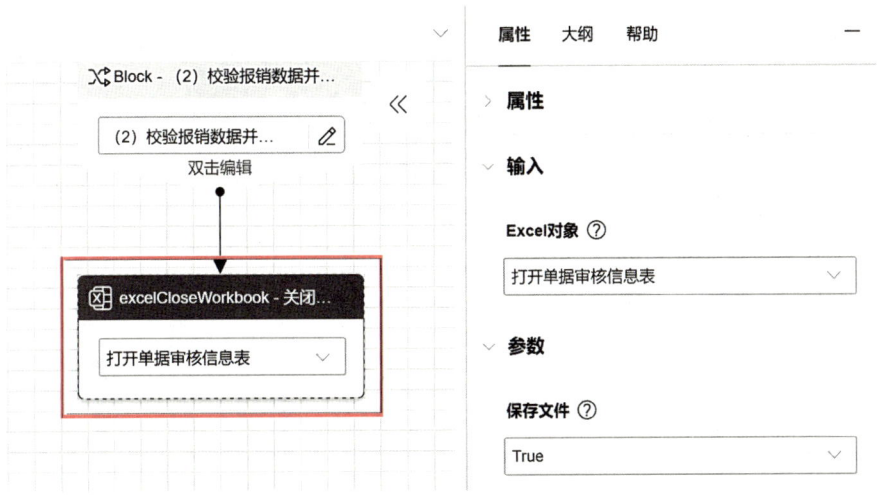

图 5-38 【保存并关闭 Excel 文件】界面

7. 消息窗口显示程序运行完成

（1）在【控件】输入"消息窗口"，将控件拖至画布中。

（2）【消息框内容】输入"完成"，如图 5-39 所示。

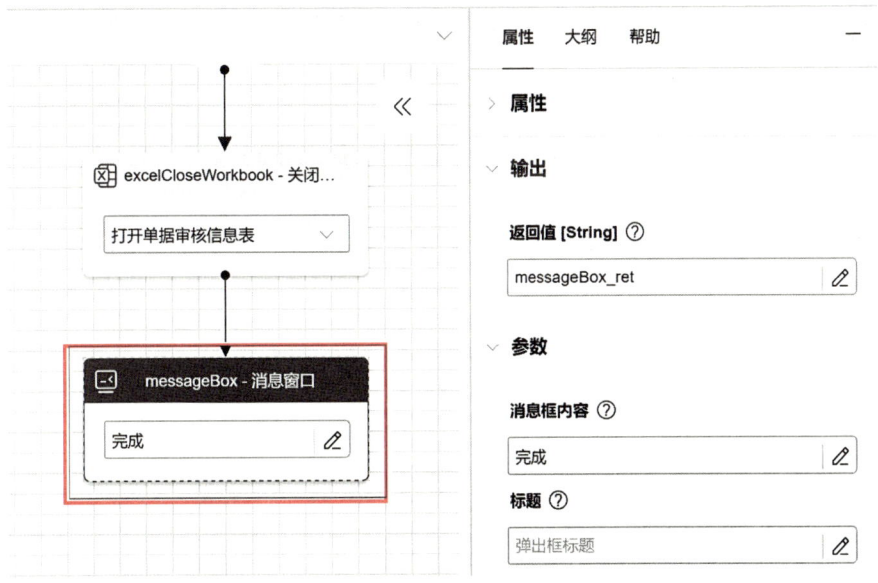

图 5-39 【消息窗口】界面

三、费用报销数据校验机器人测试

将开发完成的费用报销数据校验机器人在平台进行运行测试，测试步骤如下。

（一）检查核对

打开"C:\RPA\feiyong"中已经储存好的"单据审核信息.xlsx"文件，确认无误关闭该文件。

（二）运行机器人

打开 WeAutomate Studio 窗口，点击【设计】中的【运行】按钮，运行费用报销数据校验机器人。

（三）运行完毕

运行结束后，重新打开"单据审核信息.xlsx"，Sheet1 中显示获取的 10 张费用报销数据校验的结果信息，如图 5-40 所示。

	A	B	C	D	E	F	G	H	I	J	K	L
1	序号	单据编号	费用类型	报销人	所属部门	项目名称	客户职级	宴请人数（含本人）	报销金额合计	审批意见	备注	
2	1	FYBX202303-1351	业务招待费	祁向	协同事业部	致远项目	战略客户	16	6400	不同意		
3	2	FYBX202304-1352	业务招待费	傅毛	商务运营部	宏华项目	VIP客户	11	3053	同意		
4	3	FYBX202304-1049	业务招待费	严冬告	市场拓展中心	通通项目	新客户	9	1330	同意		
5	4	FYBX202303-1364	业务招待费	柯全切	运维服务中心	咨询项目	VIP客户	2	700	不同意		
6	5	FYBX202303-0018	业务招待费	秦仕	智能RPA事业部	精汇项目	新客户	6	1200	不同意		
7	6	FYBX202304-0371	业务招待费	邢白巡	市场拓展中心	远望项目	重点客户	12	2400	同意		
8	7	FYBX202304-1212	业务招待费	梅司角	协同事业部	万博项目	低价值客户	4	300	同意		
9	8	FYBX202304-1407	业务招待费	湛田牟	商务运营部	昊华项目	贵宾客户	7	1150	同意		
10	9	FYBX202304-1237	业务招待费	管坎	智能RPA事业部	崇文项目	低价值客户	12	1100	同意		
11	10	FYBX202304-0181	业务招待费	云伽曲	商务运营部	传育项目	战略客户	8	2300	同意		

图 5-40 【费用报销数据校验】结果信息

四、费用报销数据校验机器人应用

根据费用报销数据校验业务场景，利用机器人校验数据并将审核结果写入表格，在开发机器人过程中会遇到各种不同的问题，请写出你遇到的问题及相应的改进建议，形成总结报告。

（一）费用报销数据校验

校验公司费用报销数据，单据审核信息请扫描右侧二维码。

（二）总结报告

根据开发过程遇到的问题提出改进建议，并完成 300～500 字总结报告。

单据审核信息

五、费用报销数据校验机器人小结

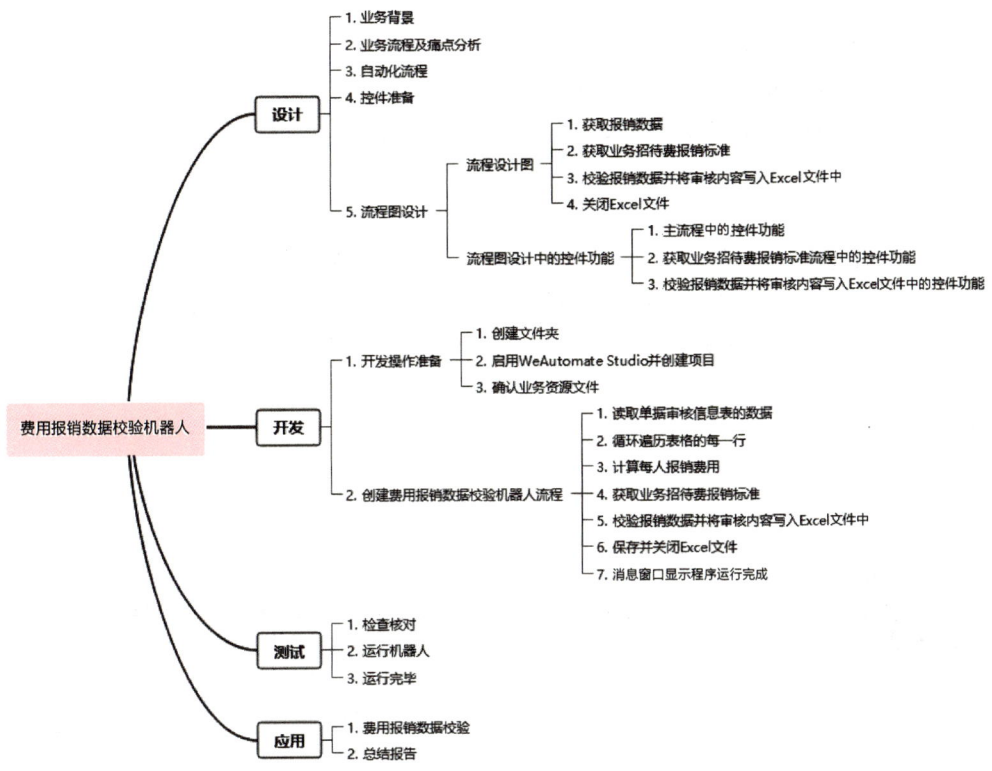

第四节　火车票智能识别机器人

学习目标

☆ **知识目标**

1. 了解火车票智能识别的业务流程
2. 掌握火车票智能识别业务流程中的痛点

☆ **技能目标**

1. 梳理火车票识别的业务流程
2. 设计火车票识别机器人流程
3. 运用控件进行火车票识别的开发

☆ **素养目标**

1. 培养良好的归纳总结能力
2. 保持独立思考分析问题的能力
3. 培养严谨求实、谦虚谨慎的工作作风

一、火车票智能识别机器人设计

(一)业务背景

通过 RPA 可快速批量识别火车票信息,对火车票的启动站、目的站、列车编号、日期、出发时间、座位号、座次、价格、ID、乘车人姓名、票证编号、序列号、售票处、记号、车次等信息进行识别并精准录入,为企业管理、报销和查验发票提供便利,降低录入信息错误的风险。

(二)业务流程及痛点分析

差旅报销过程中,财务人员会先整理企业员工提交的火车票或火车票图片,再将火车票信息中的启动站、目的站、列车编号、日期、出发时间、座位号、座次、价格、ID、乘车人姓名、票证编号、序列号等关键信息录入 Excel 文件中,用以留存核对。人工操作枯燥、耗时、费力,且易出错,据统计,人工流程处理每次需要 10 分钟。火车票识别人工流程图,如图 5-41 所示。

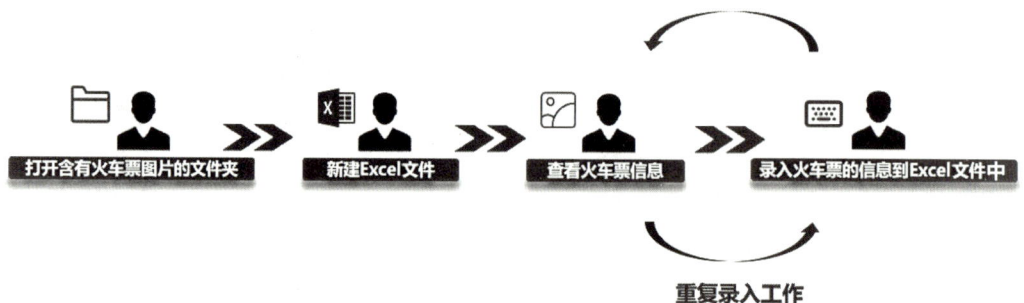

图 5-41　火车票识别人工流程

火车票识别人工流程步骤如下:
(1)整理火车票图片,将所有火车票图片存储在文件夹中。
(2)打开含有火车票图片的文件夹。
(3)新建 Excel 文件。
(4)查看火车票信息。
(5)录入火车票信息至 Excel 文件中。
(6)重复查看录入。

(三)自动化流程

RPA 可以批量识别火车票信息,快速录入火车票的信息,从而解放低层次、高重复的劳动,提高效率,降低成本和风险,为企业实现火车票的智能化管理提供了技术支持。火车票智能识别自动化流程图,如图 5-42 所示。

图 5-42　火车票智能识别自动化流程

火车票智能识别自动化流程步骤如下：

（1）机器人打开含有火车票图片的文件夹。

（2）机器人获取图片路径。

（3）机器人识别火车票信息。

（4）机器人自动保存至 Excel 文件。

（四）控件准备

火车票智能识别机器人会运用到的控件，如表 5-7 所示。

表 5-7　活动控件

序号	控件名称	控件图标	控件功能
1	获取路径列表	getFileList - 获取路径列表 文件夹路径 文件	获取指定文件夹中的文件或者文件夹的路径列表
2	遍历/计次循环	For - 遍历/计次循环 数据集合 条目名称	根据数据集合的值设置循环次数
3	火车票识别	getTrainTicketInfoOcr - 火车... 图片文件 User ID User Key getTrainTicketInfoOcr_ret	OCR 在线识别火车票图片，返回火车票的数据信息
4	运行 python 表达式	eval - 运行python表达式 表达式 eval_ret	运行 python 表达式并返回表达式的结果，如果表达式本身没有结果，则返回 None
5	结束 Excel 进程	excelKillProcess - 结束Excel... excelKillProcess_ret	强制结束 Excel 进程，关闭系统中所有正在被打开的工作簿

（续表）

序号	控件名称	控件图标	控件功能
6	打开 Excel 文件	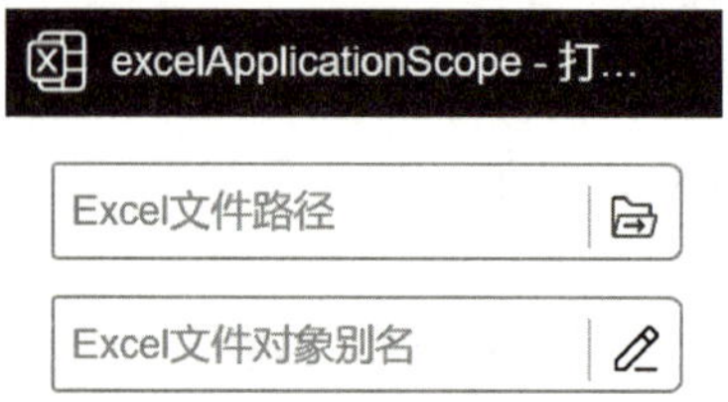 excelApplicationScope - 打… Excel文件路径 Excel文件对象别名	打开指定 Excel 文件，若文件不存在则新建并打开
7	功能块	 Block - 功能块 block 双击编辑	1. 表示一段处理逻辑，方便流程管理； 2. 内部可以包含其他任意控件
8	写入单元格	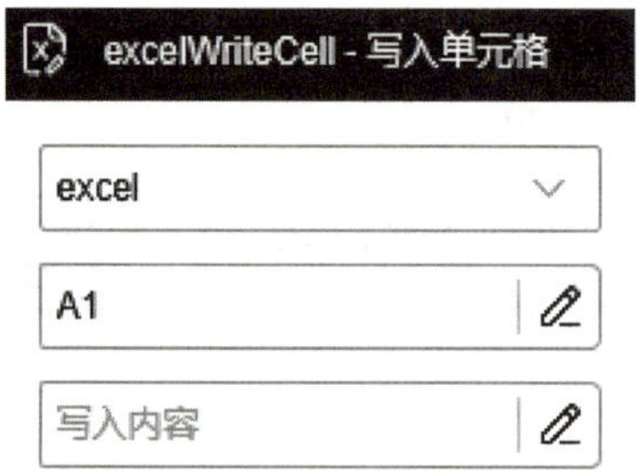 excelWriteCell - 写入单元格 excel A1 写入内容	将文本或公式写入单元格
9	消息窗口	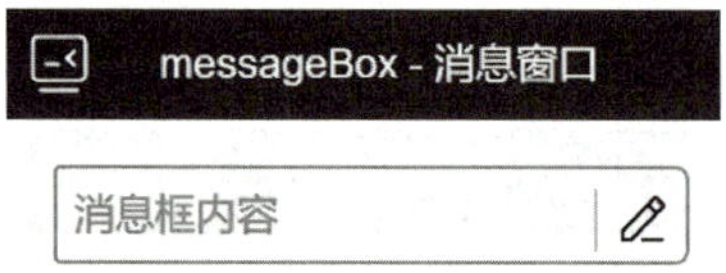 messageBox - 消息窗口 消息框内容	在页面弹出一个窗口显示输入的数据
10	关闭 Excel 工作簿	 excelCloseWorkbook - 关闭… Excel对象	关闭指定 Excel 文件
11	变量赋值	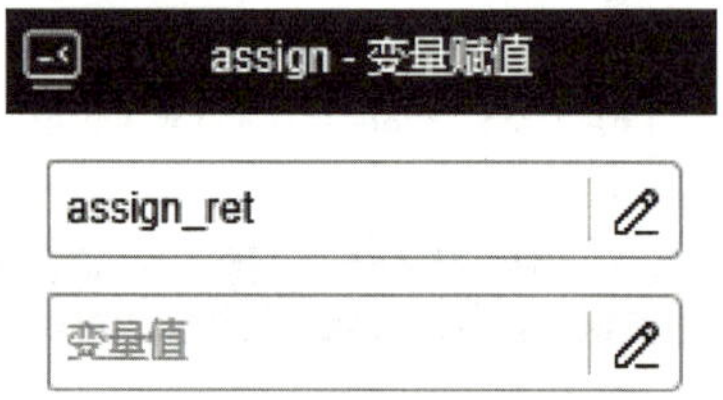 assign - 变量赋值 assign_ret 变量值	给变量赋值
12	关闭网页窗口	 close - 关闭网页窗口 目标页面	关闭网页窗口

（五）火车票智能识别流程图设计

1. 流程图设计

火车票智能识别自动化流程的流程图设计如图 5-43 所示。

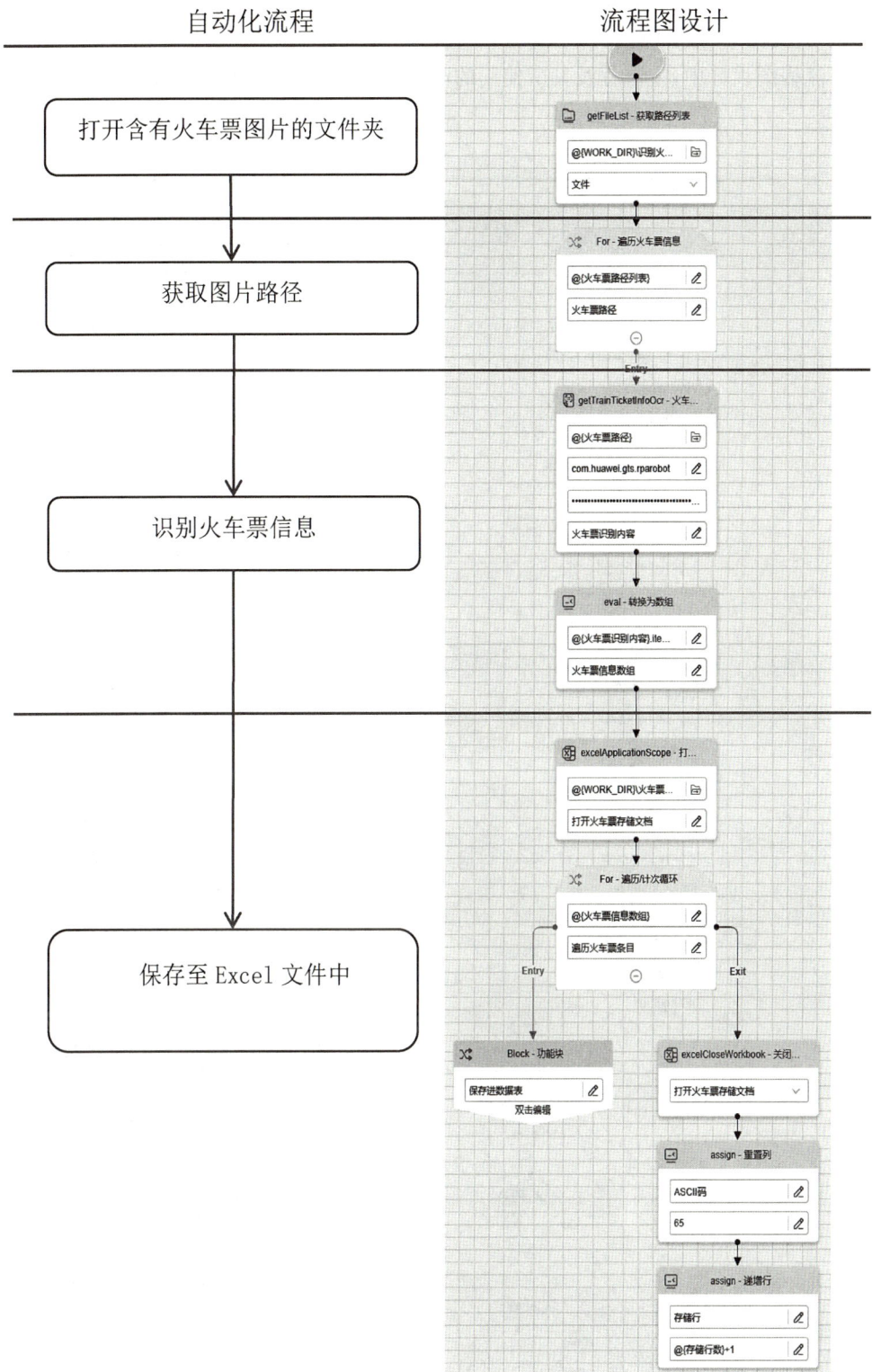

图 5-43　火车票智能识别流程图

2. 流程图设计中的控件功能

1）主流程中的控件功能

在流程图设计中，主流程及其所使用的活动控件功能，如图 5-44 所示。

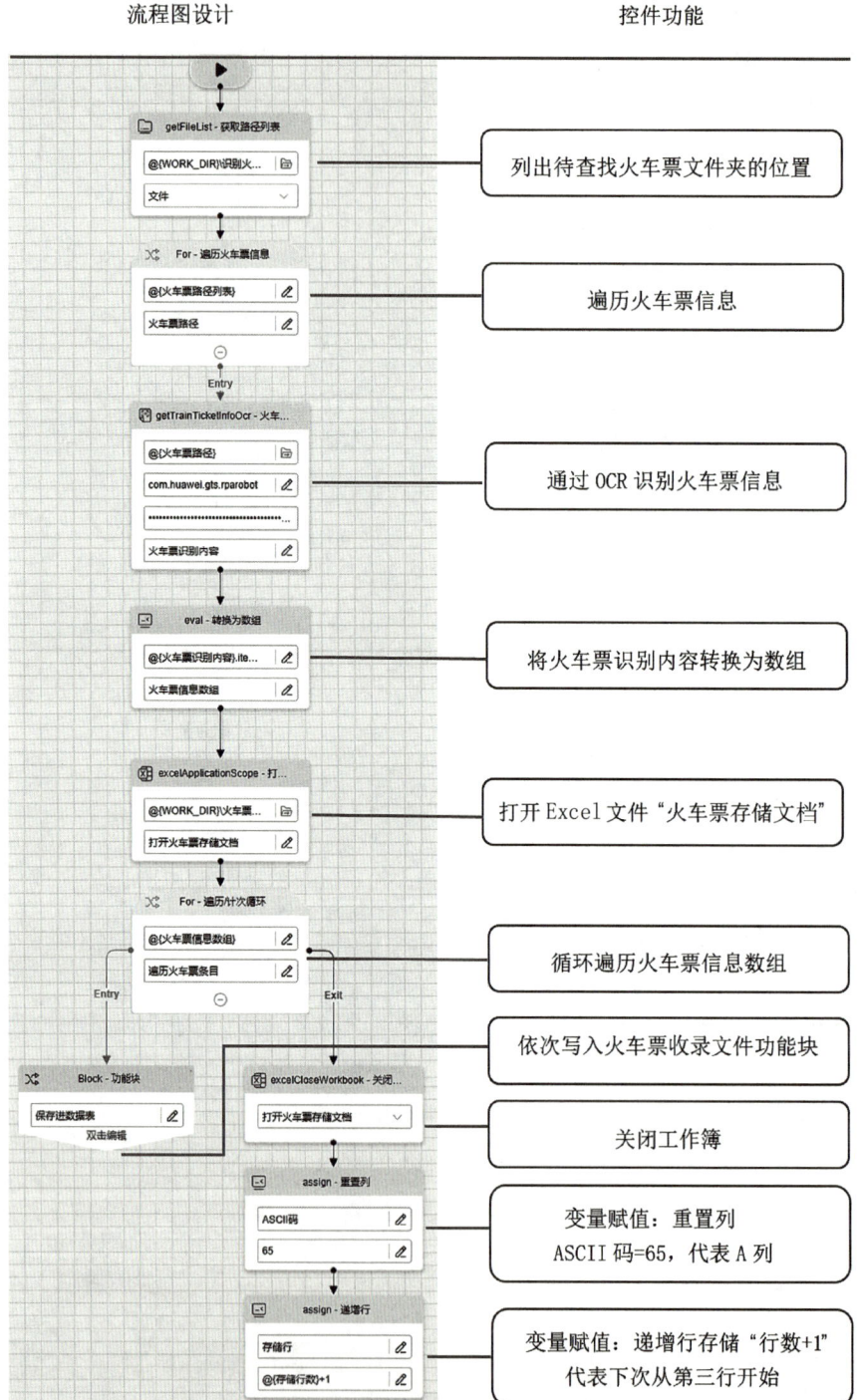

图 5-44 主流程中的控件功能

2）Block-功能块中的控件功能

Block-功能块用于依次写入火车票收录文件，其中所使用的活动控件功能如图 5-45
所示。

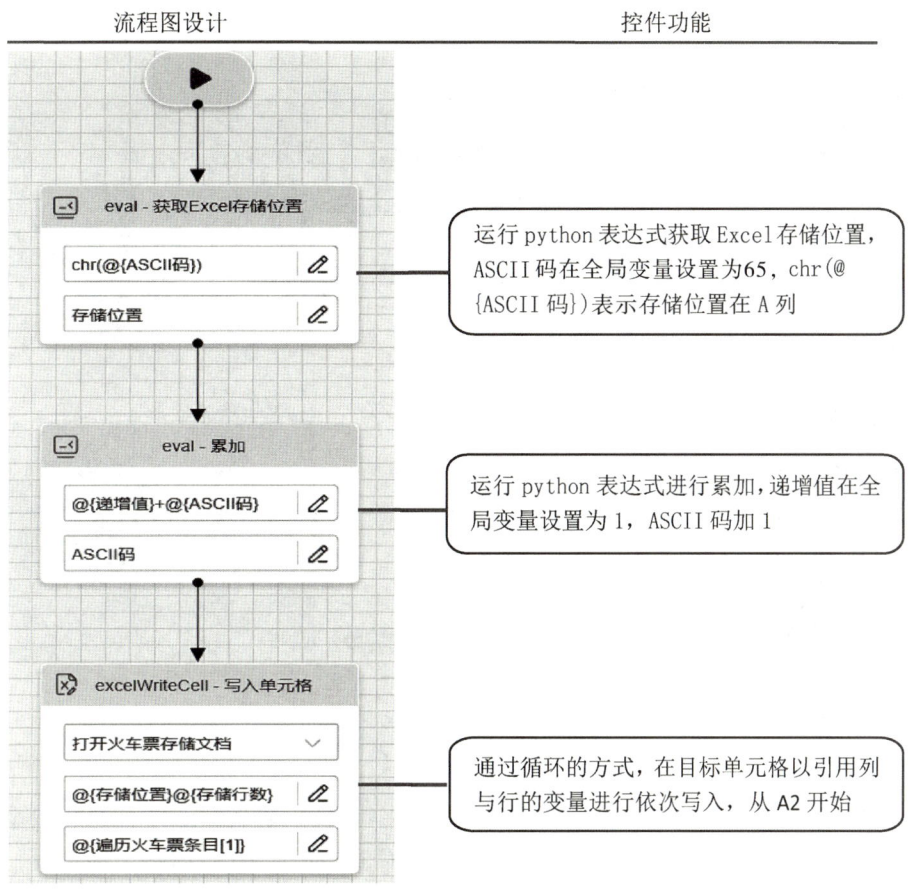

图 5-45　Block-功能块中的控件功能

二、火车票智能识别机器人开发

（一）开发操作准备

1. 创建文件夹

在 C 盘创建一个文件夹，命名为"RPA"，如图 5-46 所示。

图 5-46　创建文件夹界面

2. 启用 WeAutomate Studio 并创建项目

打开 WeAutomate Studio，单击【开始】按钮，点击【新建项目】按钮，在【项目名称】中输入"huochepiao"，【保存路径】指定为【C:\RPA】，点击【创建】按钮，完成项目的创建，如图 5-47 所示。

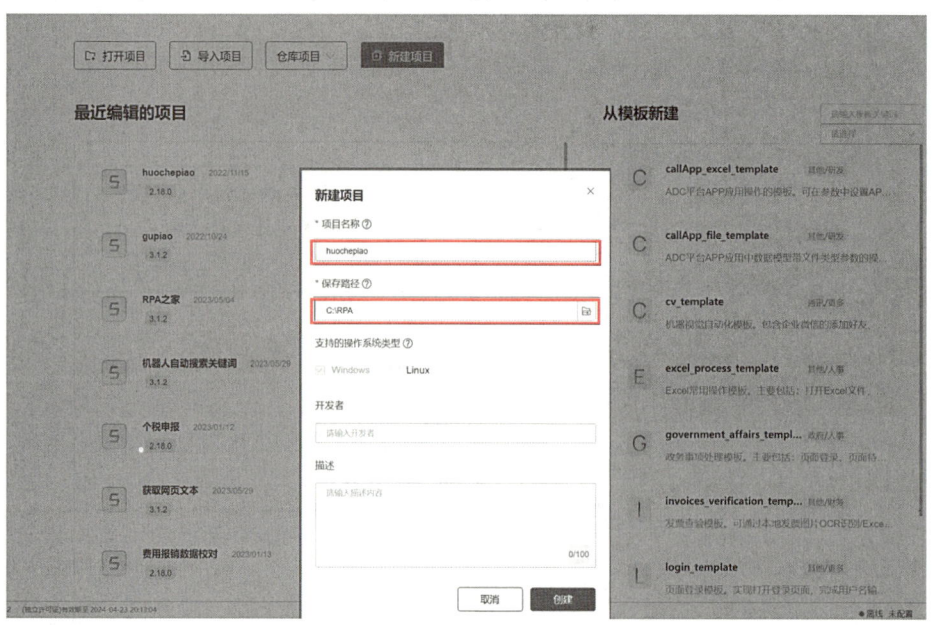

图 5-47　启用 WeAutomate Studio 并创建项目

火车票信息

3. 指定火车票文件的存储路径

在 RPA 项目根目录，新建"识别火车票"文件夹，将要识别的火车票信息存放至该文件夹中，同时将企业火车票信息收录 Excel 模板保存到到根目录中，如图 5-48 所示。

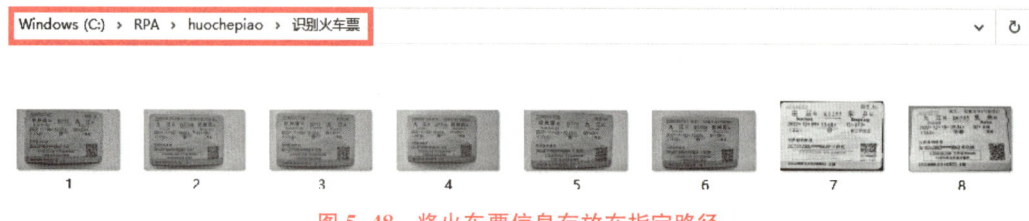

图 5-48　将火车票信息存放在指定路径

> **温馨提示**：也可以将提供的资源包自行解压存放在"huochepiao"文件夹中。

(二) 火车票智能识别机器人流程

1. 抓取火车票信息

1) 列出待查找火车票路径

(1) 在【控件】输入"获取路径列表"，将控件拖至画布中。

(2)【文件夹路径】输入"@{WORK_DIR}\识别火车票"。

（3）【路径列表】修改为"火车票路径列表"。

（4）【排序依据】选择"名字"，与【开始】控件连线，如图 5-49 所示。

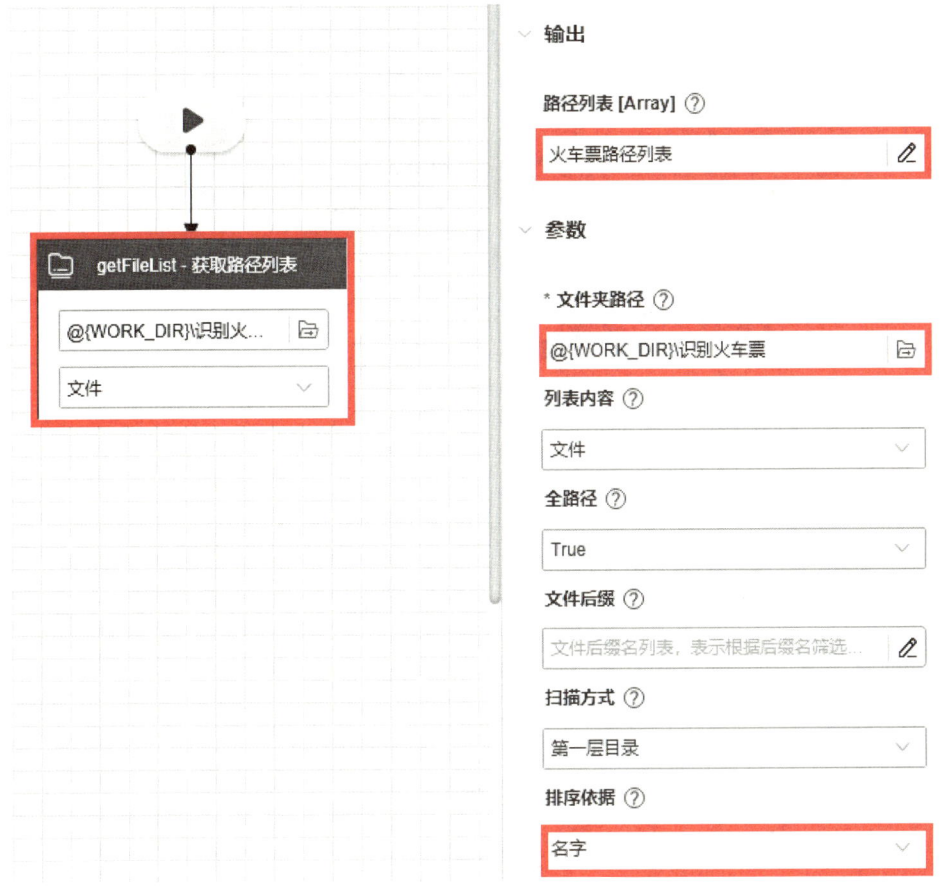

图 5-49　【获取路径列表】界面

2）遍历火车票信息

（1）在【控件】输入"遍历循环"，将控件拖至画布中。

（2）【控件描述】输入"遍历火车票信息"。

（3）【数据集合】输入"@{火车票路径列表}"。

（4）【条目名称】输入"火车票路径"，如图 5-50 所示。

> **温馨提示：**条目名称"火车票路径"可自定义设置，用于存储遍历文件夹获取的内容。

3）火车票识别

（1）在【控件】输入"火车票识别"，将控件拖至画布中。

（2）【控件描述】输入"火车票识别"。

（3）【图片数据】修改为"火车票识别内容"。

（4）【图片文件】输入"@{火车票路径}"，如图 5-51 所示。

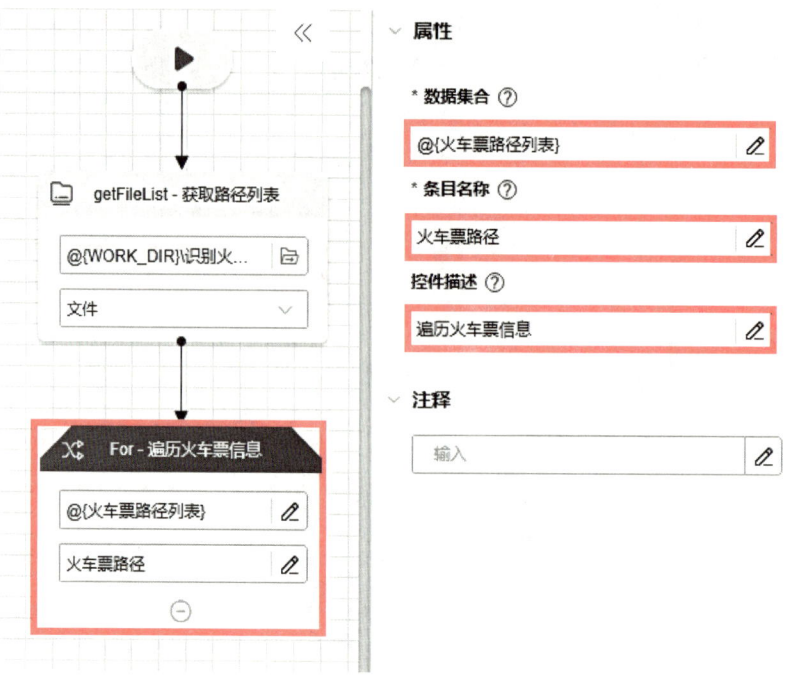

图 5-50 【遍历循环】界面

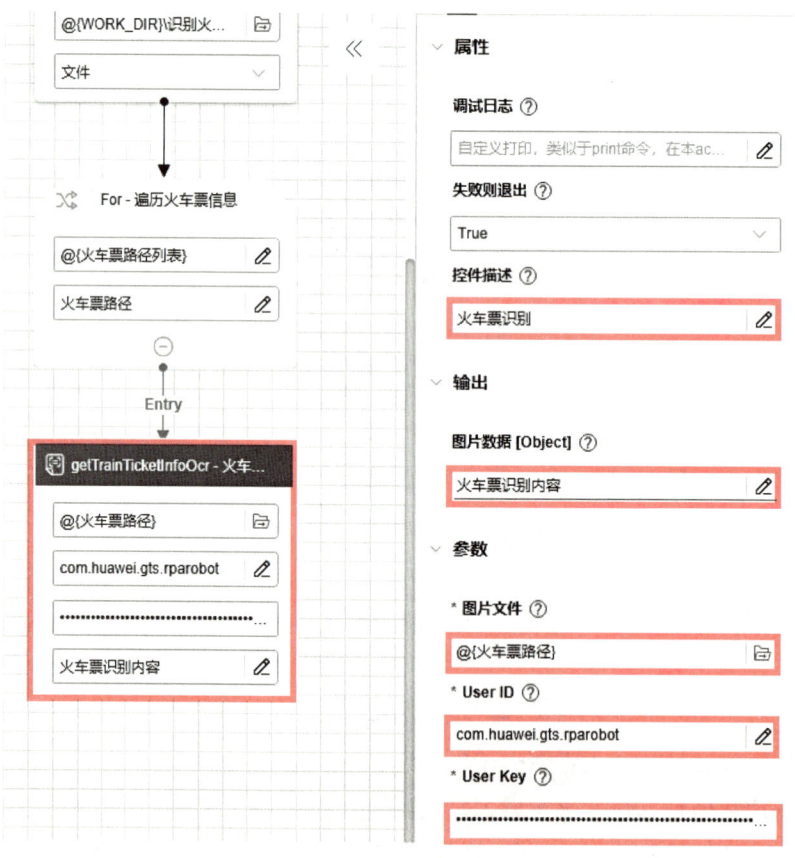

图 5-51 【火车票识别】界面

温馨提示：

UserID：

com. huawei. gts. rparobot

UserKey/Token：

hC4Q2yZ8p11h186KcC8b6un6ZS2tcAtegOn89HCJy6CurddgTkCzmm7hXCH3mJJt

4）转换为数组

（1）在【控件】输入"运行 python 表达式"，将控件拖至画布中。

（2）【控件描述】输入"转换为数组"。

（3）【执行结果】修改为"火车票信息数组"。

（4）【表达式】输入"@{火车票识别内容}.items()"，如图 5-52 所示。

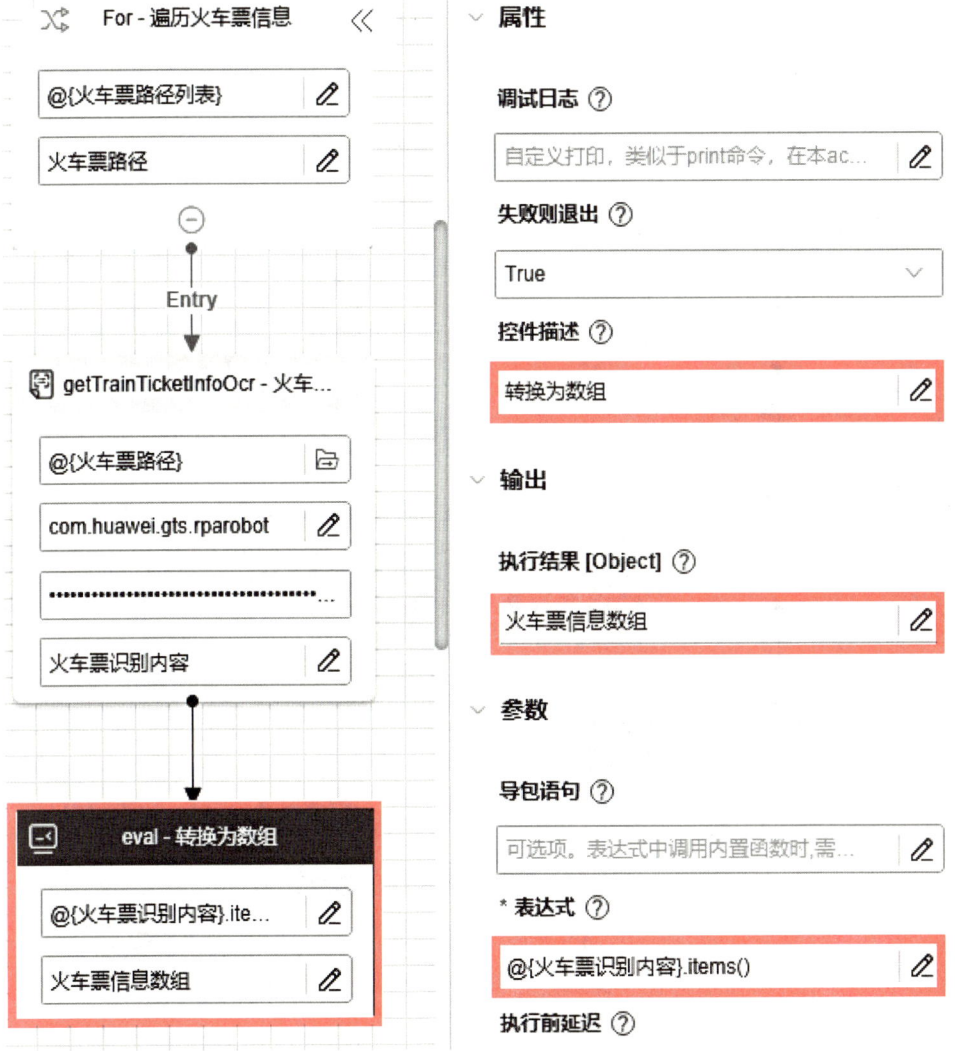

图 5-52 【转换为数组】界面

2. 保存识别火车票的信息

1）打开 Excel 文件

（1）在【控件】输入"打开 Excel 文件"，将控件拖至画布中。

（2）【控件描述】输入"打开 Excel 文件"。

（3）【Excel 文件对象别名】输入"打开火车票存储文档"，名称可自定义设置，用于代指选择的 Excel 文件。

（4）【打开方式】选择"Excel"。

（5）【Excel 文件路径】选择"@{WORK_DIR}\火车票信息收录.xlsx"，如图 5-53 所示。

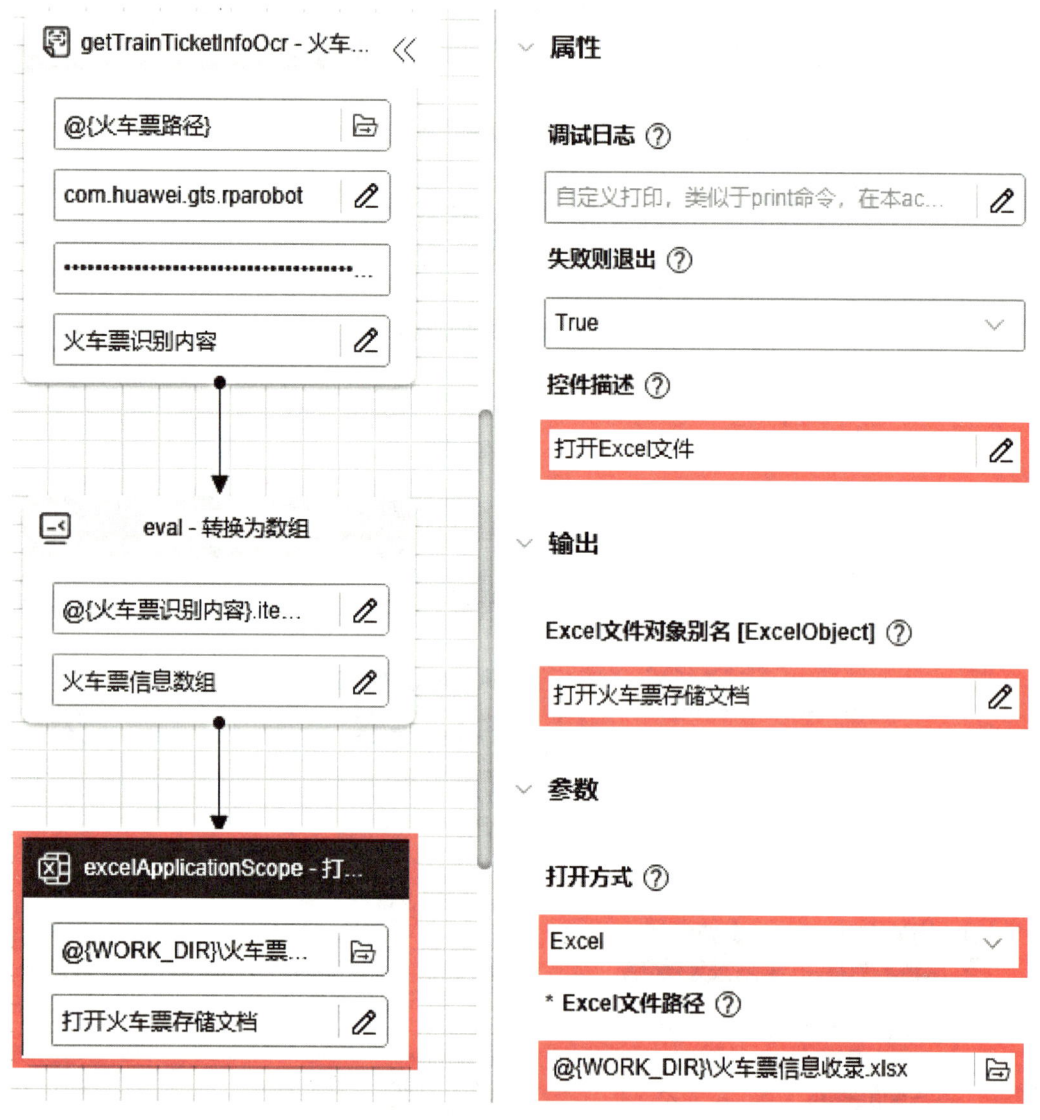

图 5-53 【打开 Excel 文件】界面

2）遍历数组的信息

（1）在【控件】输入"遍历循环"，将控件拖至画布中。

（2）【数据集合】输入"@{火车票信息数组}"。

（3）【条目名称】输入"遍历火车票条目"，如图 5-54 所示。

> **温馨提示:** 条目名称可自定义设置，用于代指循环实例的内容。

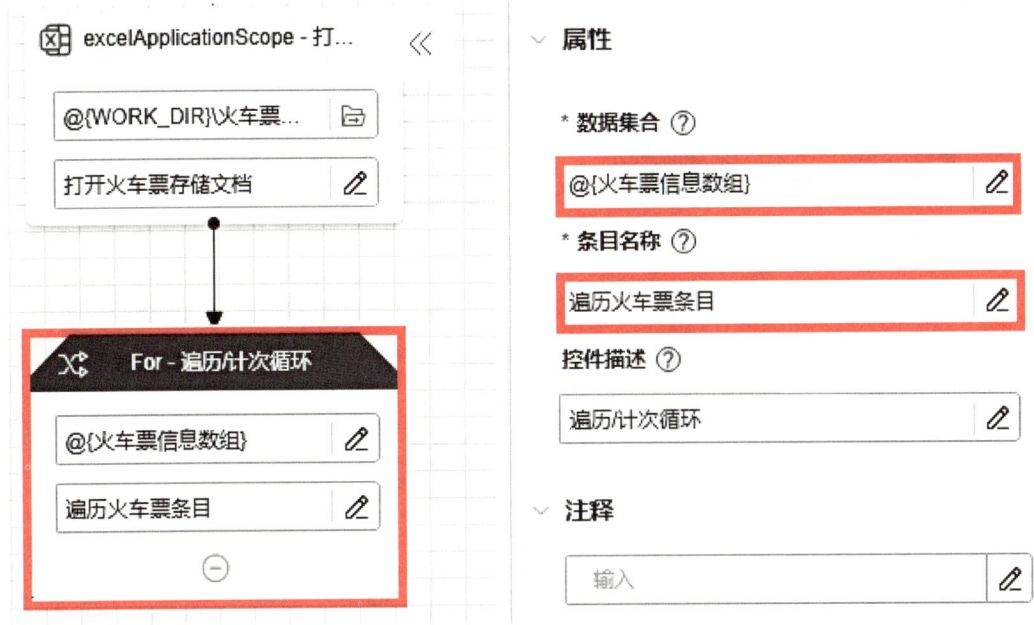

图 5-54 遍历数组的信息

3）将火车票信息写入 Excel 范围

（1）在【控件】输入"功能块"，将控件拖至画布中。

（2）【语句块名称】输入"保存进数据表"，如图 5-55 所示。

（3）双击进入功能块编辑界面。

（4）在【控件】输入"运行 python 表达式"，将控件拖至画布中，属性设置如图 5-56 所示。

火车票信息

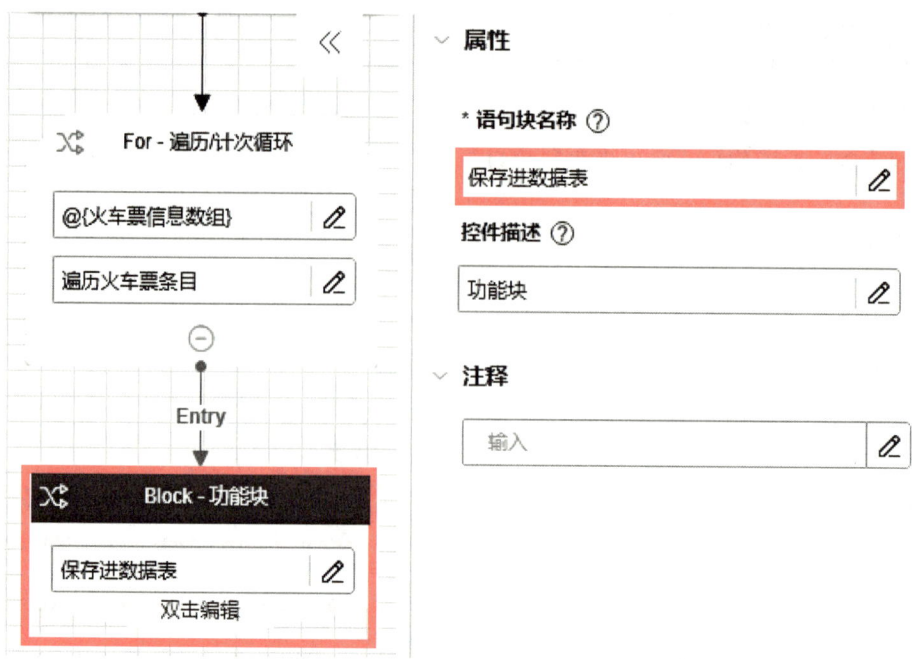

图 5-55 将火车票信息写入 Excel 范围

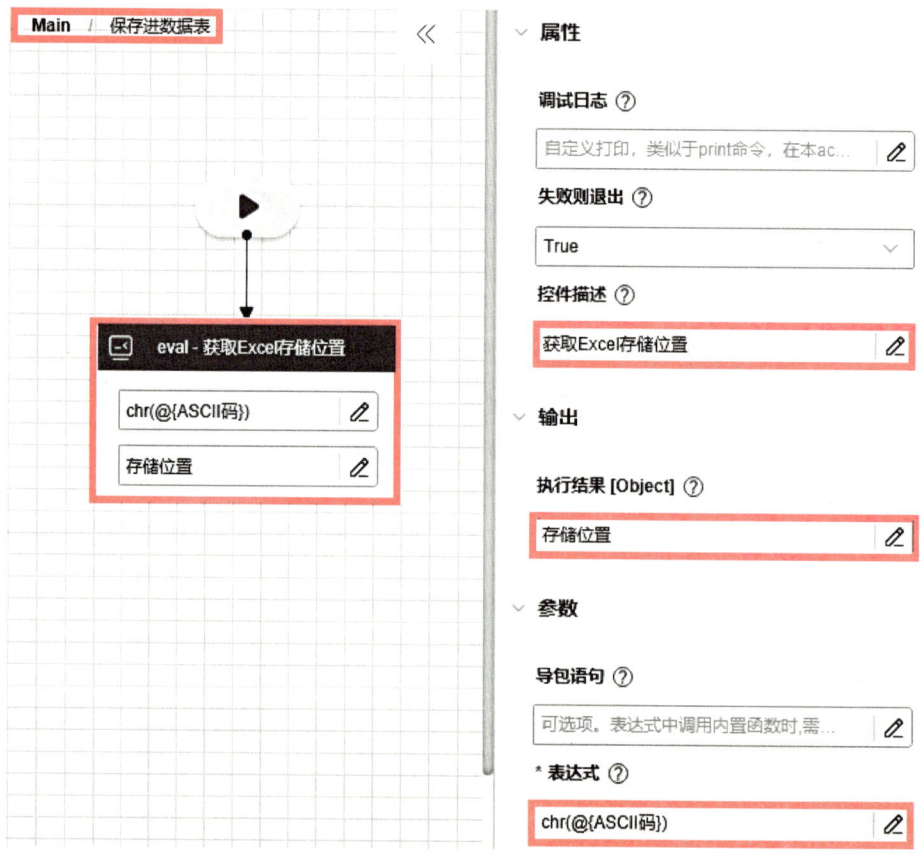

图 5-56 获取 Excel 存储位置

 知识拓展

Chr（数值）表示函数返回值，选择 String 类型，参考 ASCII 码可知 65 代表 A，字母随数值依次增加。表 5-8 为部分 ASCII 码，完整表格请扫描左侧二维码。

表 5-8　部分 ASCII 码

二进制	十进制	十六进制	字符/缩写
1000000	64	40	@
1000001	65	41	A
1000010	66	42	B
1000011	67	43	C
1000100	68	44	D
1000101	69	45	E
1000110	70	46	F
1000111	71	47	G
1001000	72	48	H

（5）在【控件】输入"运行 python 表达式"，将控件拖至画布中，属性设置如图 5-57 所示。

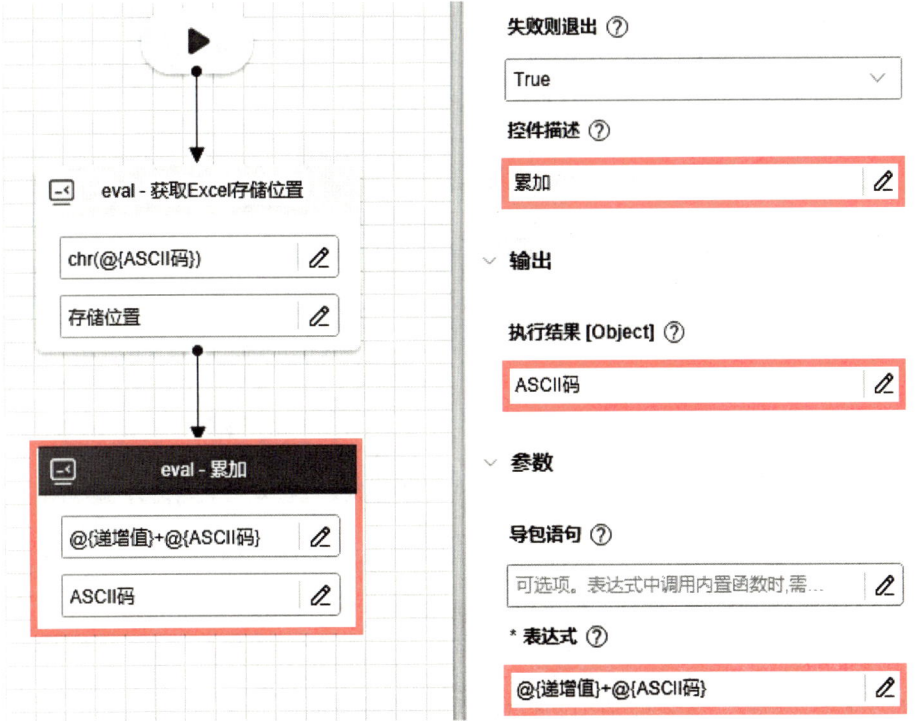

图 5-57　累加

（6）在【控件】输入"写入单元格"，将控件拖至画布中，属性设置如图5-58所示。

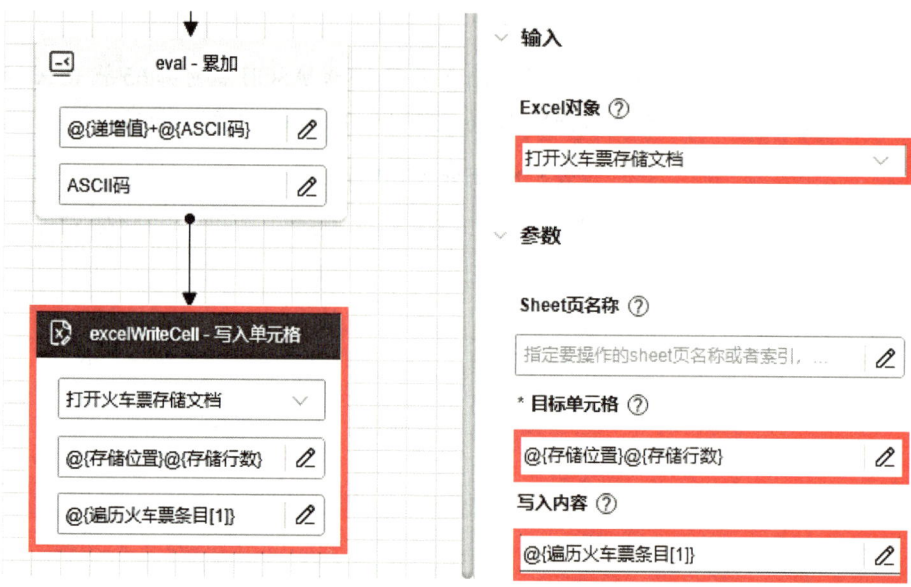

图 5-58　将火车票信息写入单元格

（7）【写入内容】输入"@{遍历火车票条目[1]}"，表示"@{火车票信息数组}"的第一组的数据，【目标单元格】输入"@{存储位置}@{存储行数}"。

4）关闭 Excel 文件

（1）在【控件】输入"关闭工作簿"，将控件拖至画布中，连接【遍历火车票条目】控件选择退出循环，如图5-59所示。

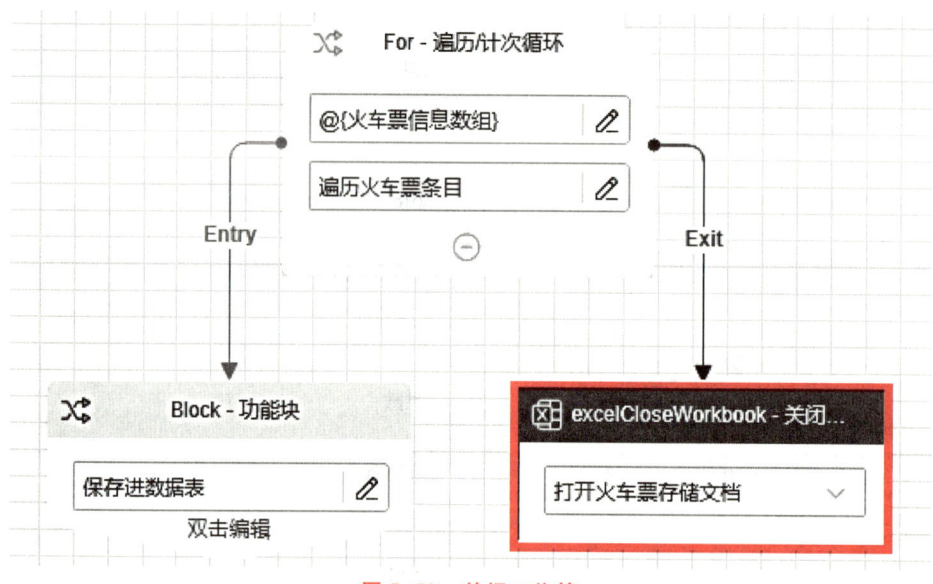

图 5-59　关闭工作簿

（2）在【控件】输入"变量赋值"，将控件拖至画布中。

（3）【控件描述】输入"重置列"。

（4）【变量名】输入"ASCII 码"，【变量值】输入"65"，如图 5-60 所示。

> **温馨提示**：重置列才能使信息在每填完一行，跳转下一行时从每行的第一列开始录入信息。

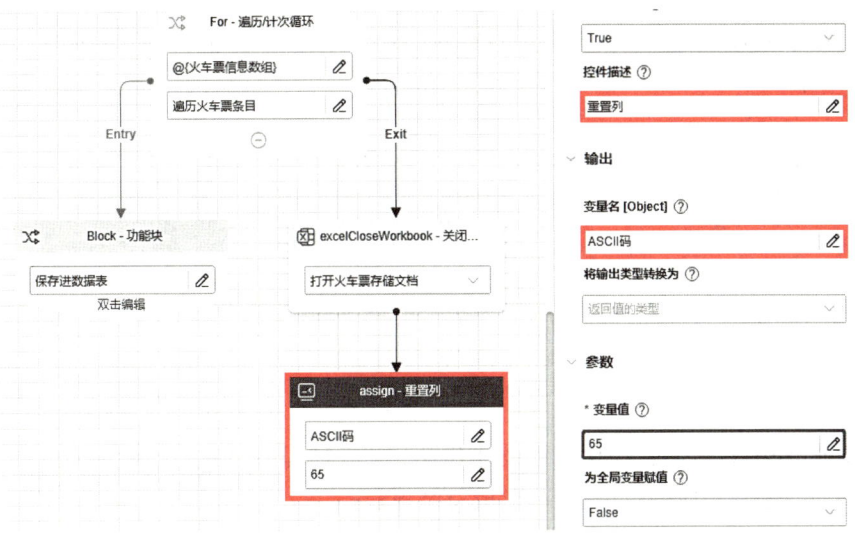

图 5-60　重置列

（5）在【控件】输入"变量赋值"，将控件拖至画布中，【控件描述】输入"递增行"，如图 5-61 所示。

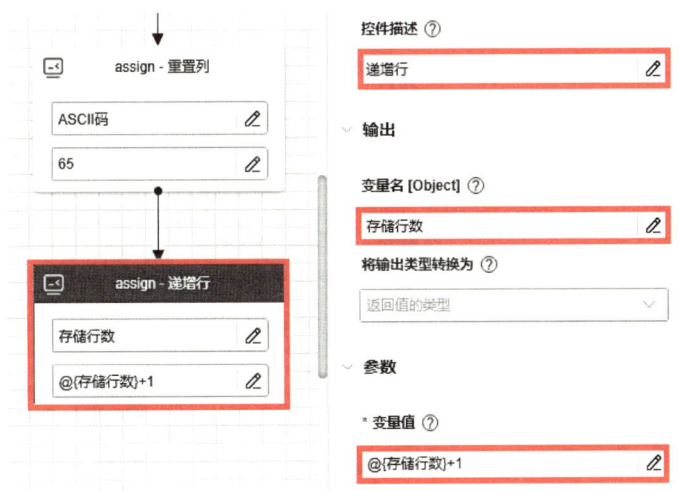

图 5-61　递增行

三、火车票智能识别机器人测试

将开发完成的火车票智能识别机器人在平台进行运行测试，测试步骤如下。

（一）检查核对

打开"C:\RPA\huochepiao"中的"火车票信息收录.xlsx"文件。

（二）运行机器人

打开 WeAutomate Studio 界面，点击【设计】中的【运行】按钮，运行火车票智能识别机器人。

（三）运行完毕

运行结束后，重新打开"火车票信息收录.xlsx"，Sheet1 中显示获取的火车票信息，如图 5-62 所示。

	启动站	目的站	列车编号	日期	出发时间	座位号	座次	价格	ID	乘车人姓名	票证编号	序列号	售票处	记号	检票口
2	广州南	中山	C7603	2021年1月9日	09.25开	01车060号	一等座	40	4401831994****3415	黎慧	R003246	65848300280110R003246	广州南站曾		检票 三层A27
3	长沙南	广州南	G881	2022年7月23日	10.22开	03车10F号	一等座	504	4452811986****1832	陈少	W001152	65848300250724W001152			检票 A10
4	阿克苏	西安	K4368	2019年12月12日	13.50开	10车057号	硬卧	005J0.14525	6124251981****531X	陈英刚		43021200051211J014525	阿克苏站曾		
5	广州南	武汉	G814	2022年7月2日	08.55开	09车05A号	二等座	463.5	4452811986****1832	陈强	V090033	65848300240723V090033			检票口11或B11
6	深圳北	广州南	G6234	2022年2月5日	10.05开	09车01C号	二等座	74.5	4415021998****0633	朱杰	D070204	23711320230213D070204			检票 B17
7	临高南	海口东	D7162	2018年9月4日	13.02开	03车16B号	二等座	24	3709211990****1828	李果	Q041902	51664300030905Q041902	临高南曾		
8	武汉	长沙南	G881	2022年7月23日	09.00开	15车11F号	二等座	164.5	4452811986****1832	陈强	W001153	65848300250724W001153			检票 A5
9	广州东	汕尾	D7157	2022年4月30日	16.43开	10车05B号	二等座		4415021998****132	余	H020813	23711310480505H020813			

图 5-62　火车票信息收录界面

四、火车票智能识别机器人应用

根据业务场景，按照自动化流程设计开发。开发过程中会遇到各种不同的问题，请写出你遇到的问题及相应的改进建议，形成总结报告。

火车票信息

（一）火车票智能识别

根据提供的火车票进行智能识别，火车票信息请扫描右侧二维码。

（二）总结报告

根据开发中遇到的问题提出改进建议，并完成 300～500 字的总结报告。

五、火车票智能识别机器人小结

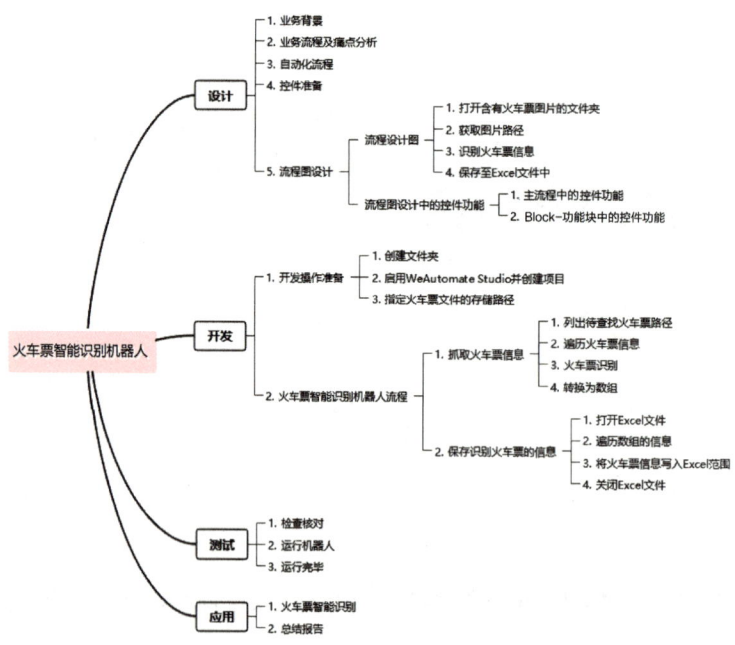

第五节　发票真伪查验机器人

学习目标

☆ **知识目标**

1. 掌握发票真伪查验的业务流程

2. 掌握发票真伪查验流程中的痛点

☆ **技能目标**

1. 梳理发票真伪查验的业务流程

2. 设计发票真伪查验机器人流程

3. 运用控件进行发票真伪查验机器人开发

☆ **素养目标**

1. 具备良好的流程设计思维能力,归纳总结能力

2. 具备良好的学习能力和实操能力

3. 遵循诚实守信的职业道德,培养严谨求实的工作作风

一、发票真伪查验机器人设计

(一)业务背景

发票是指单位和个人在购销商品、提供或接受服务及从事其他经营活动中,所开具和收取的业务凭证,是会计核算的原始依据,也是审计机关、税务机关执法检查的重要依据。根据《中华人民共和国发票管理办法实施细则》相关规定,不符合规定的发票不得作为财务报销凭证,任何单位和个人有权拒收。因此,为确保发票的真实性,会计人员在接收到发票时,应第一时间对发票的真伪进行查验。

(二)业务流程及痛点分析

会计人员每日重复将发票中的代码、发票号码、金额、开票日期等信息录入 Excel 表格中,登录增值税发票查验平台,逐条录入发票验证信息,人工操作耗时费力,且容易出错。

发票真伪查验人工流程图,如图 5-63 所示。从打开发票查验系统到审查结果这一过程往往将会消耗财务管理人员大量精力与时间,每张发票的验真平均时长为 1.5 分钟。

发票真伪查验人工流程步骤如下:

(1)整理发票。

(2)OCR 识别发票。

(3)整理 Excel 文件。

(4)手动打开发票查验系统。

(5)手动输入查验信息。

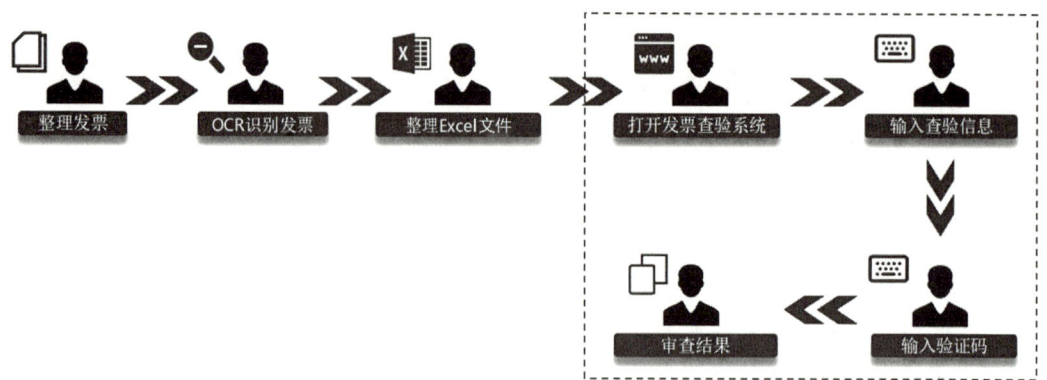

图 5-63 发票真伪查验人工流程

（6）手动输入验证码。

（7）最后显示发票审查结果。

（三）自动化流程

为了解决人工查验发票真伪流程中工作繁琐、耗时较长、效率较低等问题，集团希望能设计发票真伪查验机器人来解决这个问题。利用 RPA 机器人针对以上人工流程的最后四个步骤（图 5-63 中虚线框内的四个步骤）进行优化，来实现发票真伪查验自动化，极大地提升了查验发票真伪的效率。

发票真伪查验自动化流程，如图 5-64 所示。

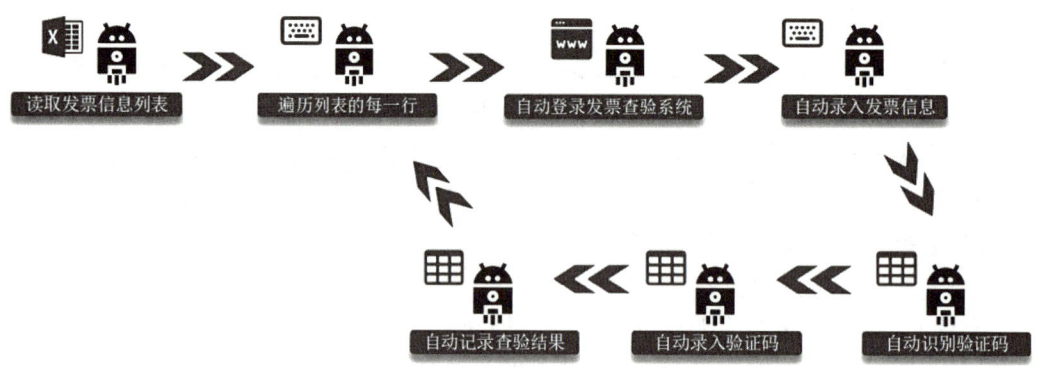

图 5-64 发票真伪查验自动化流程

发票真伪查验自动化流程步骤如下：

（1）机器人读取发票信息列表。

（2）机器人遍历列表的每一行。

（3）机器人自动登录发票查验系统。

（4）机器人自动录入发票信息。

（5）机器人自动识别验证码。

（6）机器人自动录入验证码。

（7）机器人自动记录查验结果。

（四）控件准备

发票真伪查验机器人会运用到的控件，如表5-9所示。

表5-9　活动控件

序号	控件名称	控件图标	控件功能
1	功能块	✕ Block - 功能块 block ✎ 双击编辑	1. 表示一段处理逻辑，方便流程管理。 2. 内部可以包含其他任意控件
2	读取 Excel 到表格	pandas.readExcel - 读取Exc... Excel文件路径 📁 Sheet名称 ✎ readExcel_ret ✎	读取 Excel 内容到 DataFrame 表格
3	选择数据处理下的【获取表格行数】控件	getTableRows - 获取表格行数 控件信息 ✛ ⋮	选择数据处理下的【获取表格行数】控件获取表格行数
4	运行 python 表达式	eval - 运行python表达式 表达式 ✎ eval_ret ✎	运行 python 表达式，并返回表达式的结果；如果表达式本身没有结果，则返回 None
5	打开 Excel 文件	excelApplicationScope - 打... Excel文件路径 📁 excel_object ✎	1. 打开 Excel 文件。 2. 若文件不存在则新建并打开
6	读取区域	excelReadRange - 读取区域 Excel对象 ⌄ B2:L5 ✎ excelReadRange_ret ✎	读取一个区域的值

（续表）

序号	控件名称	控件图标	控件功能
7	按行遍历表格	pandasForEachRow - 按行… 行数据 DataFrame表	循环遍历表格每一行
8	打开网页	openurl - 打开网页 网页地址 谷歌浏览器	根据网站地址打开浏览器
9	在网页中输入文本	type - 在网页中输入文本 输入位置 输入内容	输入文本，可先清空后再输入
10	鼠标单击网页元素	click - 鼠标单击网页元素 目标元素	鼠标单击网页元素
11	截取元素图片	takeElementshot - 截取元素… 目标元素 保存路径 图片名称	截取元素图片
12	验证码识别	getVerificationCodeInfoOcr - … 图片文件 User ID User Key getVerificationCodeInfo…	OCR在线识别验证码图片，返回图片中的数据信息

（续表）

序号	控件名称	控件图标	控件功能
13	DoWhile 条件循环	DoWhile - DoWhile条件循环 / 条件表达式	先执行一次循环,再判断 condition 条件是否成立,如果成立,执行下一次循环,否则结束执行循环逻辑
14	网页元素是否存在	hasElement - 网页元素是否... / 目标元素 / 元素存在 / hasElement_ret	判断元素是否存在于当前网页中(注意:该元素对用户不一定可见)
15	条件分支	If - 条件分支 / 条件表达式	该控件分为两个分支:Do 分支和 Else 分支,条件满足时执行 Do 分支,否则执行 Else 分支
16	获取网页文本	getText - 获取网页文本 / 目标元素 / getText_ret	获取元素内的文本信息
17	包含子串	string.contain - 包含子串 / 待处理字符串 / 子串 / stringcontain_ret	是否包含指定字符串,包含返回 contain,不包含返回 notContain

（续表）

序号	控件名称	控件图标	控件功能
18	变量赋值	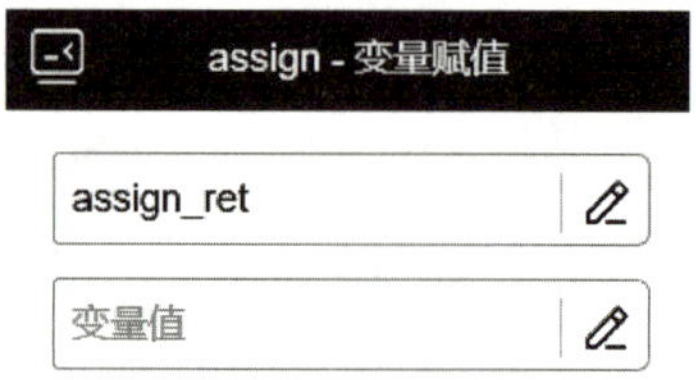 assign - 变量赋值 assign_ret 变量值	给变量赋值，Python 基本数据类型字面值形式
19	写入单元格	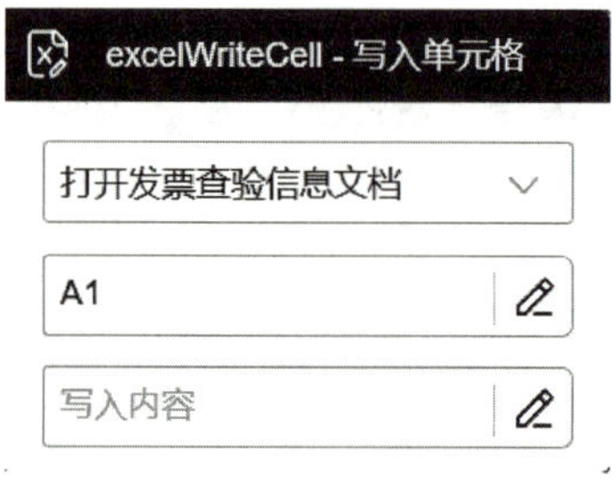 excelWriteCell - 写入单元格 打开发票查验信息文档 A1 写入内容	将文本或者公式写入单元格
20	关闭网页窗口	 close - 关闭网页窗口 目标页面	关闭网页窗口
21	关闭工作簿	 excelCloseWorkbook - 关闭... Excel对象	关闭工作簿

（五）发票真伪查验流程图设计

1．流程图设计

发票真伪查验自动化流程的流程图设计，如图 5-65 所示。

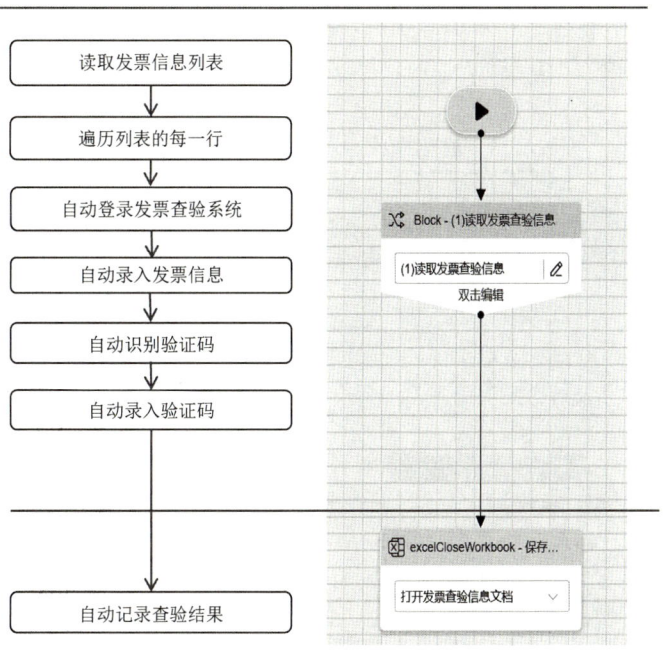

图 5-65 发票真伪查验流程

2. 流程图设计中的控件功能

1）主流程中的控件功能

主流程中的控件功能，如图 5-66 所示。

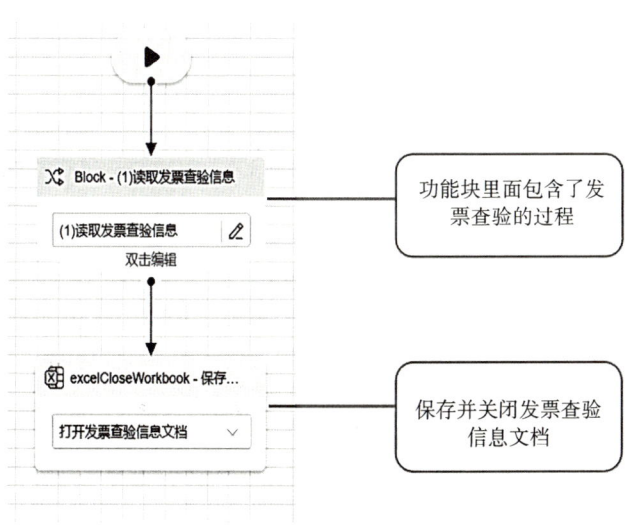

图 5-66 主流程中的控件功能

2）Block-（1）读取发票查验信息中的控件功能

在 Block-（1）读取发票查验信息中，可以在 WeAutomate Studio 中设计流程图，其活动控件功能如图 5-67 所示。

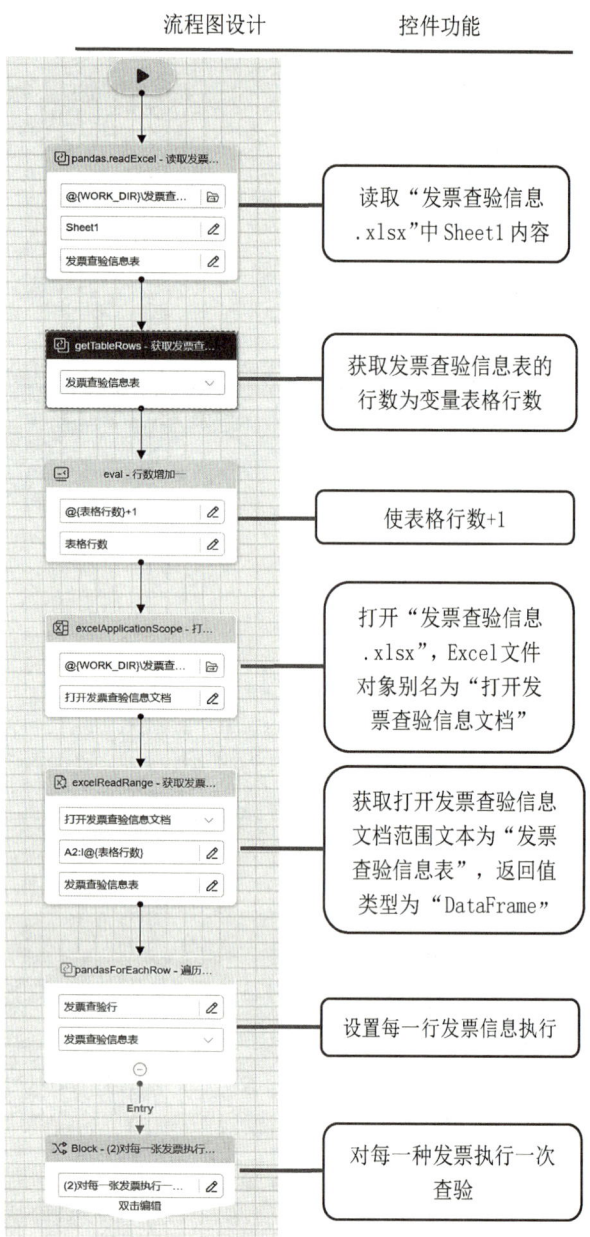

图 5-67 Block-（1）读取发票查验信息中的控件功能

3）Block-（2）对每一张发票执行一次查验操作中的控件功能

在 Block-（2）对每一张发票执行一次查验操作设计流程图，其使用的活动控件功能如图 5-68 所示。

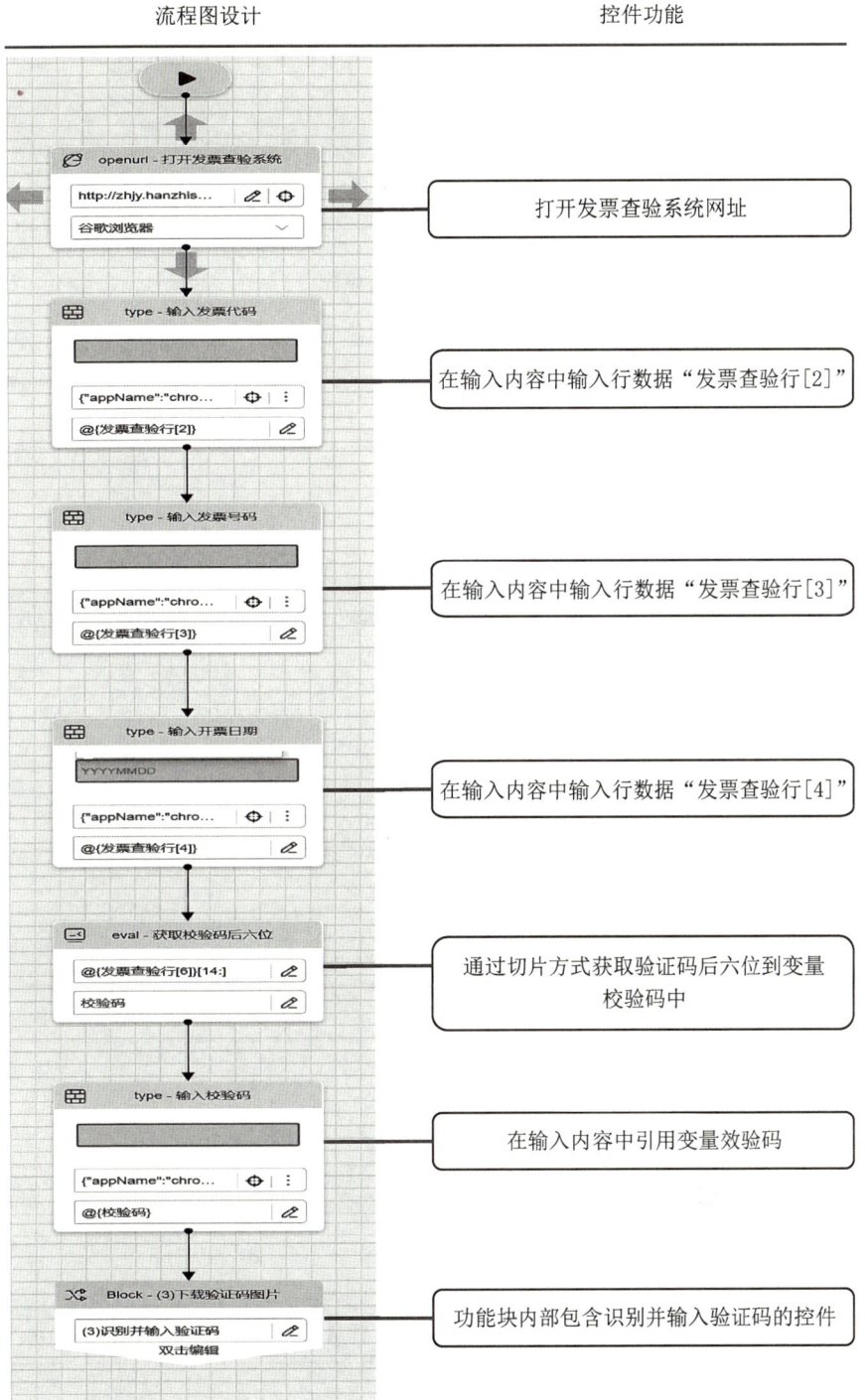

图 5-68 Block-（2）对每一张发票执行一次查验操作中的控件功能

4）Block-（3）识别并输入验证码中的控件功能

在 Block-（3）识别并输入验证码中的控件功能设计流程图，其使用的活动控件功能如图 5-69 所示。

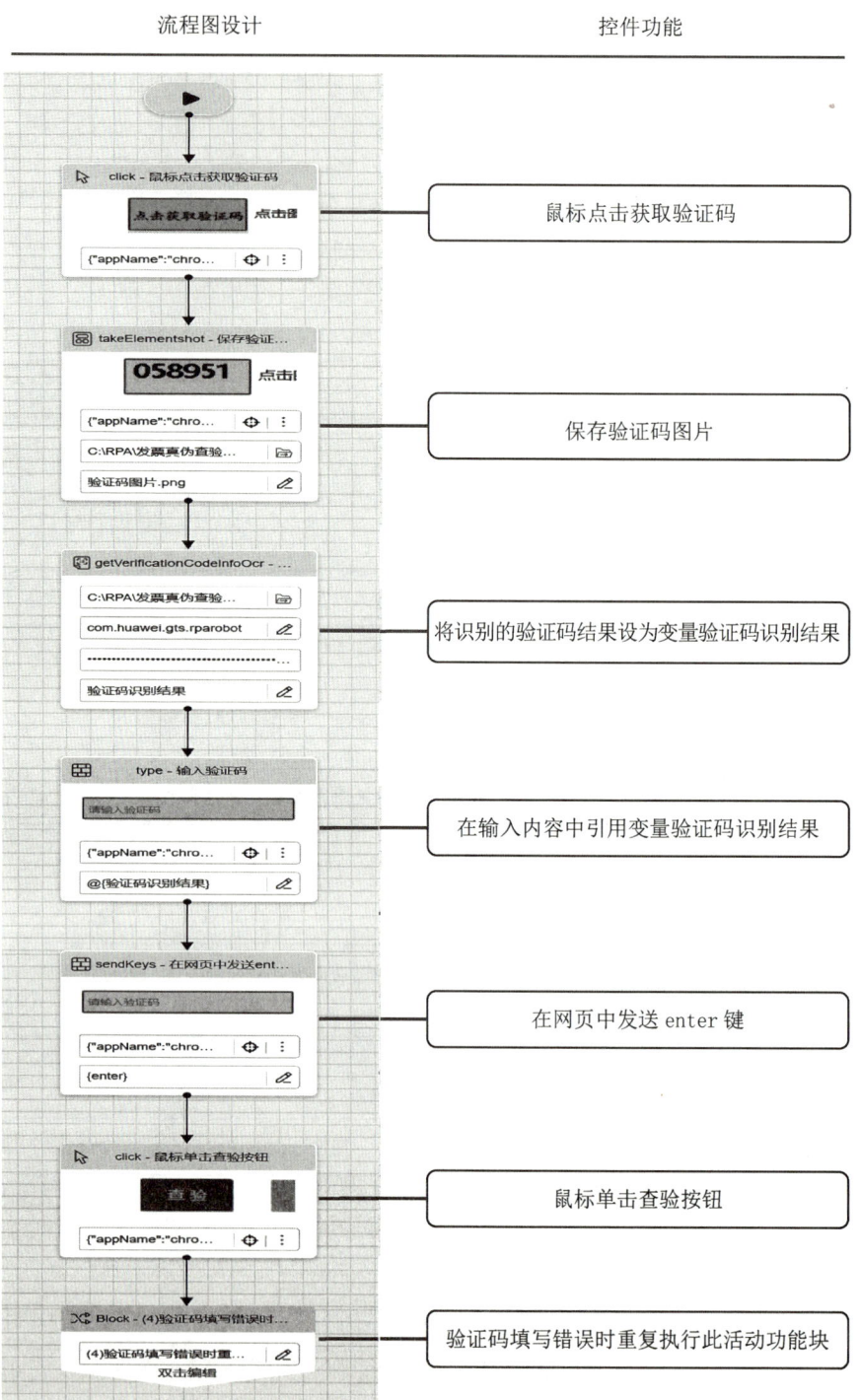

图 5-69　Block-（3）识别并输入验证码中的控件功能

5）Block-（4)验证码填写错误时重复执行此活动中的控件功能

在 Block-（4)验证码填写错误时重复执行此活动中的控件功能设计流程图，其使用的活动控件功能如图 5-70 所示。

流程图设计　　　　　　　　　　　　　　　　控件功能

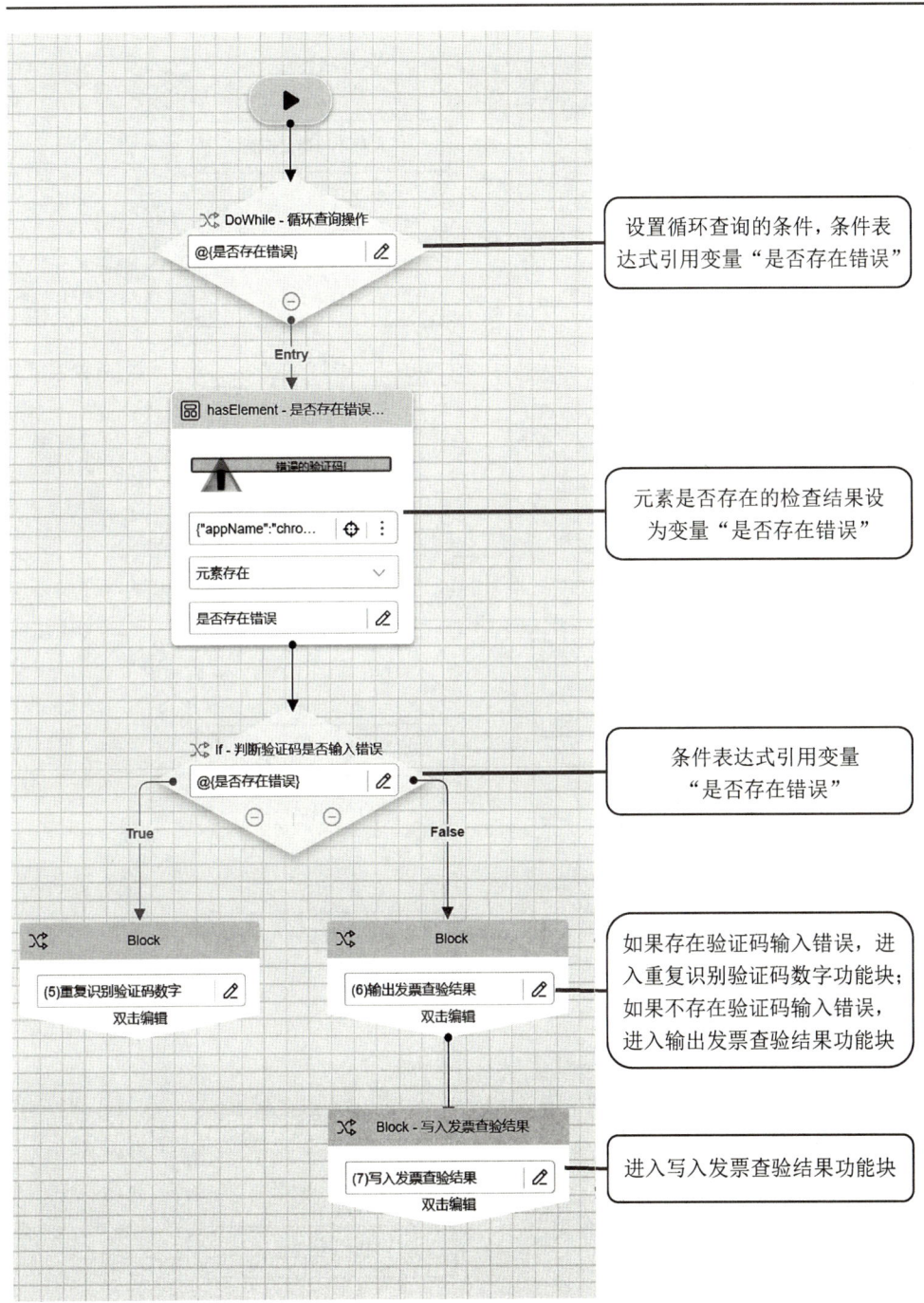

图 5-70　Block-（4)验证码填写错误时重复执行此活动中的控件功能

6) Block-(5)重复识别验证码数字中的控件功能

在 Block-(5)重复识别验证码数字中的控件功能设计流程图,其使用的活动控件功能如图 5-71 所示。

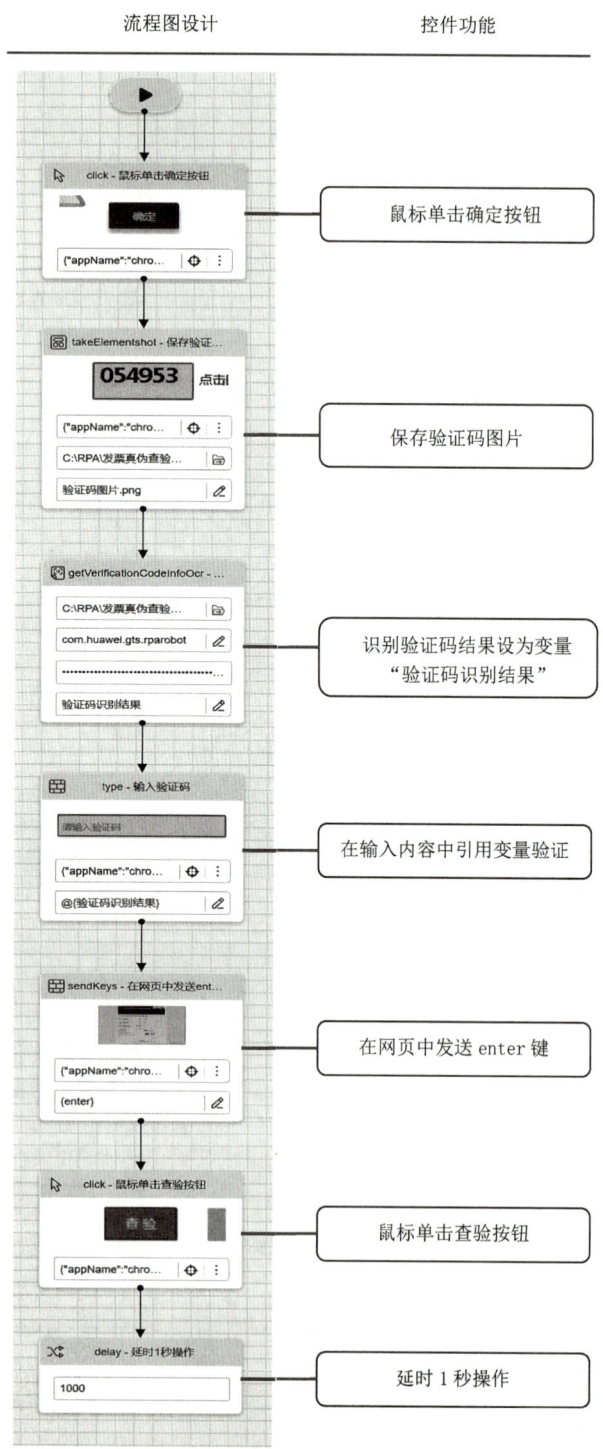

图 5-71　Block-(5)重复识别验证码数字中的控件功能

7）Block-（6）输出发票查验结果中的控件功能

在 Block-（6）输出发票查验结果中的控件功能设计流程图,其使用的活动控件功能
如图 5-72 所示。

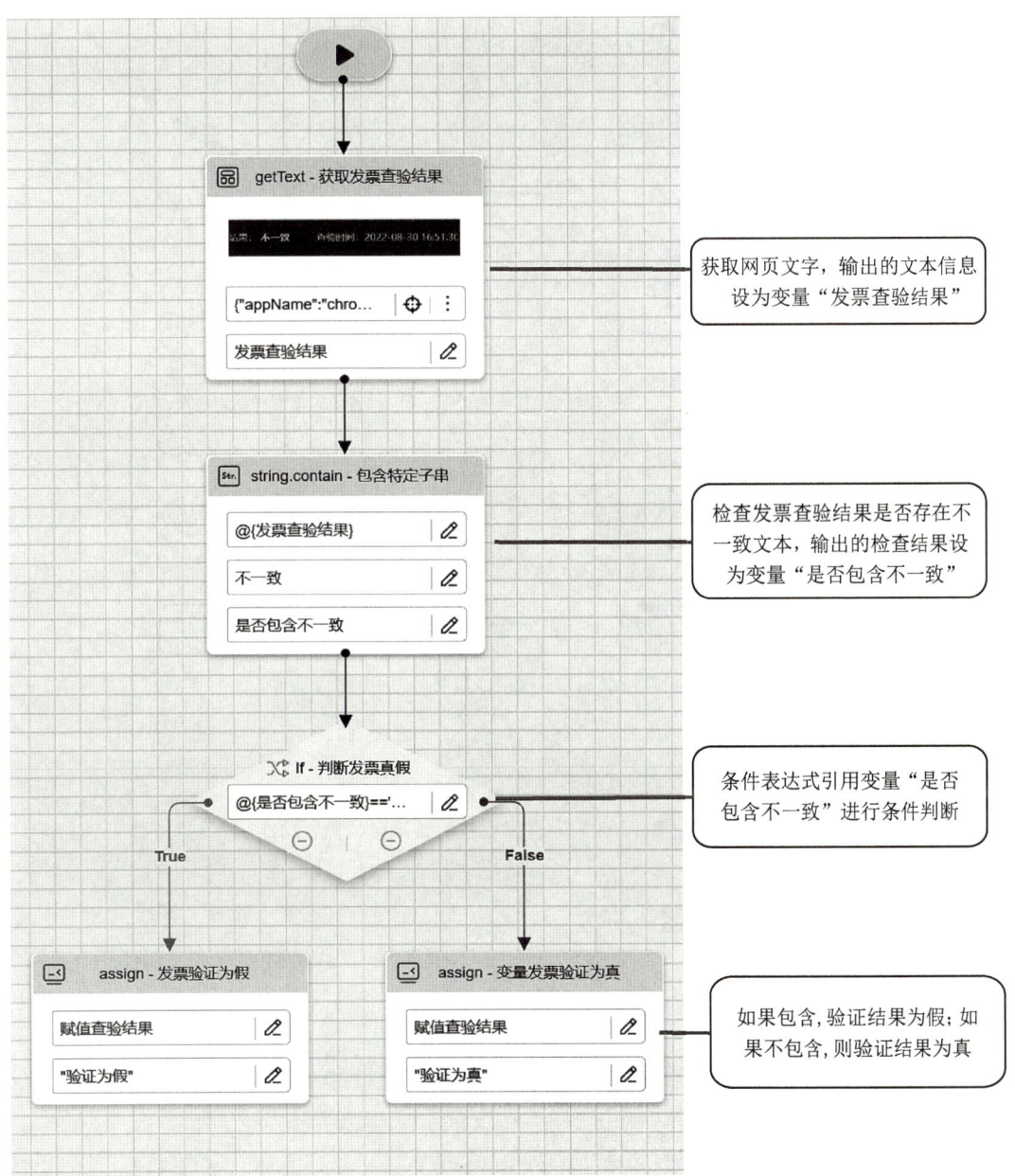

图 5-72　Block-（6）输出发票查验结果中的控件功能

8) Block-(7)写入发票查验结果中的控件功能

在 Block-(7)写入发票查验结果中的控件功能设计流程图,其使用的活动控件功能如图 5-73 所示。

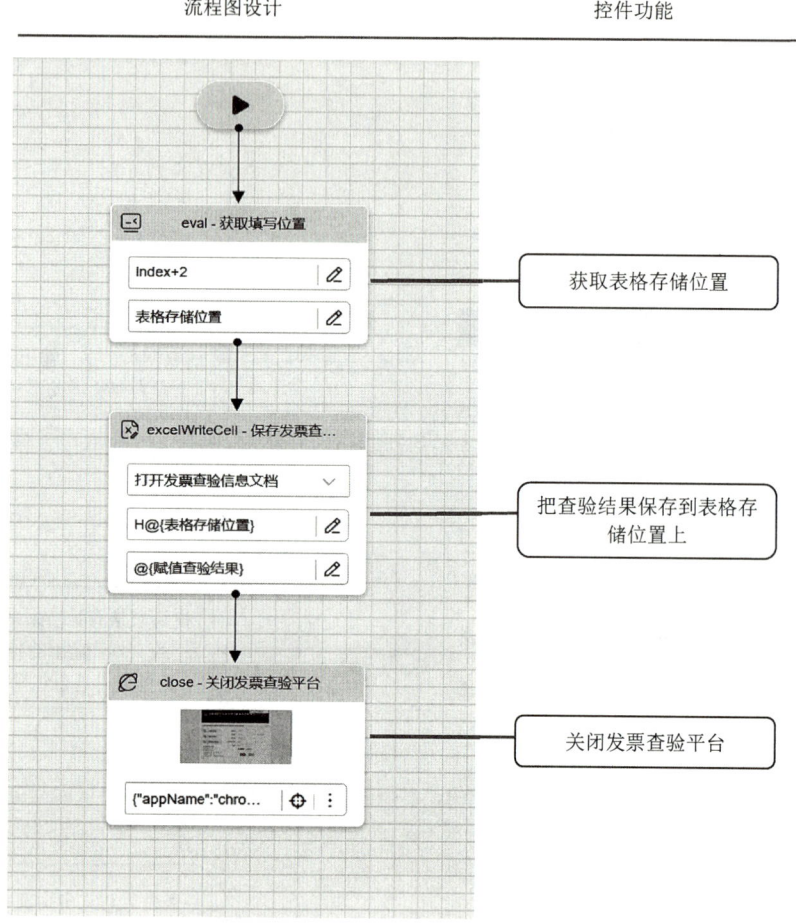

图 5-73　Block-(7)写入发票查验结果中的控件功能

二、发票真伪查验机器人开发

(一) 开发操作准备

1. 创建文件夹

在 C 盘创建一个文件夹,命名为"RPA",如图 5-74 所示。

图 5-74　创建文件夹

2. 启用 WeAutomate Studio 并创建项目

（1）启用 WeAutomate Studio，单击【开始】按钮，点击【新建项目】按钮，如图 5-75 所示。

图 5-75　发票真伪查验机器人创建界面

（2）在【项目名称】中输入"发票真伪查验应用场景"，【保存路径】指定为【C:\RPA】，点击【创建】按钮，完成项目的创建。

3. 指定文件的存储路径

在 RPA 项目根目录中，创建项目资源文件"发票查验信息"，如图 5-76 所示。

发票查验
信息

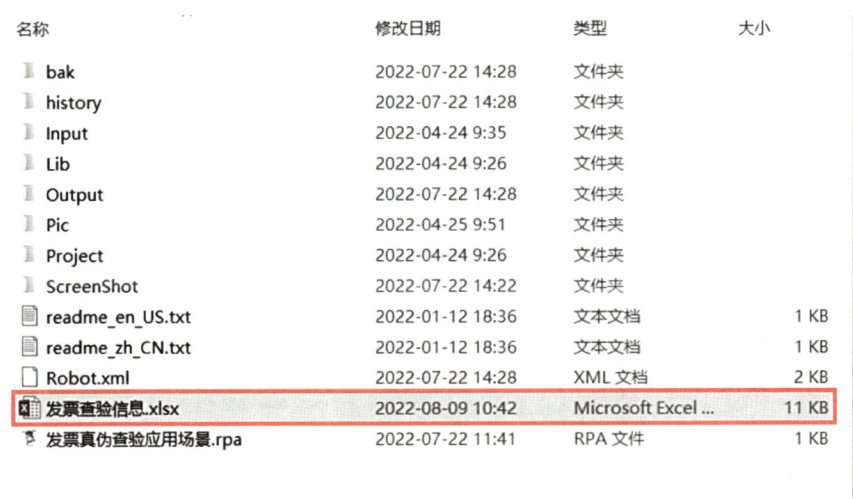

图 5-76　创建"发票查验信息"Excel 文件

（二）创建发票真伪查验机器人流程

1. 发票查验信息

1）读取发票查验信息

（1）在【控件】输入"功能块"，将控件拖至画布中。

（2）【语句块名称】输入"（1）读取发票查验信息"，设置完成后双击此功能块，进入编辑模式，如图 5-77 所示。

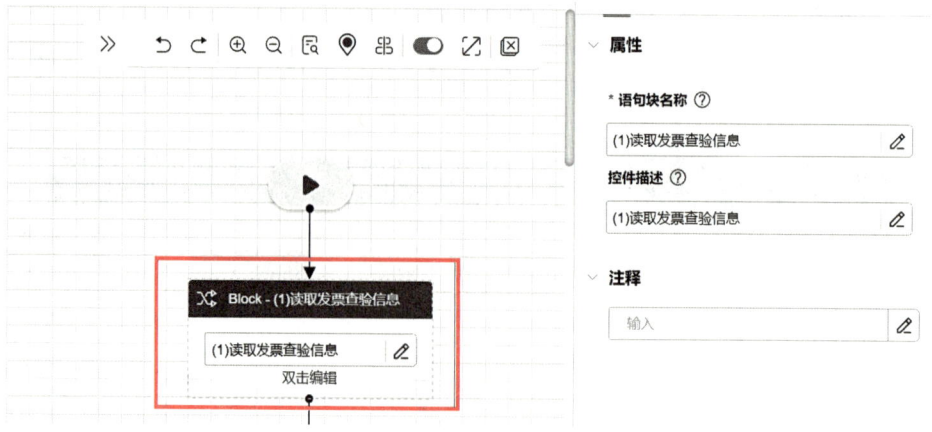

图 5-77 【读取发票查验信息】功能块

2）读取发票查验信息到表格

（1）在【控件】输入"读取 Excel 到表格"，将控件拖至画布中。

（2）【控件描述】输入"读取发票查验信息到表格"

（3）【表格对象】修改为"发票查验信息表"。

（4）【Excel 文件路径】选择"@{WORK_DIR}\发票查验信息.xlsx"，如图 5-78 所示。

图 5-78 【读取 Excel 到表格】界面

3）获取发票查验表格行数

（1）在【控件】输入"获取表格行数"，将控件拖至画布中。

（2）【控件描述】输入"获取发票查验表格行数"。

（3）【表格对象】引用变量"发票查验信息表"。

（4）【表格行数】输入"表格行数"，如图 5-79 所示。

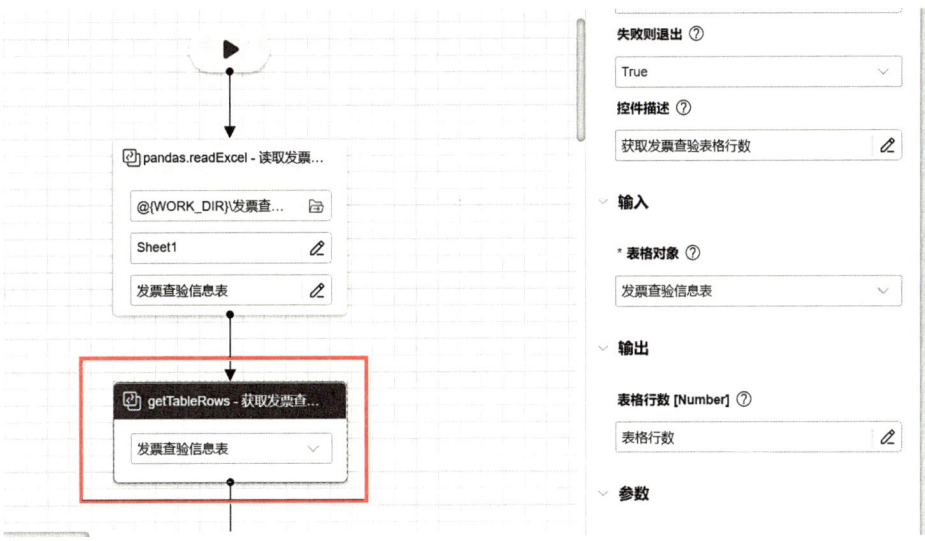

图 5-79　【获取表格行数】界面

4）表格行数增加一

（1）在【控件】输入"运行 python 表达式"，将控件拖至画布中。

（2）【控件描述】输入"行数增加一"。

（3）【执行结果】修改为"表格行数"。

（4）【表达式】输入"@{表格行数}＋1"，如图 5-80 所示。

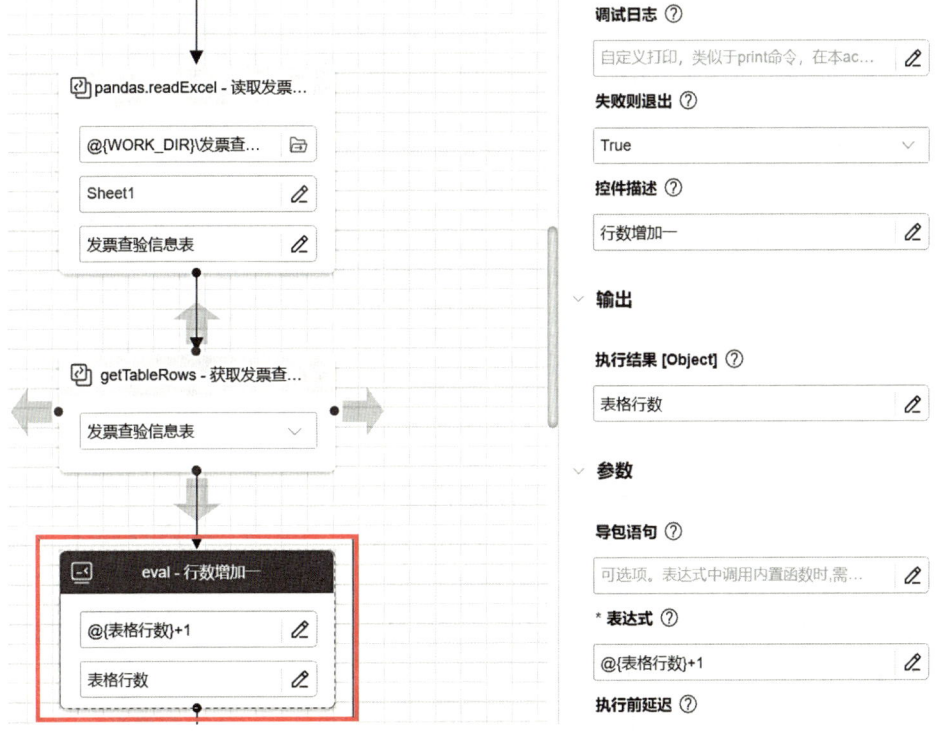

图 5-80　【行数增加一】界面

> **温馨提示：**获取的表格行数默认不包括首行。因此，在表达式中，"@｛表格行数｝+1"表示获取表格总行数（包含表头）。

5）打开发票查验信息文档

（1）在【控件】输入"打开 Excel 文件"，将控件拖至画布中。

（2）【控件描述】输入"打开发票查验信息文档"。

（3）【Excel 文件对象别名】修改为"打开发票查验信息文档"，名称可自定义设置，用于代指选择的 Excel 文件。

（4）【打开方式】选择"Excel"。

（5）【Excel 文件路径】选择文件"@｛WORK_DIR｝\发票查验信息.xlsx"，如图 5-81 所示。

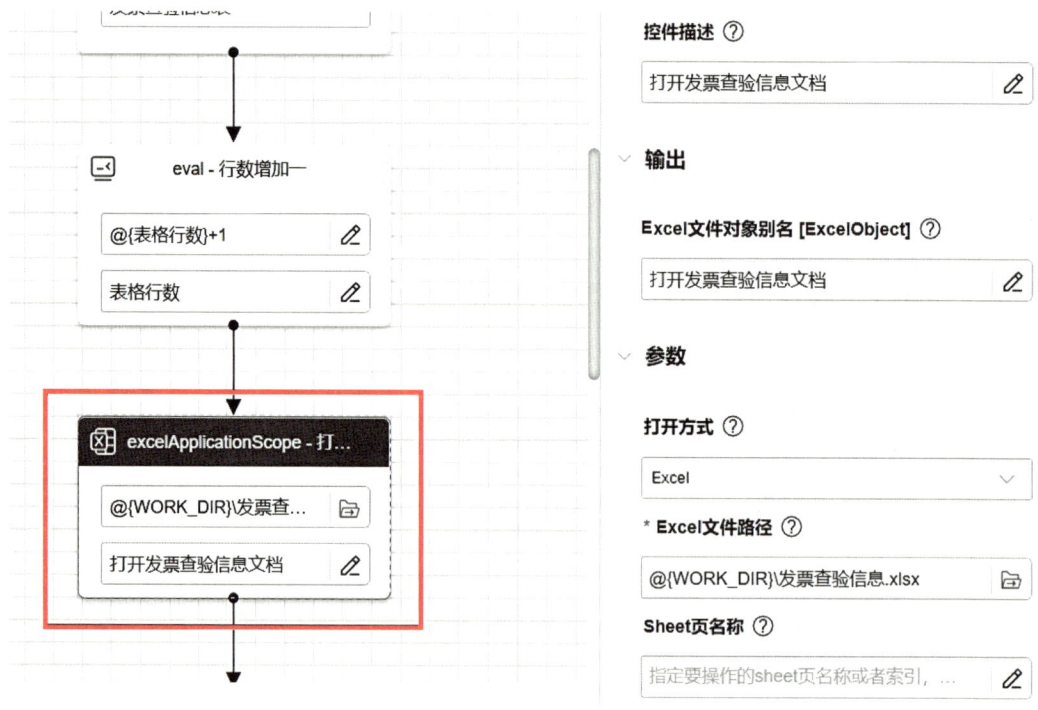

图 5-81　【打开发票查验信息文档】界面

6）获取发票范围文本

（1）在【控件】输入"读取区域"，将控件拖至画布中。

（2）【控件描述】输入"获取发票范围文本"。

（3）【Excel 对象】选择"打开发票查验信息文档"。

（4）【文本内容】输入"发票查验信息表"，变量名称与步骤 2 相同，用于覆盖其内容。

（5）【返回值类型】选择"DataFrame"。

（6）【区域】输入"A2:I@｛表格行数｝"，如图 5-82 所示。

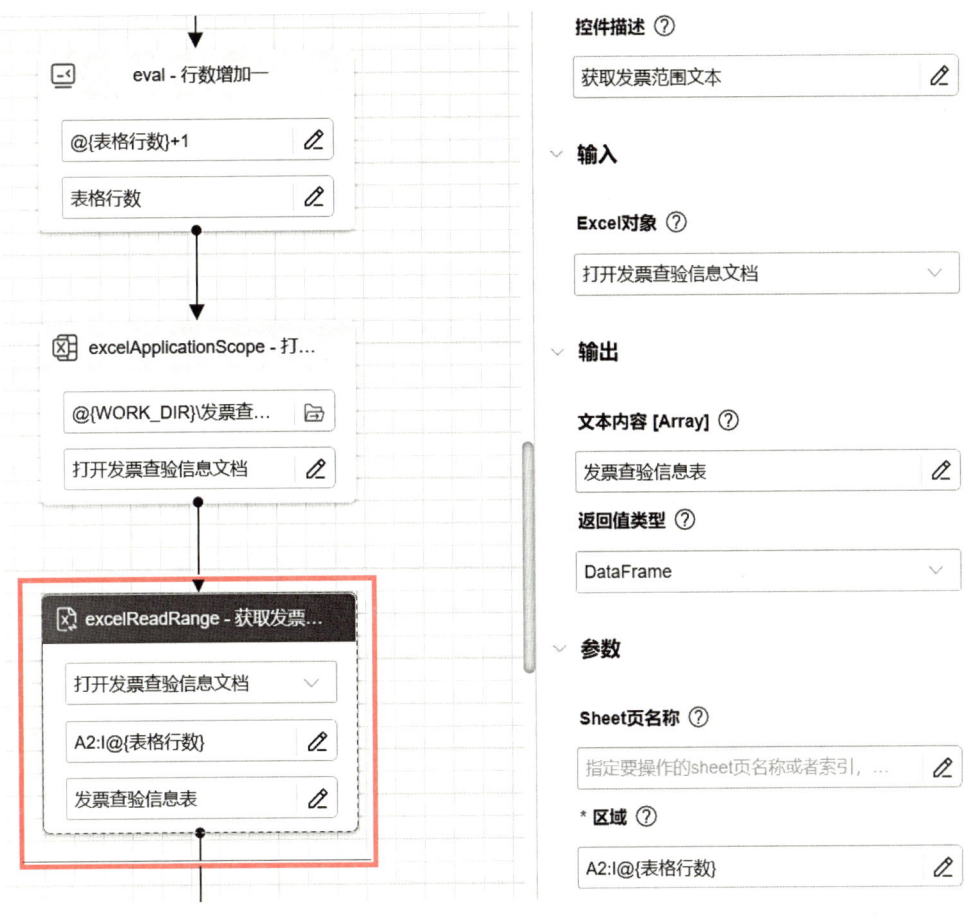

图 5-82　【获取发票范围文本】界面

7）遍历表格的每一张发票

（1）在【控件】输入"按行遍历表格"，将控件拖至画布中。

（2）【控件描述】输入"遍历表格的每一张发票"。

（3）【行数据】输入"发票查验行"，名称可自定义设置。

（4）【DataFrame 表】选择"发票查验信息表"，如图 5-83 所示。

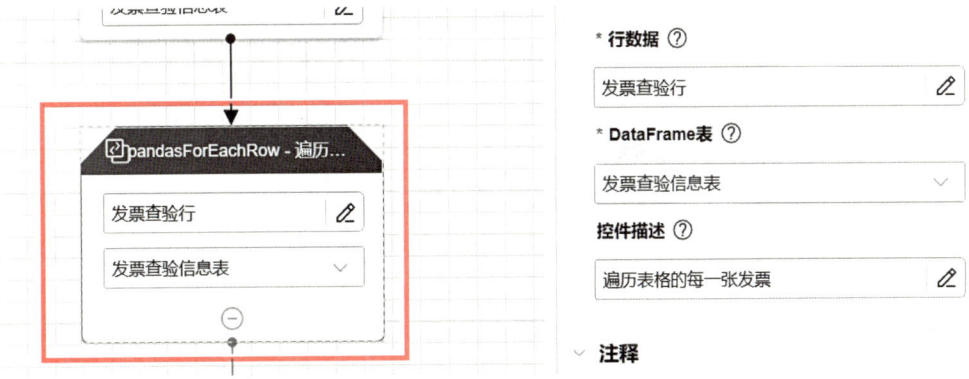

图 5-83　【遍历表格的每一张发票】界面

2. 执行查验操作

1）对每一张发票执行一次查验操作

（1）在【控件】输入"功能块"，将控件拖至画布中。

（2）【语句块名称】输入"（2）对每一张发票执行一次查验操作"。

（3）连接活动控件【遍历表格的每一张发票】，选择"进入循环体"，设置完成后双击此功能块，进入编辑模式，如图 5-84 所示。

图 5-84 【对每一张发票执行一次查验操作】界面

2）打开发票查验系统

（1）在【控件】输入"打开网页"，将控件拖至画布中。

（2）在【控件描述】输入"打开发票查验系统"。

（3）【网页地址】输入发票查验系统地址，网址根据实训情况而定。

（4）【浏览器类型】选择"谷歌浏览器"，如图 5-85 所示。

图 5-85 【打开发票查验系统】界面

3）输入发票查验信息

（1）在【控件】输入"在网页中输入文本"，将控件拖至画布中。

（2）【控件描述】依次输入发票代码、发票号码、开票日期。

（3）【输入位置】选择对应的输入框。

（4）【输入前清空】选择"True"。

（5）【输入内容】依次输入"@｛发票查验行[2]｝""@｛发票查验行[3]｝""@｛发票查验行[4]｝"，如图 5-86 所示。

图 5-86　【输入发票查验信息】界面

4）获取校验码后六位

（1）在【控件】输入"运行 python 表达式"，将控件拖至画布中。

（2）【控件描述】输入"获取校验码后六位"。

（3）【执行结果】修改为"校验码"。

（4）【表达式】输入"@｛发票查验行[6]｝[14：]"，如图 5-87 所示。

5）输入发票校验码

（1）在【控件】输入"在网页中输入文本"，将控件拖至画布中。

（2）【控件描述】输入"输入校验码"。

（3）【输入前清空】选择"True"。

（4）【输入内容】输入"@｛校验码｝"，如图 5-88 所示。

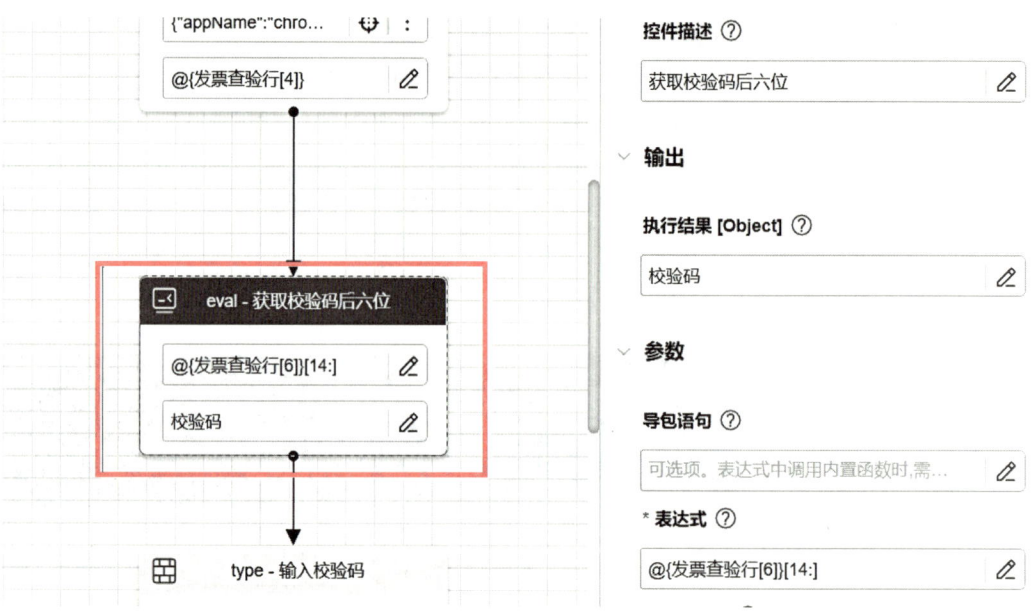

图 5-87 【获取校验码后六位】界面

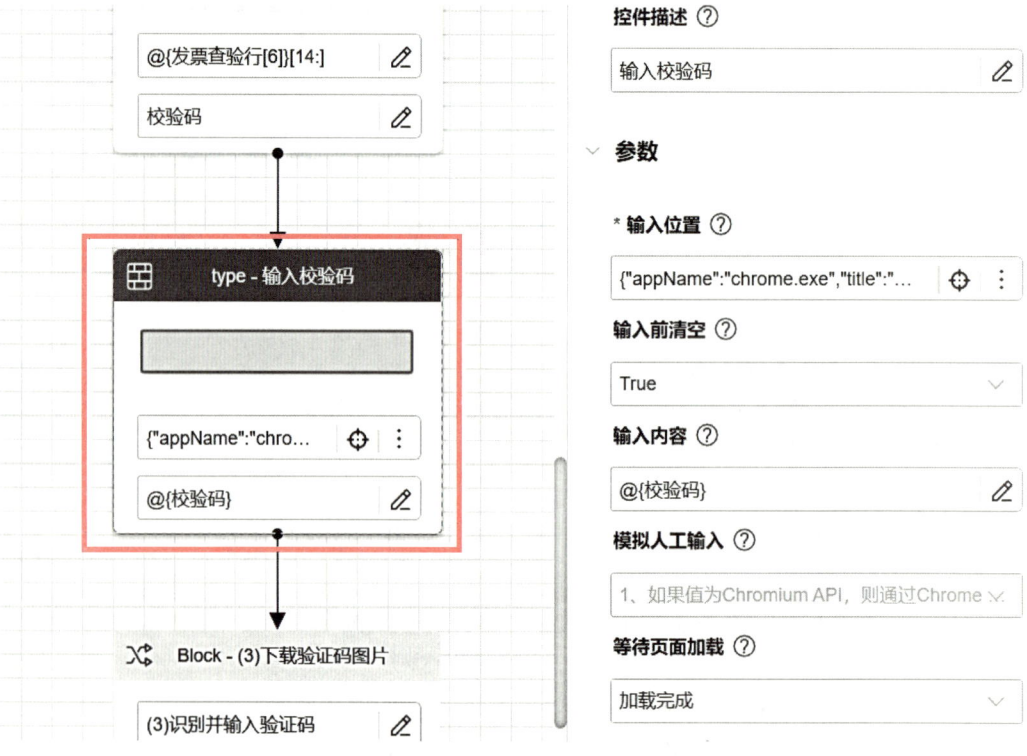

图 5-88 【输入发票校验码】界面

3. 识别并输入验证码图片

1）识别并输入验证码

（1）在【控件】输入"功能块"，将控件拖至画布中。

（2）【语句块名称】输入"（3）识别并输入验证码"。

（3）连接活动控件【输入校验码】，设置完成后双击此功能块，进入编辑模式，如图 5-89 所示。

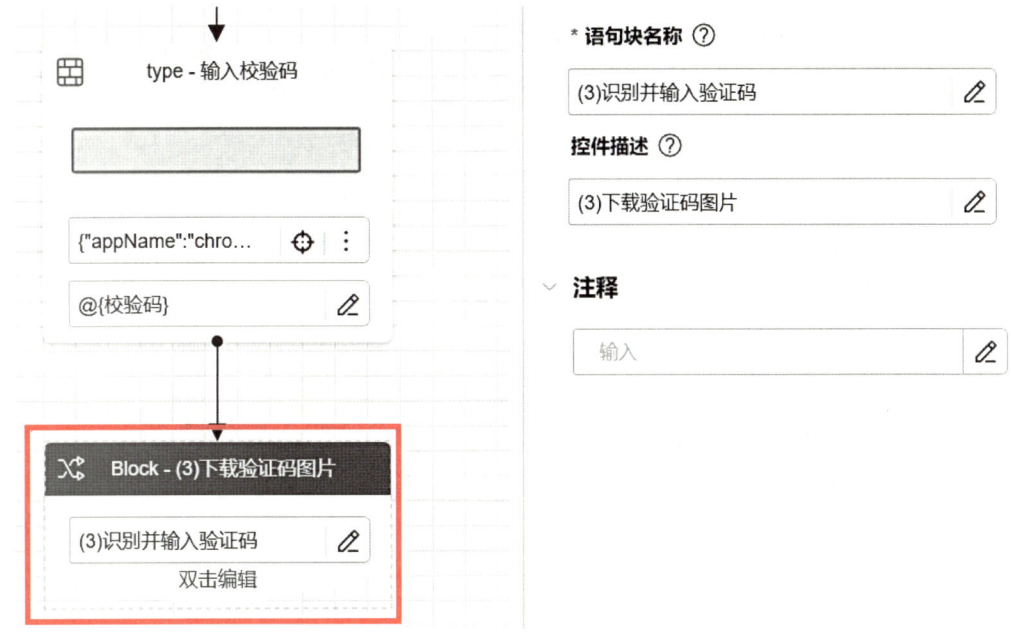

图 5-89 【识别并输入验证码】界面

2）鼠标点击获取验证码

（1）【控件】输入"鼠标点击网页元素"，将控件拖至画布中。

（2）【控件描述】输入"鼠标点击获取验证码"。

（3）【模拟人工点击】选择"硬件事件"，如图 5-90 所示。

图 5-90 【鼠标点击获取验证码】界面

3）保存验证码图片

（1）在【控件】输入"截取元素图片"，将控件拖至画布中。

（2）【控件描述】输入"保存验证码图片"。

（3）【保存路径】输入"C：/RPA\发票真伪查验应用场景"。

（4）【图片名称】输入"验证码图片.png"。

（5）【执行前延迟】输入"1000"，如图 5-91 所示。

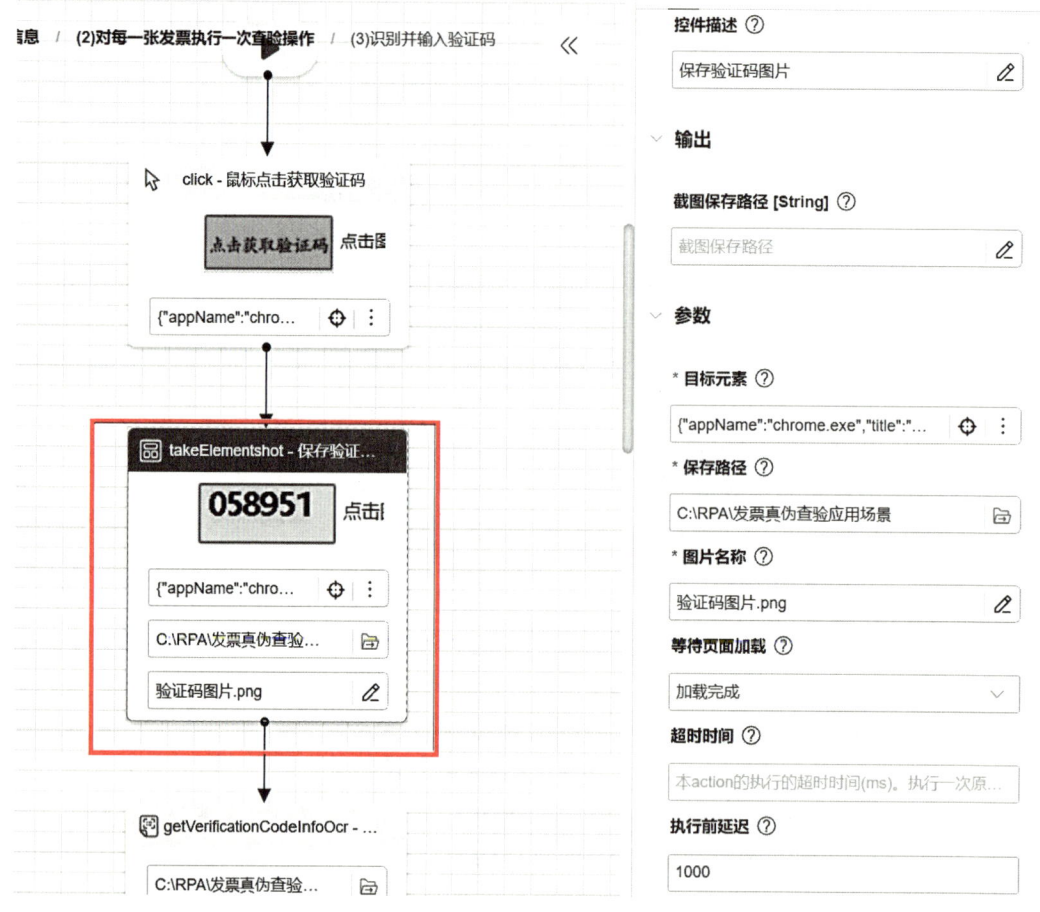

图 5-91 【保存验证码图片】界面

4）识别验证码图片文本

（1）在【控件】输入"验证码识别"，将控件拖至画布中。

（2）【控件描述】输入"识别验证码图片文本"。

（3）【识别结果】修改为"验证码识别结果"，名称可自定义设置，用于存储识别到的文本。

（4）【图片文件】输入"C:RPA\发票真伪查验应用场景\验证码图片.png"。

（5）【User ID/User Key】账号密码可在官网获取，如图 5-92 所示。

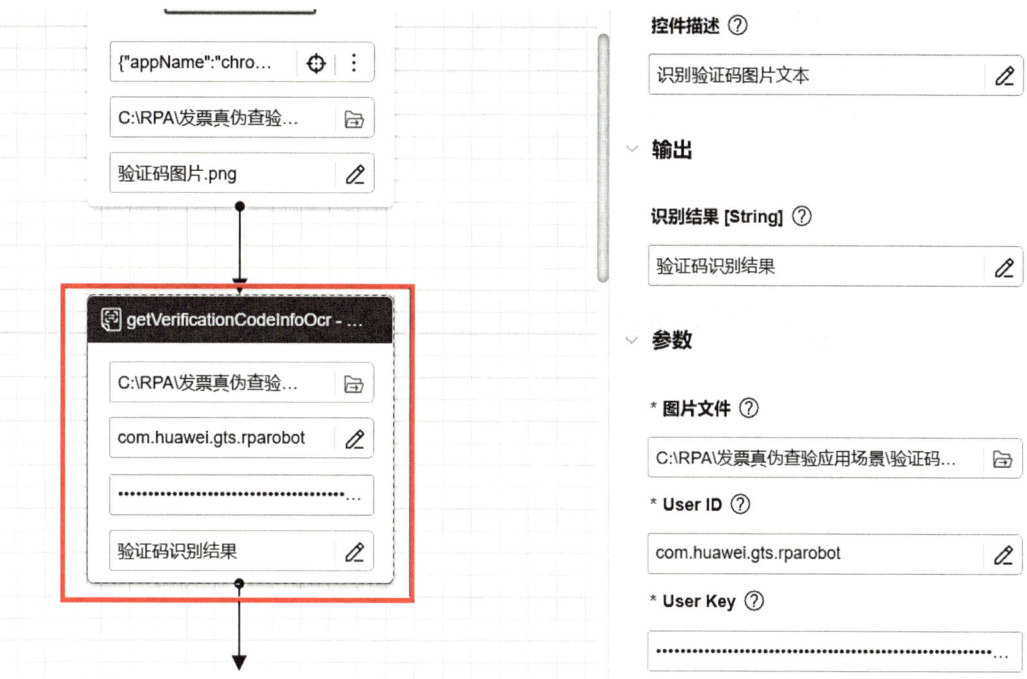

图5-92 【识别验证码图片文本】界面

5）输入验证码

（1）在【控件】输入"在网页中输入文本"，将控件拖至画布中。

（2）【控件描述】输入"输入校验码"。

（3）【输入前清空】选择"True"。

（4）【输入内容】输入"@｛验证码识别结果｝"，如图5-93所示。

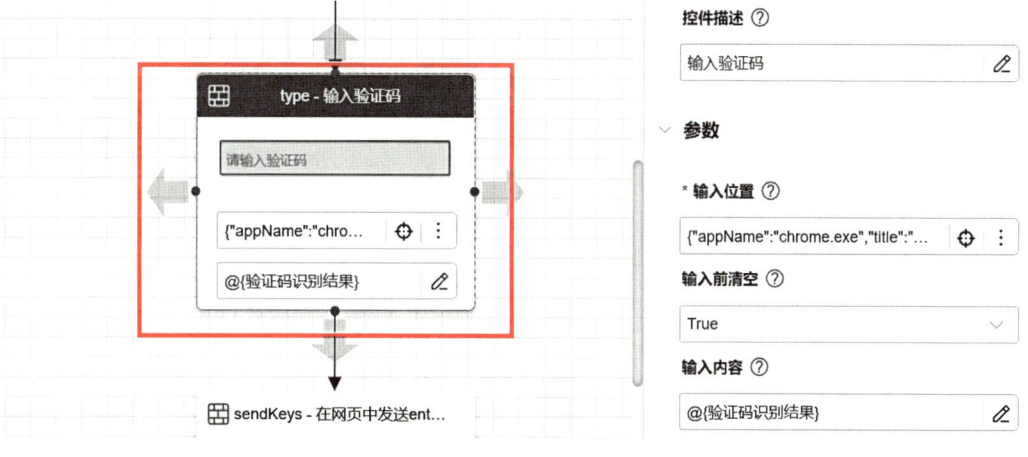

图5-93 【输入验证码】界面

6）在网页中发送 enter 键

（1）在【控件】输入"在网页中发送功能键"，将控件拖至画布中。

（2）【控件描述】输入"在网页中发送 enter 键"。

（3）【模拟人工按键盘】选择"硬件事件"。

（4）【功能键】输入"{enter}"，如图 5-94 所示。

图 5-94 【在网页中发送 enter 键】界面

7）鼠标单击查验按钮

（1）在【控件】输入"鼠标单击网页元素"，将控件拖至画布中。

（2）【控件描述】输入"鼠标单击查验按钮"。

（3）【模拟人工点击】选择"硬件事件"，如图 5-95 所示。

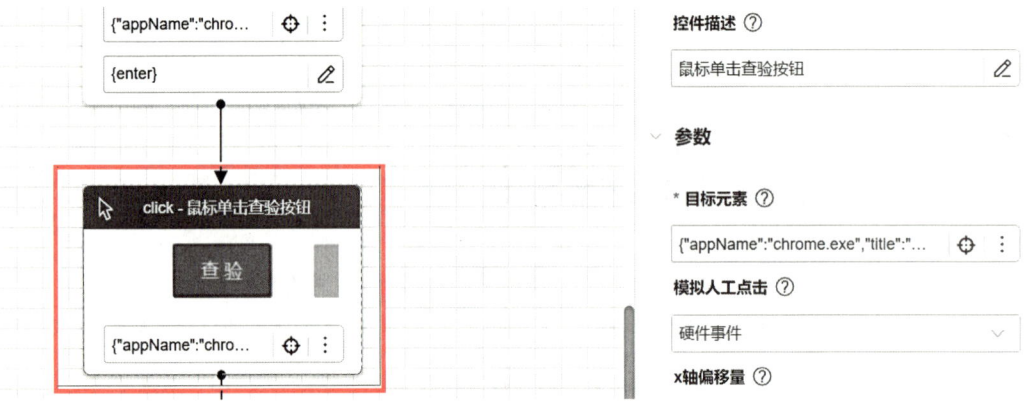

图 5-95 【鼠标单击查验按钮】界面

4．重复执行活动

1）验证码填写错误时重复执行此活动

（1）在【控件】输入"功能块"，将控件拖至画布中。

（2）【语句块名称】输入"(4)验证码填写错误时重复执行此活动"。

（3）连接活动控件【鼠标单击查验按钮】，设置完成后双击此功能块，进入编辑模式，如图 5-96 所示。

图 5-96　【验证码填写错误时重复执行此活动】界面

2）循环查询操作

（1）在【控件】输入"DoWhile 条件循环"，将控件拖至画布中。

（2）【控件描述】输入"循环查询操作"。

（3）【条件表达式】输入"@{是否存在错误}"，此变量为判断是否输入正确的条件，条件的获取请看下一个控件，此控件作为循环判断与输入的基础，如图 5-97 所示。

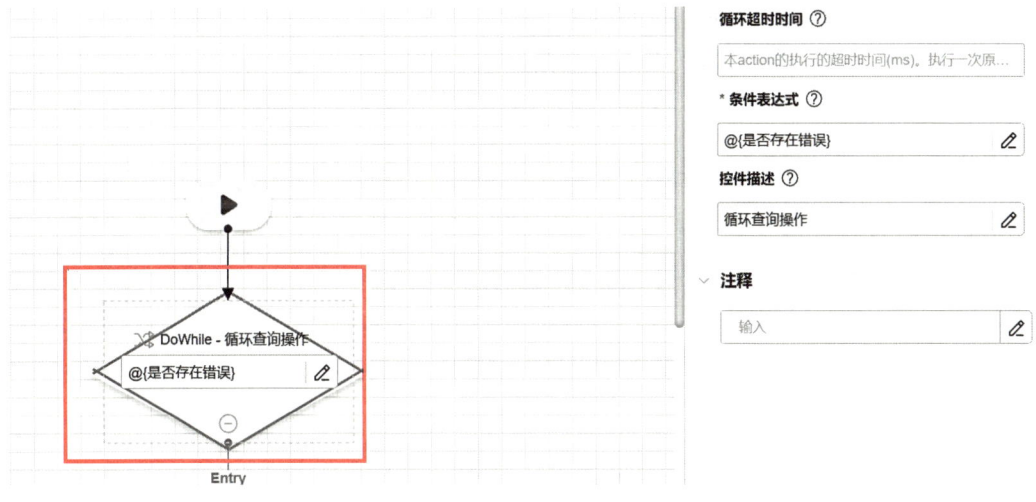

图 5-97　【循环查询操作】界面

3）是否存在错误的验证码

（1）在【控件】输入"网页元素是否存在"，将控件拖至画布中。

（2）【控件描述】输入"是否存在错误的验证码"。

（3）【检查结果】修改为"是否存在错误"。

（4）【超时时间】输入"1000"。

（5）连接活动控件【循环查询操作输入】，选择"进入循环体"，如图 5-98 所示。

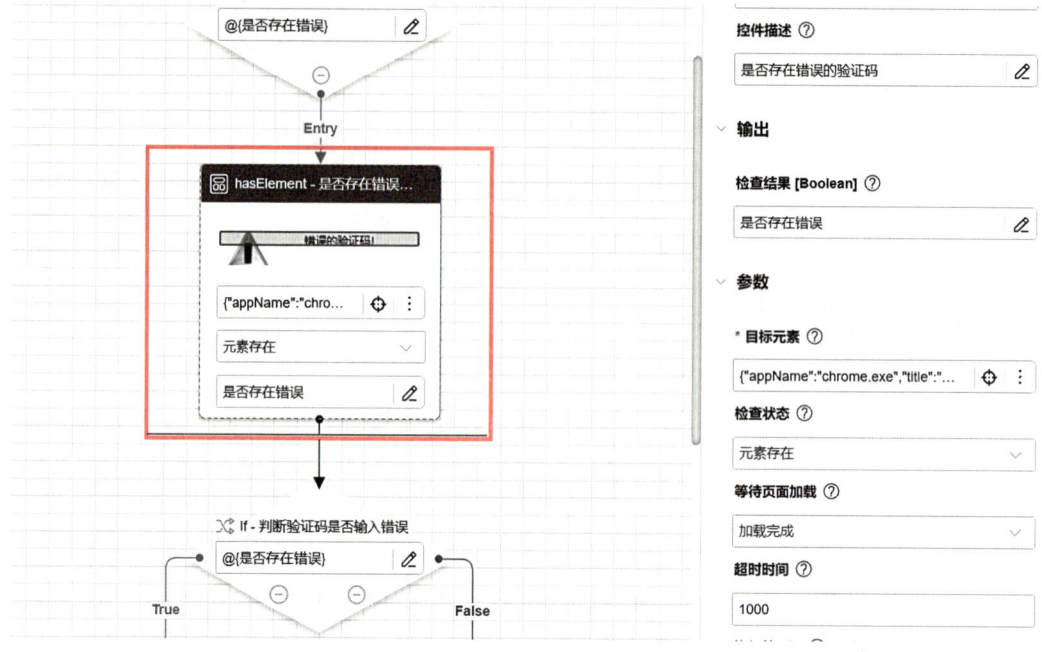

图 5-98 【是否存在错误的验证码】界面

（6）在【控件】输入"条件分支"，将控件拖至画布中。

（7）【控件描述】输入"判断验证码是否输入错误"。

（8）【条件表达式】输入"@{是否存在错误}"，如图 5-99 所示。

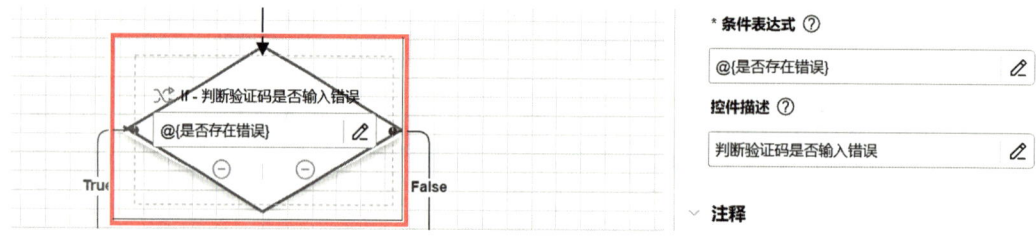

图 5-99 【判断验证码是否输入错误】界面

4）重复识别验证码数字

（1）在【控件】输入"功能块"，将控件拖至画布中。

（2）【语句块名称】输入"重复识别验证码数字"。

（3）连接活动控件【判断验证码是否输入错误】，选择"条件成立"，设置完成后双击此功能块，进入编辑模式，如图 5-100 所示。

5）鼠标单击确定按钮

（1）在【控件】输入"鼠标单击网页元素"，将控件拖至画布中。

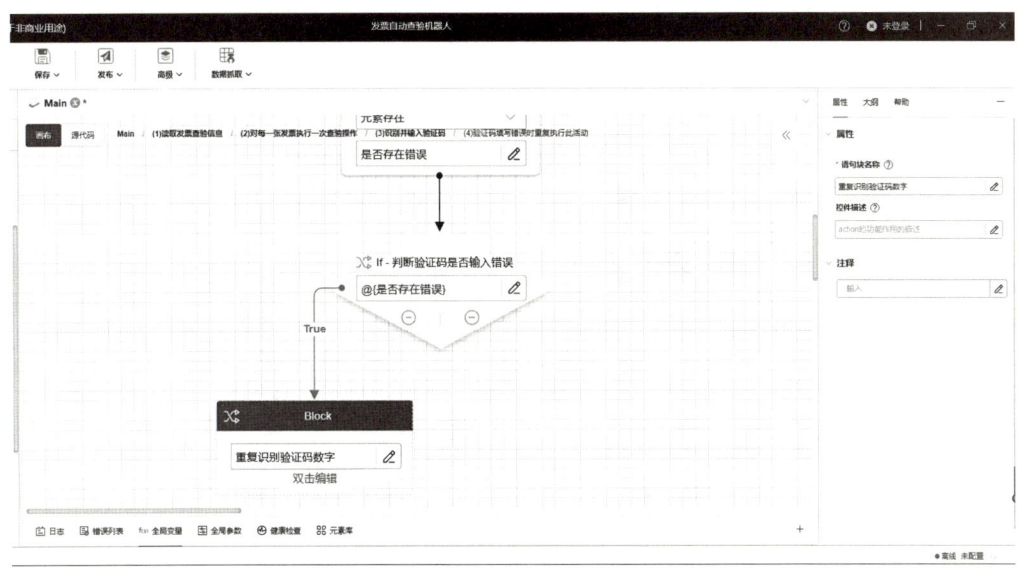

图 5-100　【重复识别验证码数字】界面

（2）【控件描述】输入"鼠标单击确定按钮"。

（3）【模拟人工点击】选择"硬件事件"，如图 5-101 所示。

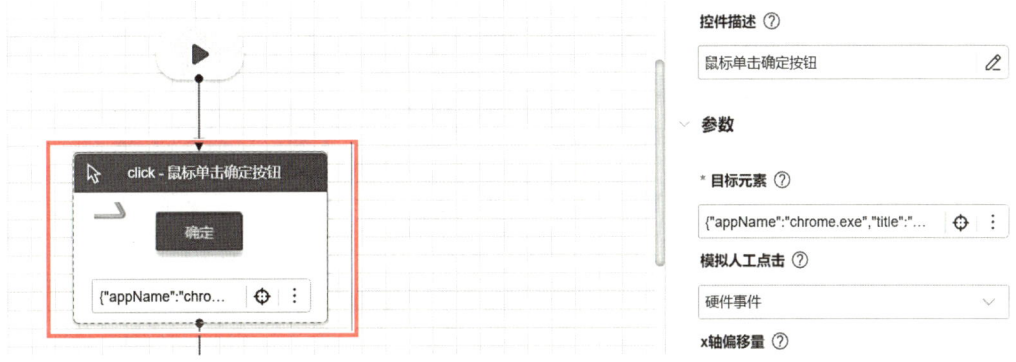

图 5-101　【鼠标单击确定按钮】界面

6）复制粘贴识别验证码操作

由于重复输入验证码的操作与第一次输入的操作一致，故不用重复设置，复用前面的活动控件即可。具体操作为复制粘贴操作步骤 3 中的活动控件：【保存验证码图片】【识别验证码图片文本】【输入验证码】【在网页中发送 enter 键】【鼠标单击查验按钮】，并依次连接，如图 5-102 所示。

7）延时 1 秒操作

（1）在【控件】输入"延时操作"，将控件拖至画布中。

（2）【控件描述】输入"延时 1 秒操作"。

（3）【延迟时间】输入"1000"，其作用为预留时间给网页甄别输入是否正确，如图 5-103 所示。

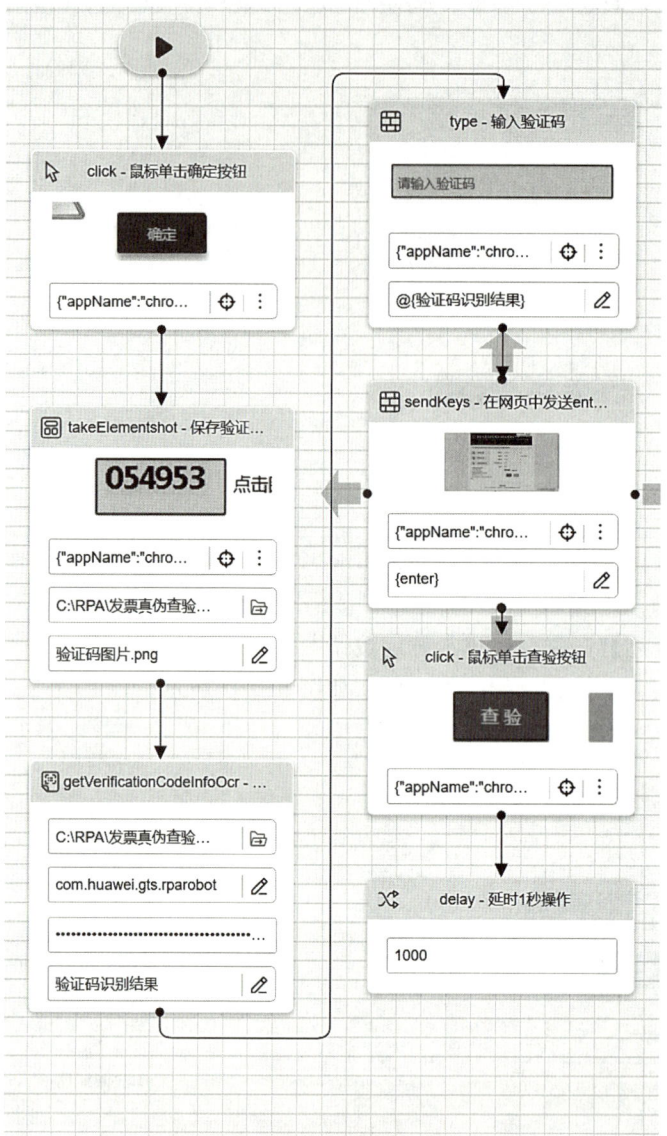

图 5-102　复制粘贴活动控件

图 5-103　【延时 1 秒操作】界面

5．发票查验结果

1）输出发票查验结果

（1）在【控件】输入"功能块"，将控件拖至画布中。

（2）【语句块名称】输入"（5）输出发票查验结果"。

（3）连接活动控件【判断验证码是否输入错误】选择"条件不成立"，设置完成后双击此功能块，进入编辑模式，如图 5-104 所示。

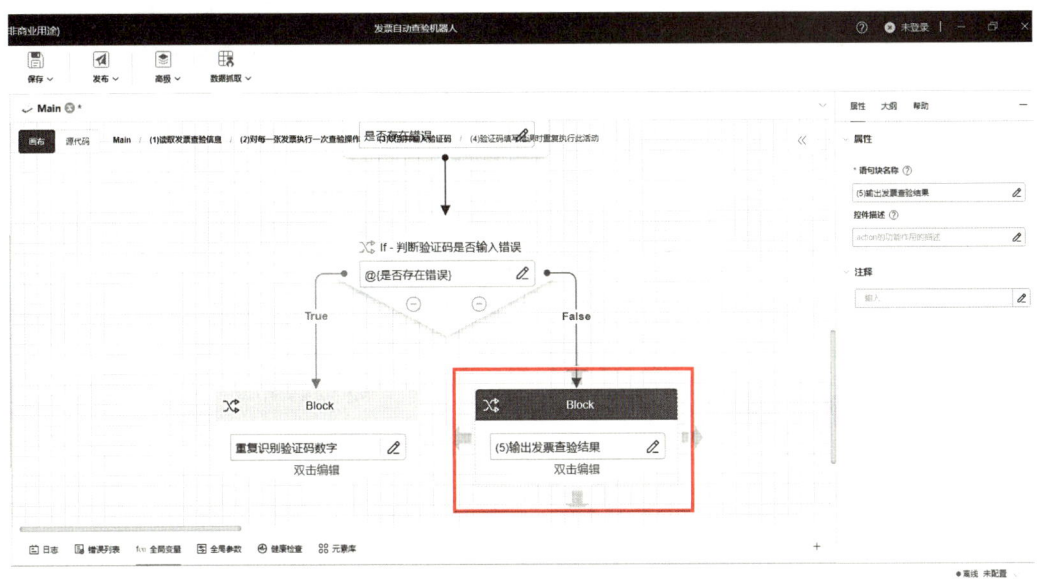

图 5-104　【输出发票查验结果】界面

2）获取发票查验结果

（1）在【控件】输入"获取网页文本"，将控件拖至画布中。

（2）【控件描述】输入"获取发票查验结果"。

（3）【文本信息】修改为"发票查验结果"，如图 5-105 所示。

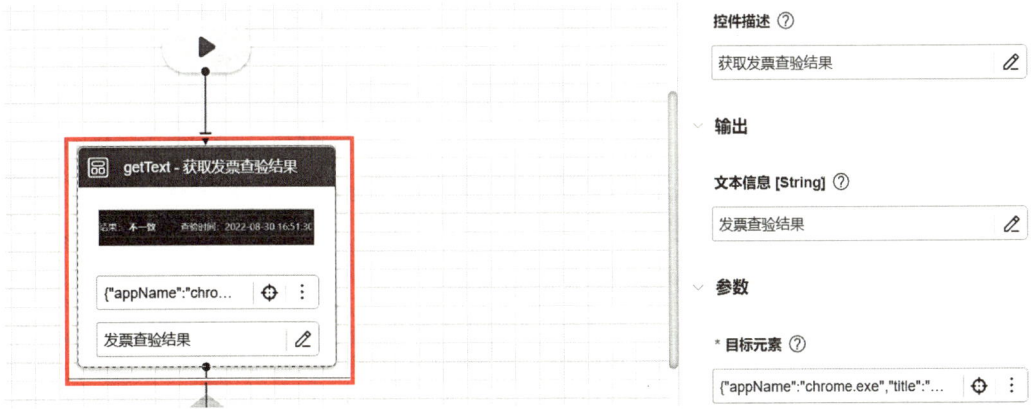

图 5-105　【获取发票查验结果】界面

3）包含特定子串

（1）在【控件】输入"包含子串"，将控件拖至画布中。

（2）【控件描述】输入"包含特定子串"。

（3）【检查结果】修改为"是否包含不一致"。

（4）【待处理字符串】输入"@{发票查验结果}"。

（5）【子串】输入"不一致"，如图 5-106 所示。

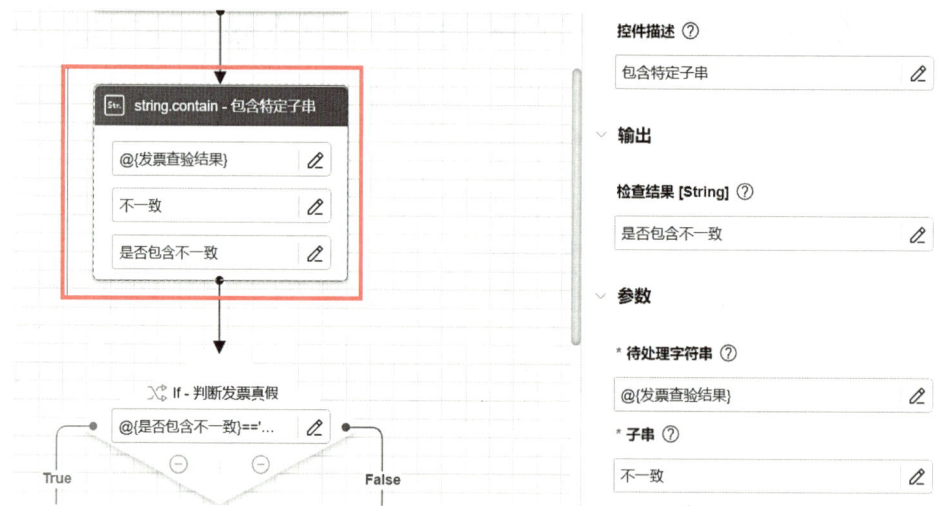

图 5-106 【包含特定子串】界面

4）判断发票真假

（1）在【控件】输入"条件分支"，将控件拖至画布中。

（2）【控件描述】输入"判断发票真假"。

（3）【条件表达式】输入"@{是否包含不一致}＝＝'contain'"，注意使用英文单引号，根据操作步骤 3 获取的结果判断，如果包含返回"contain"，如果不包含则返回"notContain"，如图 5-107 所示。

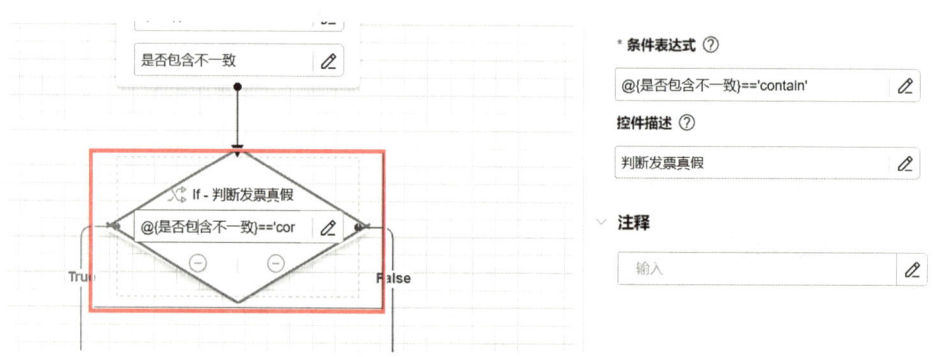

图 5-107 【判断发票真假】界面

5）发票验证为假/真

（1）在【控件】输入"变量赋值"，将控件拖至画布中。

（2）连接活动控件与命名：①判断发票真假，选择"条件成立"，控件描述"发票验证为假"；②判断发票真假，选择"条件不成立"，控件描述"发票验证为真"。

（3）【变量名】修改为"赋值查验结果"。

（4）【将输出类型转换为】选择"String"。

（5）【变量值】条件成立（左侧）输出"验证为假"，条件不成立（右侧）输出"验证为真"，如图 5-108 所示。

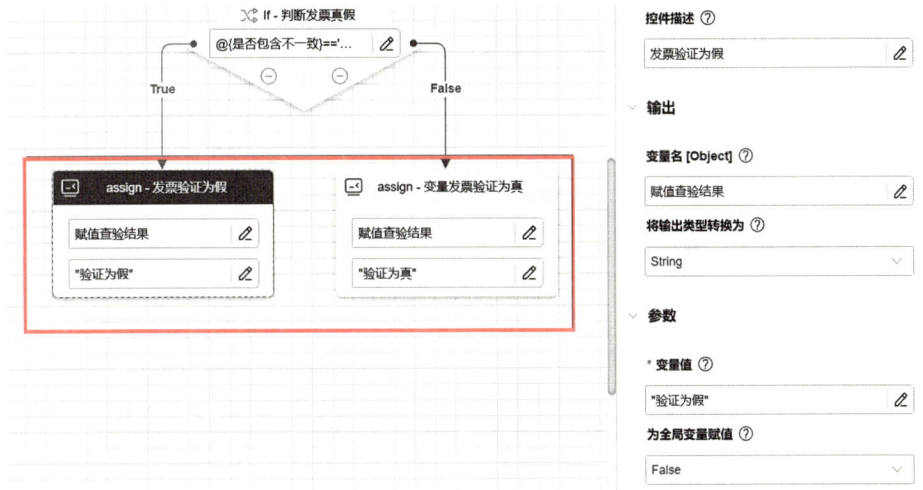

图 5-108 【发票验证为假/真】界面

6）写入发票查验结果

（1）在【控件】输入"功能块"，将控件拖至画布中。

（2）【语句块名称】输入"写入发票查验结果"。

（3）连接活动控件【（5）输出发票查验结果】返回上一级目录，设置完成后双击此功能块，进入编辑模式，如图 5-109 所示。

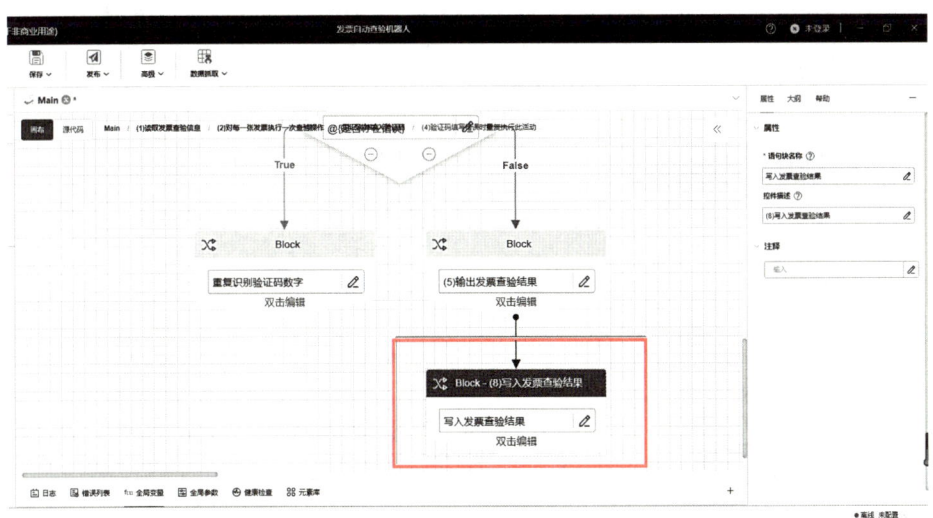

图 5-109 【写入发票查验结果】界面

7) 获取填写位置

(1) 在【控件】输入"运行 python 表达式",将控件拖至画布中。

(2)【控件描述】输入"获取填写位置"。

(3)【执行结果】修改为"表格存储位置"。

(4)【表达式】输入"Index + 2",如图 5-110 所示。

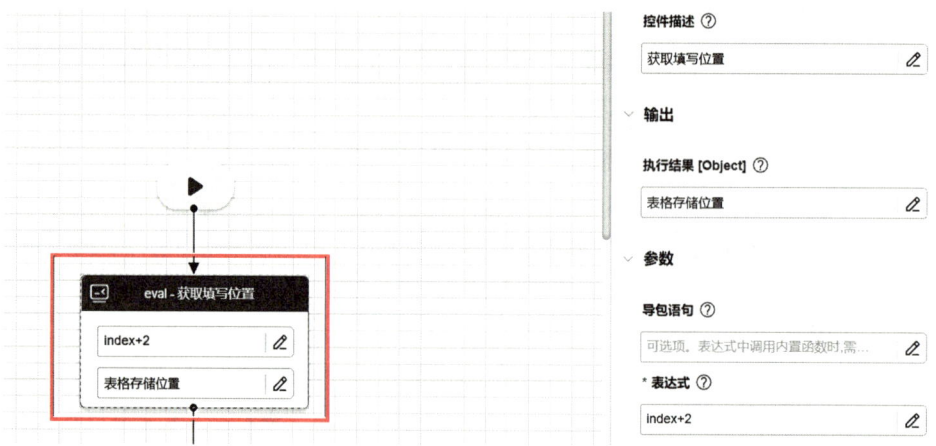

图 5-110 【获取填写位置】界面

8) 保存发票查验结果

(1) 在【控件】输入"写入单元格",将控件拖至画布中。

(2)【控件描述】输入"保存发票查验结果"。

(3)【Excel 对象】选择"打开发票查验信息文档"。

(4)【目标单元格】输入"H@{表格存储位置}",Excel 列与变量的组合应用,如 H2。

(5)【写入内容】输入"@{赋值查验结果}",填写内容根据操作步骤 5 获取的结果,如图 5-111 所示。

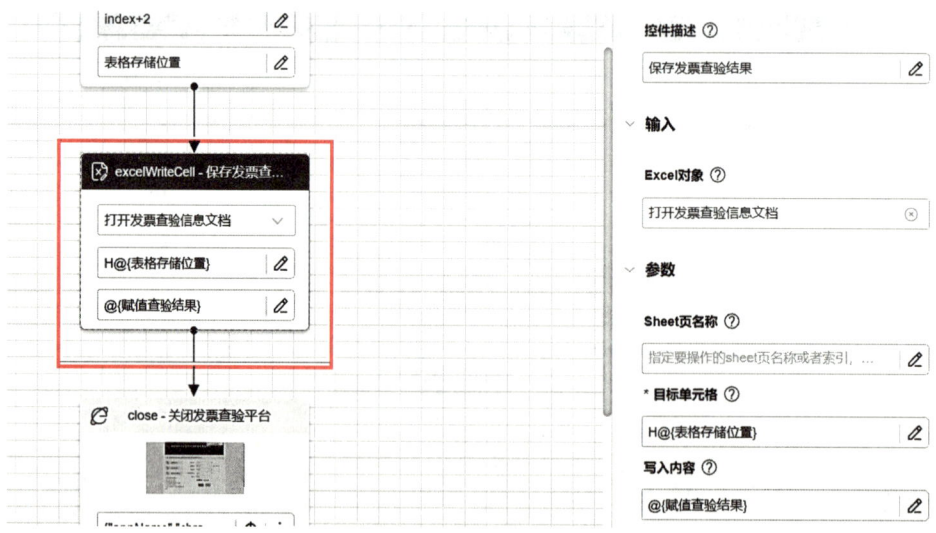

图 5-111 【保存发票查验结果】界面

9）关闭发票查验平台

（1）在【控件】输入"关闭网页窗口"，将控件拖至画布中。

（2）【控件描述】输入"关闭发票查验平台"。

（3）【拾取网页元素】选择"整个发票查验系统界面"，如图5-112所示。

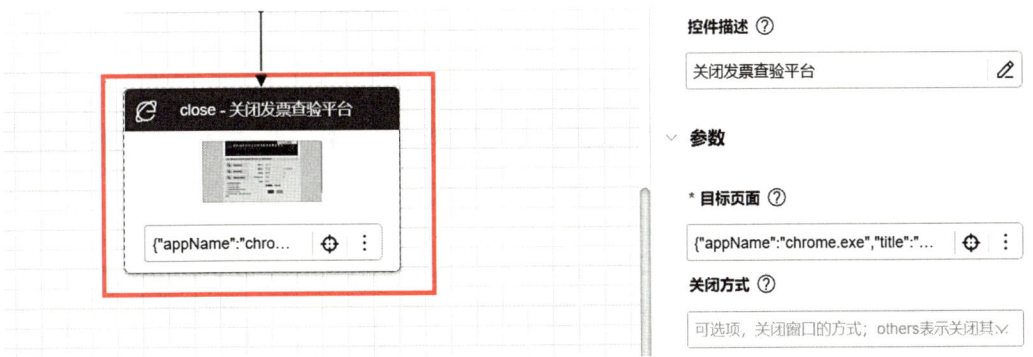

图5-112　【关闭发票查验平台】界面

6. 保存发票查验文档

（1）在【控件】输入"关闭工作簿"，将控件拖至画布中。

（2）【控件描述】输入"保存发票查验文档"。

（3）【Excel对象】选择"打开发票查验信息文档"。

（4）【保存文件】选择"True"。

（5）连接活动控件【(1)读取发票查验信息】选择"True"，链接活动控件前，返回第一层级目录（Main），作用为循环查验完表格所有发票信息后，最后保存并关闭文档，如图5-113所示。

图5-113　【保存发票查验文档】界面

三、发票真伪查验机器人测试

将开发完成的发票真伪查验机器人在平台进行运行测试，测试步骤如下。

（一）检查核对

打开"C:\RPA\发票真伪查验应用场景"中已经储存好的"发票查验信息.xlsx"文件。

（二）运行机器人

打开 WeAutomate Studio 窗口，点击【设计】中的【运行】按钮，运行发票真伪查验机器人。

（三）运行完毕

运行结束后，重新打开"发票查验信息.xlsx"，Sheet1 中显示获取的 10 张发票已查验真伪的结果信息，如图 5-114 所示。

序号	发票类型	发票代码	发票号码	开票日期	开具金额	校验码	查验真伪	备注
2	增值税专用发票	4112204140	22328184	20200101	32200.00	72085549722978986610	验证为假	
1	增值税专用发票	6326151140	14063010	20200101	96740.00	67198118982123277292	验证为真	
3	增值税专用发票	4418201140	16534226	20200101	7854.24	72085549722978304883	验证为假	
4	增值税电子普通发票	022042000111	35858830	20200101	3000.00	67198118982123413139	验证为真	
5	增值税普通发票	061021872404	17006521	20200102	900.00	72085549722978128422	验证为假	
6	增值税电子普通发票	014081900311	35081095	20200103	119700.00	72085549722978247962	验证为真	
7	增值税电子普通发票	032101900111	11406133	20200103	25600.00	72085549722978119977	验证为假	
8	增值税电子普通发票	032051900311	33251946	20200104	4728.00	72085549722978632187	验证为假	
9	增值税电子普通发票	062031900311	14855917	20200105	21840.00	67198118982123277548	验证为真	
10	增值税电子普通发票	015012000211	25233148	20200105	2200.00	67198118982123828744	验证为假	

图 5-114　发票查验信息获取成功界面

四、发票真伪查验机器人应用

根据发票真伪查验业务场景，利用财务机器人查验相关发票的真伪，在开发机器人过程中会遇到各种不同的问题，请写出你遇到的问题及相应的改进建议，形成总结报告。

发票查验信息

（一）查验发票真伪

验证 10 张公司报销发票的真伪，发票查验信息请扫描右侧二维码。

（二）总结报告

根据开发中遇到的问题提出改进建议，并完成 300~500 字的总结报告。

五、发票真伪查验机器人小结

测 试 题

一、单选题

1. 下列关于 While 条件循环控件说法不正确的是(　　)。

A. 控件有 condition 和 timeout 两个属性

B. 当条件满足时,执行控件中的子流程

C. 当 condition 条件不满足,或者 timeout 超时时间,结束循环

D. 控件有 list 和 item 两个属性

2. 下列关于 WeAutomate Studio 控件按行遍历表格说法正确的是(　　)。

A. 按行遍历 DataFrame 表,子流程中支持任何其他控件的嵌套使用

B. 要遍历的表格只能通过变量的方式引用

C. 内置一个 index 变量表示每行数据的索引

D. 内置变量 forloop 表示遍历数据的索引

3. 在 WeAutomate Studio 中,(　　)控件可以实现打开指定网页。

A. 打开网页　　　　　　　　　　B. 运行应用程序

C. 打开 Excel 文件　　　　　　　D. 获取网页文本

4. 企业每月都会有大量的发票需要报销,财务人员需要整理发票和提取发票信息进行查验,根据查验平台查验信息需求,以下(　　)信息不需要由财务人提取整理。

A. 发票号码　　　　　　　　　　B. 校验码

C. 货物或应税、服务名称　　　　D. 开票日期

5. RPA 机器人想要获取发票查验信息 Excel 文件中的信息时,应该使用(　　)控件。

A. 打开 Excel 文件　　　　　　　B. 获取区域文本

C. 获取表格行数　　　　　　　　D. 读取 Excel 到表格

6. 引用前面已经创建的变量使用的是(　　)。

A. @{}　　　　　B. @[]　　　　　C. @<>　　　　　D. @""

7. 下列关于利用 RPA 进行费用报销数据校验业务所带来的影响说法错误的是(　　)。

A. 节省人力　　　　　　　　　　B. 提升效率

C. 提高员工工作的价值感和幸福感　D. 耗费时间

8. 下列(　　)控件可以实现延长时长的功能。

A. 延时操作　　　　　　　　　　B. 获取时间

C. 运行应用程序　　　　　　　　D. 运行 python 表达

9. 下列关于费用报销数据校验的痛点说法错误的是(　　)。

A. 业务量大　　　　　　　　　　B. 重复度高

C. 操作难度小　　　　　　　　　D. 操作难度大

二、多选题

1. 常用于甄别的发票类型有(   )。

A. 增值税专用发票   B. 增值税普通发票

C. 增值税电子普通发票   D. 增值税电子专用发票

2. 在发票查验平台中查验发票,需要输入的发票信息有(   )。

A. 发票代码   B. 开票日期

C. 校验码或校验码后六位   D. 发票号码

3. 费用报销业务的特性有(   )。

A. 规范性强   B. 重复度高

C. 操作难度小   D. 涉及系统多

4. 费用报销的种类通常包括(   )。

A. 交通费   B. 通信费

C. 业务招待费   D. 差旅费

三、判断题

1. 发票是税务机关控制税源、征收税款的重要依据。   (   )

2. 使用全国增值税发票查验平台时,可以不安装根证书。   (   )

3. 发票真伪查验机器人在识别验证码时可能存在误差,可以增加一个循环判断条件判断是否验证成功,用到的循环控件是 DoWhile 条件循环。   (   )

4. WeAutomate Studio 中,打开网页控件中的网页地址是必填项。   (   )

5. 遍历循环控件有 list 和 item 两个属性。   (   )

6. WeAutomate Studio 中,自动化打开网页的浏览器类型只能是 Chrome。   (   )